LA JOIE DES JEUX

aux origines des compétitions olympiques

Publié par Periplus Publishing London Ltd
Éditeur : Danièle Juncqua-Naveau
Directeur de rédaction : Nick Easterbrook
Secrétaires de rédaction : Chris More, Jenny Finch
Production : Sophie Chéry
Recherche iconographique : Jane Lowry

Reprographie : Periplus Publishing London Ltd
Imprimé et relié en Italie par Graphicom

ISBN : 2-84567-154-7

LA JOIE DES JEUX

aux origines des compétitions olympiques

ANDRÉ BERNAND

Periplus

London

À la mémoire de Kostas Papayianakis, Crétois, avocat athénien, disparu subitement et prématurément le 7 juillet 1998. Il fut mon jeune élève, mon ami, mon hôte et mon guide dans son beau pays. Sa gaieté, son entrain, ses multiples attentions envers moi et les miens ont embelli mes séjours en Grèce, à Athènes, en Crète, en Achaïe, en Corinthie, en Messénie, en Laconie, principales étapes de notre amitié.

Sommaire

2. LA PRATIQUE DES JEUX

3. OMBRES AU TABLEAU

Note de l'éditeur : les citations sont composées en italique sans alinéa pour les textes en vers et en romain avec alinéa pour les textes en prose.

Le Parthénon.
© Charles O'Rear / CORBIS

Préface

Parmi les héritages que nous a légués la Grèce antique nul n'est plus réconfortant que celui des Jeux. J'emploie la majuscule qui est utilisée quand on parle des Jeux olympiques et que je conserverai pour désigner toutes les espèces de compétitions ayant eu lieu dans le monde grec. D'autre part j'insiste sur ce terme de « joie », car il nous donne la clef du succès de cette institution et parce qu'il peut se prévaloir de l'autorité du fondateur et de ses successeurs. En effet non seulement Pierre de Coubertin, qui réinstaura en 1894 la compétition olympique, interrompue depuis 394 apr. J.-C., mais encore Juan-Antonio Samaranch, l'un des présidents du Comité olympique, ont insisté sur le sentiment que devait susciter cette manifestation. En 1894, lors de cette refondation, Pierre de Coubertin ne pouvait prévoir que le monde allait entrer dans un des siècles les plus cruels de l'histoire et ses successeurs eurent le mérite de maintenir un espoir dans le perfectionnement de la nature humaine grâce à l'idéal olympique.

Juan-Antonio Samaranch a formulé cette conviction avec fermeté :

> L'olympisme est une philosophie de la vie qui exalte et combine en un ensemble équilibré les qualités du corps, de la volonté et de l'esprit. Alliant le sport à la culture et à l'éducation, l'olympisme s'efforce de créer un style de vie fondé sur la joie dans l'effort, la valeur éducative du bon exemple et le respect des principes éthiques fondamentaux universels.[1]

Ne passons pas sous silence l'écart qui séparera ces belles paroles et leur réalisation, car trop de manquements à l'éthique et trop d'empressement à tirer des profits matériels de ces spectacles terniront ces beaux principes. Mais sachons gré à ceux qui ont défini ce noble idéal, car l'histoire de ce siècle est trop triste pour ne pas saluer cet appel à la joie. Pierre de Coubertin savait que, dès l'Antiquité, des dérives eurent lieu, qui entraînèrent sportifs ou organisateurs hors des chemins de la morale. Mais en tout état de cause, aucun événement ne pouvait et ne peut réunir tant de concurrents, tant de spectateurs ni tant d'admirateurs.[2]

L'idée et le titre de cet essai sont issus d'une contradiction qui m'est apparue dans les propos péremptoires tenus devant le huitième congrès d'épigraphie grecque et latine qui eut lieu à Athènes[3] du 3 au 9 octobre 1982 :

Le discours d'ouverture affirmait :

> Disons d'abord qu'il est absurde de parler, avec une vieille tradition amorphe, des Jeux olympiques ou des Jeux pythiques. Les jeux des Grecs, c'était la toupie, le cerceau, les osselets, les dés et tout ce que rassemble sous ce

1 J. A. Samaranch dans *Esprit olympique*, cité par V. Visa-Ondarçuhu, *L'image de l'athlète*, Les Belles Lettres, Paris, 1999, p. 10.

2 P. de Coubertin dans *Esprit olympique*, *ibid.*, p. 12.

3 *Actes du VIIIe congrès international d'épigraphie grecque et latine, Athènes, 3-9 octobre, 1982*, Athènes, 1984, p. 36.

> titre Becq de Fouquière il y a plus d'un siècle : ce sont les *paidiai*. Les *agônes* d'Olympie et d'ailleurs, c'est une affaire sérieuse et éprouvante. On ne s'amuse pas ; on combat pour vaincre, pour être déclaré et proclamé le premier et le plus souvent, il n'y a même pas de second. Le même mot *agôn* désigne la bataille à la guerre où l'on risque sa vie, le procès au tribunal qui peut coûter la fortune et la vie. Cet effort agonistique est le contraire d'une activité ludique. L'*agôn*, le concours, se distingue radicalement aussi de l'*épideixis*, récital, représentation, sans concurrent. Quand le concours grec s'est répandu en pays latin, on a distingué du *ludus* le *certamen* ou l'*agôn*.

Après ces fortes paroles et un exposé sur les concours grecs à l'époque hellénistique et sous l'empire, le même orateur remarque en passant : « Inscriptions et monnaies mettent sous nos yeux la joie et le luxe de la fête sous la forme des concours grecs panhelléniques ».

On ne comprend plus : s'agissait-il de luttes à mort ou de joyeux et luxueux divertissements ? Cet essai essaye de trancher la question.

On peut se demander s'il est bien raisonnable d'écrire aujourd'hui un essai sur les Jeux grecs alors que l'on connaît tout de ces manifestations ? Sur ce sujet, la documentation abonde, car non seulement les textes, mais surtout les monuments figurés nous apprennent dans le moindre détail le déroulement de ces épreuves. Les sculptures, les peintures, les mosaïques, les monnaies, les scènes peintes sur les vases nous donnent les renseignements les plus précis et parfois les plus intimes sur les conditions de ces compétitions.

Par exemple on sait que les Grecs n'ont pas connu l'usage du suspensoir et utilisaient la *kunodesmè* (littéralement, la « laisse de chien »), c'est-à-dire un cordon, attaché à une ceinture, qui serrait l'extrémité du prépuce et évitait les mouvements désordonnés du membre viril. On connaît dans le détail les gants de boxe utilisés dans l'Antiquité, ces sortes de mitaines laissant les doigts à découvert, les articulations étant renforcées par des bandes de cuir dur maintenues en place par des lacets. On n'ignore rien de la pratique de la boxe antique : pas de ring, pas de rounds, des coups portés surtout à la tête, ce qui obligeait le boxeur à maintenir une garde haute et le bras tendu. L'ordonnance et les exigences des épreuves sportives sont connues : on sait comment à la course à pied avait lieu le départ des coureurs, qui étaient debout, le torse penché en avant, les pieds très rapprochés ; la course de haies n'existait pas non plus que la course-relais, seule la course sur piste plate et rectiligne étant pratiquée. Les gestes des athlètes antiques étaient fort différents, selon les épreuves, de ceux des athlètes modernes. Ainsi la statuaire antique nous apprend que le lancer du disque imposait au discobole ancien un style très particulier : la base de départ *(balbis)*, comme nous l'apprend, après d'autres, H. I. Marrou,[4] n'était pas un cercle, mais un espace limité devant et sur les côtés :

> Le discobole élevait le disque au niveau de la tête avec les deux mains, puis, le retenant avec la main serrée contre l'avant-bras droit, il rejetait ce bras violemment en bas et en arrière : le corps et la tête suivaient le mouvement et se tournaient dans la même direction. Tout le poids du corps reposait sur le pied droit, servant de pivot : pied et bras gauche n'entrent en jeu que pour assurer

4 H. I. Marrou, *Histoire de l'éducation dans l'Antiquité*, éditions du Seuil (6e édition), Paris, 1965, p. 188.

> l'équilibre. Puis vient la détente en avant : la force du lancer ne vient pas du bras, mais de la détente de la cuisse et du brusque redressement du corps ployé. Le disque était frotté de sable pour éviter qu'il ne glissât entre les doigts.

Il est douteux que les professeurs de notre école d'éducation physique approuvent ce style des discoboles antiques.

Décrire les pratiques et les rites de ces Jeux ne suffit pas ; il est bel et bon de connaître le vocabulaire technique de ces compétitions, les règlements qui leur étaient appliqués, les fautes et les fraudes qui pouvaient s'y commettre, mais il faut surtout en dégager le sens profond, la philosophie, si l'on peut dire, pour les situer vraiment dans l'histoire de la civilisation et pour apprécier l'héritage que, sur ce plan-là, nous avons recueilli de la Grèce antique. En effet, ce n'est pas en connaissant la couleur des boutons de guêtres des grognards de Napoléon qu'on peut comprendre les succès de ses campagnes. Pas davantage le nombre de rubans ornant les chausses de Louis XIV, ni celui des plumes décorant son tricorne, ne peuvent nous permettre de juger des bienfaits de sa politique. Il est bon de connaître les détails, certes. Mais il est mieux d'analyser le sens profond de ces Jeux et la forme de civilisation qu'ils impliquent.

C'est pourquoi je n'ai pas la prétention de rivaliser d'érudition sur les modalités de ces épreuves antiques, mais je pense qu'il est temps de réfuter l'idée que les Jeux étaient des combats où les challengers visaient à écraser l'adversaire. Ayant été longtemps abusé par une interprétation relevant de l'humeur plutôt que de l'histoire, théorie qui, à force d'être répétée, était devenue vérité d'Évangile, je veux rectifier cette présentation des « concours » que, pour ma part, je tiens pour des « Jeux » célébrés dans la joie, non dans la haine et la hargne.

À vrai dire, le débat sur la nature des Jeux antiques n'est pas nouveau et Lucien de Samosate (env. 120-190 apr. J.-C.) fait discuter le Scythe Anacharsis portant un grand

Six athlètes jouent à une sorte de hockey, tenant leurs crosses. Relief de marbre, conservé au musée national archéologique d'Athènes.

bonnet pointu de feutre ou de peau et le sage Solon. La scène est censée se passer au commencement du VIe siècle av. J.-C. Le Scythe ne voit que brutalité dans les exercices pratiqués par les Grecs :

> Dans quelle vue, Solon, vos jeunes gens font-ils ce que je les vois faire ? Les uns s'enlaçant l'un l'autre se donnent des crocs-en-jambe ; d'autres s'étreignent et se ploient comme de l'osier et roulant dans la boue s'y vautrent comme des pourceaux. Cependant au début je les ai vus s'oindre d'huile et se frotter l'un l'autre à tour de rôle bien pacifiquement ; puis je ne sais quelle mouche les a piqués ; mais ils se sont choqués l'un contre l'autre, tête baissée et se cossant comme des béliers. Ah ! tiens, en voilà un qui, enlevant son adversaire par les jambes l'a jeté par terre ; puis tombant sur lui, il l'empêche de se relever et le pousse dans la boue ; enfin lui enlaçant le ventre avec ses jambes, et lui mettant le coude sous la gorge, il étrangle ce pauvre malheureux, qui le frappe de côté à l'épaule, pour le supplier, j'imagine, de ne pas le suffoquer complètement. L'huile dont ils se sont frottés ne les empêche pas de se salir. Ils ont bientôt fait disparaître l'onction et se sont remplis tout à la fois de boue et de sueur et je ris, quand je les vois échapper des mains comme des anguilles.
>
> D'autres font la même chose dans la partie découverte de la cour, sans se plonger, il est vrai, dans la boue. Ils ont sous eux une épaisse couche de sable dans la fosse que tu vois ; ils s'en saupoudrent les uns les autres et ils amoncellent volontairement la poussière sur eux comme des coqs, afin, je pense, qu'il leur soit plus difficile de s'échapper, quand ils sont enlacés ; car le sable empêche le corps de glisser et rend la prise plus assurée sur une surface sèche.
>
> D'autres debout et couverts de poussière eux aussi s'attaquent et se frappent, à coups de poing et à coups de pied. En voici un qui semble devoir cracher ses dents, tellement sa bouche est remplie de sang et de sable ; il a reçu, tu vois, un coup de poing à la mâchoire. L'archonte qui est là – son habit de pourpre me fait croire que c'est un des archontes – loin de faire cesser la lutte excite les combattants et loue celui qui a porté le coup.[5]

Dans ces scènes de lutte, de pancrace et de boxe qui ont lieu dans la palestre le Scythe ne voit que des violences inutiles. C'est lui, le barbare, venant d'un pays où les mœurs n'étaient pas tendres, qui s'indigne et ne peut comprendre l'engouement des Grecs pour les Jeux où, comme le dit Solon, on voit « un peuple immense accourir pour assister à ces Jeux, des amphithéâtres remplis de milliers de spectateurs, les athlètes applaudis et le vainqueur honoré à l'égal des dieux ». Anacharsis s'en indigne :

> C'est justement cela, Solon, qui est le plus pitoyable. C'est que ce n'est pas sous les yeux de quelques personnes qu'ils endurent ces traitements, mais parmi des milliers de spectateurs qui assistent à ces brutalités et qui sans doute les estiment heureux en les voyant ruisseler de sang ou étouffés par leurs adversaires ; car c'est là le grand bonheur attaché à leur victoire. Chez nous

Amphore panathénaïque avec lanceur du disque.

5 Lucien, *Anacharsis ou des exercices du corps*, in *Œuvres* (trad. J. Bompaire), Les Belles Lettres, Paris, 1993, 1-3 ; 11.

> autres Scythes, Solon, si quelqu'un frappe un citoyen ou l'assaille et le renverse ou lui déchire ses habits, les vieillards lui infligent un châtiment rigoureux, même s'il n'a commis sa violence que devant un petit nombre de témoins et non dans ces grands amphithéâtres, tels que tu dépeins ceux de l'Isthme et d'Olympie. Quoi qu'il en soit, je ne puis m'empêcher de plaindre les lutteurs de ce qu'ils ont à souffrir. Quant aux spectateurs qui sont, dis-tu, l'élite du pays et qui viennent à ces fêtes de tous les points de la Grèce, je ne me tiens pas d'étonnement qu'ils abandonnent leurs affaires et gaspillent leur temps à ces spectacles. Je ne puis même pas comprendre encore quel plaisir ils ont à voir des hommes frappés, gourmés, jetés à terre et meurtris les uns par les autres.

Songeons à ce que disait l'orateur Lysias :

> Parmi de hauts faits qu'il convient de célébrer, Héraklès a droit à notre souvenir, parce que le premier par amour pour les Grecs, il les rassembla à cette fête. Jusque-là les cités étaient divisées entre elles.
>
> Mais après avoir mis fin à la tyrannie et supprimé la violence, il institua une fête qui fût un concours de force, une émulation de richesse, un déploiement d'intelligence, dans le plus beau lieu de la Grèce : ainsi les Grecs se réuniraient pour voir et pour entendre ces merveilles, et ce rapprochement, pensait-il, serait propre à faire naître entre eux une mutuelle affection.

Je me suis efforcé de comprendre les valeurs que les Jeux défendaient, la leçon de civilisation[6] qui se dégage de ces réunions où les Grecs rivalisaient d'effort pour donner des exemples de courage, créer dans la cité une saine et joyeuse émulation. Quels étaient les sentiments des compétiteurs, des spectateurs, des organisateurs ? Par un effort de psychologie historique et d'analyse globale, j'ai cherché à définir – les termes peuvent paraître prétentieux – la philosophie et la leçon politique de cette civilisation des Jeux. La Grèce nous a donné là des raisons d'espérer en la nature humaine, en la sagesse d'une nation. J'ai récemment dénoncé les guerres et les violences dont elle fut, hélas ! le théâtre.[7] Il me plaît aujourd'hui après avoir examiné les ombres, de regarder la lumière.

6 A. Bernand, *Leçon de civilisation*, Fayard, Paris, 1994.

7 A. Bernand, *Guerre et violence dans la Grèce antique*, Hachette Littératures, Paris, 1999.

Carte de la Grèce antique
Ion
Thasos
Mt Olympe
Troie
Lemnos
Sporades
Corcyre
mer Égée
mer Ionienne
Amphissa
Mt Parnasse
Delphes
Golfe de Corinthe
Thèbes
Chios
Patras
Achaïe
Eleusis
Attique
Elide
Sicyone
Samos
Elide
Corinthe
Isthme
Athènes
Arcadie
Némée
Golfe Saronique
Zante
Mycènes
Ikaria
Olympie
L'Alphée
Argos
Argolide
Trézène
Kyparissia
Péloponnèse
Pylos
Sparte
Lacédémone
Cyclades
Taygète
Cythère
mer Méditerranée
Crète
Cnossos
0
50
100
150
200 km

1
LA PHILOSOPHIE DES JEUX

Photo page précédente :
Statue de bronze d'un boxeur chevronné, marqué par le métier. Conservée à Rome, Museo Nazionale Romano.

Chapitre I
Triompher de la mort

Tous les Grecs formaient le vœu d'Hélène qui voulait « vivre dans la mémoire des hommes ». Ce dessein n'était pas facile à réaliser et pour le comprendre, il faut suivre chez Homère la façon dont naquit ce qui plus tard donna naissance aux Jeux.

Il est un sens du mot *agôn* qui ne figure pas dans la liste des acceptions qui en a été données. Si l'on en croit les dictionnaires, *agôn* désigne le résultat d'un *agein* et signifie proprement « assemblée, rassemblement ». C'est le sens du mot chez Homère,[1] appliqué à l'assemblée des dieux et aussi au rassemblement des navires. Ce sens premier donne une base de départ pour suivre le cheminement de cette notion, depuis l'*Odyssée* jusqu'à l'*Iliade*. À l'époque archaïque en effet l'*agôn* est fort différent de ce qu'il deviendra à l'époque classique, mais il préfigure certains aspects de cette institution.[2]

Dans l'*Odyssée,*[3] les Jeux font partie de la fête que le roi des Phéaciens, Alkinoos, donne en l'honneur d'Ulysse. C'est une réunion joyeuse qui se déroule sur la place publique (*agora*) et qui n'est pas en relation avec une cérémonie religieuse. C'est une fête laïque qui comporte des jeux physiques, mais aussi des danses et des chants, où se distingue l'aède Démodocos, qui évoque les amours d'Arès et d'Aphrodite. Le héraut prend par la main Démodocos et

Le guida sur le chemin où s'étaient engagés
Les autres chefs phéaciens pour aller voir les jeux.
On gagna l'agora, suivi par une foule énorme.
Alors de nombreux jeunes gens vaillants se présentèrent.[4]

Ces jeunes gens se présentent pour concourir et l'on procède ensuite aux différentes épreuves : la course à pied, la lutte, le saut, le lancement du disque, la boxe.[5] Invité à montrer ses talents, Ulysse fait merveille au lancement du disque[6] et raconte ses prouesses à l'arc et au javelot.[7]

La réunion se poursuit par des chants et des danses, comme plus tard à l'époque classique les Jeux musicaux succèderont aux épreuves physiques.

Laodamas, fils d'Alkinoos, a triomphé de la morosité d'Ulysse en lui disant :

Noble étranger, viens toi aussi montrer ta force aux jeux,
Auxquels tu as pu t'entraîner ; tu dois bien en connaître ?
Est-il pour l'homme, tant qu'il vit, une plus grande gloire
Que ce qu'il accomplit avec ses jambes et ses bras ?
Allons ! Viens t'essayer et oublie un peu tes soucis ![8]

1 Homère, *Iliade* (trad. P. Mazon *et al.*), Les Belles Lettres, Paris, 1943, VII, 298.
2 L'*agôn* a été parfois personnifié. Voir F. Canciani, « Aurai » dans *LIMC, I*, Artemis Verlag, Zurich, 1981, pp. 303-5.
3 Homère, *Odyssée* (trad. F. Muegler), éditions de la Différence, Paris, 1961, VIII, 109-384.
4 *Ibid.*, VIII, 107-9.
5 *Ibid.*, VIII, 120-30.
6 *Ibid.*, VIII, 186-98.
7 *Ibid.*, VIII, 214-29.
8 *Ibid.*, VIII, 145-9.

Deux équipes de jeunes gens jouent à la balle.
Relief de marbre découvert à Athènes, remployé dans le mur de Thémistocle.

Cet *agôn* est une réunion joyeuse, agrémentée de jeux de balle et de danses :

> *Ensuite Alkinoos invita à danser tout seuls*
> *Laodamas et Halios ; ils étaient sans rivaux.*
> *Ils prirent d'abord dans leurs mains un beau ballon de pourpre,*
> *Que l'habile Polybe avaient confectionné pour eux ;*
> *L'un des deux allait le lancer vers les sombres nuées,*
> *Le corps cambré ; l'autre sautant bien au-dessus du sol*
> *L'interceptait sans peine avant que de se recevoir.*
> *Puis, quand ils eurent terminé ces jeux de haute balle,*
> *Tous deux se mirent à danser sur le sol nourricier*
> *En alternant souvent ; les jeunes debout dans l'arène*
> *Leur battaient la cadence et un grand bruit s'en dégageait.*[9]

L'aède chante alors la guerre de Troie,[10] ce qui émeut Ulysse, mais on lui offre des cadeaux pour compenser sa peine. Tous ces moments de la fête ne donnent pas lieu à des compétitions et on ne voit pas de rivaux s'acharnant l'un contre l'autre. Aucun vainqueur n'est désigné, même si neuf arbitres ont été choisis, parmi le peuple : ils se bornent à organiser les jeux[11] en aplanissant le sol et en ménageant une superbe arène.

Dans l'*Iliade,* les Jeux prennent une tout autre signification. On ne concourt pas pour la gloire, mais pour célébrer un mort, Patrocle. Il s'agit de Jeux funèbres qui témoignent tout à la fois de l'amour qu'on porte au disparu et du triomphe de la vie sur la mort. L'initiative vient d'Achille : nulle cérémonie rituelle, aucun calendrier traditionnel, aucun prêtre, aucun autel ne donnent un caractère religieux à cette célébration funéraire. Il ne s'agit pas d'une lutte entre concurrents acharnés, mais d'une émulation des compagnons de celui qui n'est plus, dont l'exemple ne doit pas

9 Homère, *Odyssée*, *op. cit.*, VIII, 370-80.
10 *Ibid.*, VIII, 499-520.
11 *Ibid.*, VIII, 258-60.

Course de chevaux, l'un noir, l'autre blanc, en l'honneur de Patrocle, devant les Achéens assis sur des gradins et agitant les bras. Signature du peintre Sophilos. Vase à figures noires sur fond jaune.

périr. L'emplacement de ces Jeux n'est pas déterminé par une tradition : ils sont célébrés dans l'endroit qu'Achille a choisi. La « Patroclie » occupe le chant XVI et au chant XVII les exploits de Ménélas permettent que le corps de Patrocle soit emporté pour être enseveli dignement. Le respect de la vaillance, les devoirs de l'amitié, la célébration d'une mort exemplaire animent les participants à ces Jeux funèbres, qui ont lieu dans un deuil général, auquel participent même les chevaux d'Achille, spectateurs de cet événement douloureux :

Quant aux chevaux de l'Eacide (Achille), à l'écart du combat,
Ils pleuraient, depuis que le bras de l'homicide Hector
Avait fait rouler leur brave écuyer dans la poussière.
Automédon, le vaillant fils de Diorée, eut beau
Les harceler sans trêve, en les touchant d'un fouet agile,
Et user envers eux de la douceur et des menaces,
Ni l'un ni l'autre ne voulaient plus regagner les nefs
Et le large Hellespont, ni les Argiens dans la mêlée.
Ils restaient tous deux sans bouger, pareils à une stèle
Dressée au-dessus du tombeau d'un mort ou d'une morte :
Ainsi, devant le char splendide, ils restaient immobiles ;
Leur tête était collée au sol et des larmes brûlantes
Coulaient de leurs yeux jusqu'à terre à force de pleurer
La mort de leur cocher, souillant leur crinière touffue
Qui avait glissé du collier des deux côtés du joug.[12]

Les Jeux funèbres dans l'*Iliade* ne se déroulent pas devant un parterre de spectateurs enthousiastes, venus pour applaudir des athlètes. Les participants ne se sont pas entraînés à l'avance et ne sont animés que par la passion de la gloire et le désir de faire oublier l'horreur des combats et de la mort. Les chevaux d'Achille ne sont pas venus

12 Homère, *Iliade*, *op. cit.*, XVII, 425-40.

pour la représentation de ces cruautés qu'ils n'ont que trop vues à la guerre, mais pour la déploration d'un destin trop tôt achevé et l'exaltation de l'émulation, contrepoint des brutalités des combats.

La description de ces Jeux funèbres occupe le chant XXIII. Le poète évoque d'abord les honneurs rendus à Patrocle par les Myrmidons,[13] puis décrit le festin funéraire.[14] Couché « sur la plage de la mer sonore », Achille voit surgir le fantôme de Patrocle,[15] puis procède aux préparatifs des funérailles[16] : confection d'un bûcher, cortège accompagnant la dépouille de Patrocle, incinération du mort, réception des cendres, construction d'un tertre.

Alors seulement ont lieu les Jeux athlétiques, après qu'Achille eut disposé les prix proposés aux vainqueurs. Cette procédure sera reprise à l'époque classique, car tout vainqueur doit recevoir sa récompense. Dans l'*Iliade* ces récompenses sont liées aux réalités de la guerre, aux besoins des soldats en campagne :

Mais Achille retint ses gens sur place et les groupa en assemblée.
Des nefs il apporta des prix : des chaudrons, des trépieds,
Des chevaux, des mulets, des bœufs à la fière encolure
Et du fer gris, ainsi que des captives bien tournées.
Aux premiers meneurs de chars il offrit de superbes prix.
Pour le premier il y avait une captive experte
Aux fins travaux et un trépied jaugeant vingt-deux mesures ;
Pour le second vainqueur il proposa une jument
De six ans encore indomptée et pleine d'un mulet ;
Pour le troisième un splendide chaudron tout brillant neuf,
N'ayant pas vu la flamme, et contenant quatre mesures ;
Au quatrième il offrit comme lot deux talents d'or,
Et au cinquième un vase encore tout neuf à double oreille.[17]

Tels étaient les prix offerts aux vainqueurs de la compétition la plus prestigieuse, celle des meneurs de chars. Achille refuse de prendre part à cette compétition des chars, mettant en avant la tristesse de ses chevaux, leit-motiv rappelant qu'il s'agit de Jeux funèbres :

Voilà les prix offerts au concours des meneurs de chars.
Si c'était pour un autre qu'on eût célébré ces jeux,
Je serais reparti sans doute avec le premier prix,
Vous savez combien mes chevaux sont plus forts que les autres,
Mon père les ayant reçus de Poseïdon lui-même.
Mais cette fois je reste ici avec mes fiers coursiers.
Ils ont perdu la noble gloire d'un cocher si bon.
Que de fois, après les avoir baignés dans l'eau limpide,
Il a sur leur longue crinière étendu l'huile douce !

13 Homère, *Illiade, op. cit.*, XXIII, 1-23.
14 *Ibid.*, XXIII, 24-58.
15 *Ibid.*, XXIII, 65-107.
16 *Ibid.*, XXIII, 109-257.
17 *Ibid.*, XXIII, 257-70.

Loutrophore protoattique orientalisante : sphinx, scène de danse et défilé de chars. Env. 700-680 av. J.-C. Bige avec aurige debout. Conservé au musée du Louvre (inv. CA 2985).

© Photo RMN – Hervé Lewandowski, Louvre

C'est lui qu'ils pleurent là tous deux sans faire un mouvement,
Leur crinière frôlant le sol, le cœur plein de tristesse.
Que d'autres se préparent dans le camp, parmi tous ceux
Qui s'assurent en leurs chevaux et en leur char solide.[18]

D'autre part un seul vainqueur est honoré. Selon les temps et selon les cités, les procédures changèrent parfois. Mais il est remarquable de constater que les scènes décrites par Homère nous mettent sous les yeux les épreuves endurées, dans ce climat d'ardeur et de ferveur dans lequel se déroulait cet hommage rendu à un mort illustre.

La leçon que Nestor donne à son fils Antiloque nous fait comprendre les aléas et les astuces de la course en char[19] : l'adresse, non la force, est garante de la victoire. Il ne faut pas prendre un tournant trop large, il faut raser la borne au plus près et savoir lâcher les rênes au cheval de droite et retenir celui de gauche, sans fracasser le char contre ce repère marquant le bout de piste :

18 Homère, *Illiade*, *op. cit.*, XXIII, 273-86.

19 *Ibid.*, XXIII, 306-48.

Rase-le du plus près avec ton char et tes chevaux,
En te penchant légèrement à gauche de tes bêtes,
Sur le treillis serré, puis presse ton cheval de droite
De l'aiguillon et de la voix, et lâche-lui les rênes.
Quant au coursier de gauche, il devrait frôler cette borne
De façon que le moyeu de l'épaisse roue ait l'air
De l'effleurer. Mais garde-toi de toucher cette pierre,
car tu fracasserais ton char et blesserais tes bêtes,
Causant aux autres de la joie et te couvrant de honte.
Sois donc prudent, mon fils, et fais preuve de vigilance.
Si jamais tu doubles de près la borne dans ta course,
Nul ne pourra plus te rejoindre ni te vaincre.[20]

Les péripéties de la course en char justifient les conseils de Nestor et Homère nous fait assister aux accidents de la course remportée par Antiloque et à la distribution des prix.[21] Lors de la distribution des récompenses, c'est une lutte de courtoisie qui oppose Ménélas et Antiloque, le premier remettant au second la jument qui était le prix de la compétition, et déclarant : « Tous sauront de la sorte / Qu'il n'y a dans mon cœur ni cruauté ni arrogance ».[22]

Ni la brutalité ni l'animosité ne ternissent ces Jeux. Après la course en char, Homère décrit le pugilat, *pugmachia*[23] et la lutte.[24] Ces deux compétitions sont très viriles, mais les deux combats qui ont lieu, le premier opposant Epéios à Euryale, le second, Ajax à Ulysse, obéissent aux règles humanitaires : Epéios vainqueur porte secours à Euryale et Ajax et Ulysse sont déclarés *ex æquo*. Pourtant les adversaires ne se font pas de cadeaux !

Dans la joute des pugilistes, Homère décrit l'équipement des adversaires. Euryale opposé à Epéios est équipé par son ami Diomède, qui lui donne sa ceinture d'athlète et des gantelets en cuir de bœuf. Le combat des deux boxeurs est acharné :

Tous deux bien ceinturés vinrent au milieu de l'arène.
Face à face, levant leurs bras puissants, ils se jetèrent
L'un sur l'autre et mêlèrent aussitôt leurs lourdes mains.
Leurs mâchoires craquaient terriblement et tous leurs membres
Ruisselaient de sueur ...[25]

Mis K. O. par Epéios, Euryale, crachant le sang puis évanoui, est emporté par « le brave Epéios » et ses « bons compagnons ». Homère ne dramatise pas la scène : il souligne que le prix remporté est « une coupe à deux oreilles », ce qui termine le combat par un sourire.

La lutte opposant Ajax et Ulysse, n'est pas complaisante[26] :

20 Homère, *Iliade*, *op. cit.*, XXIII, 334-45.
21 *Ibid.*, XXIII, 350-650.
22 *Ibid.*, XXIII, 611.
23 *Ibid.*, XXIII, 653-99.
24 *Ibid.*, XXIII, 700-39.
25 *Ibid.*, XXIII, 685-9.
26 *Ibid*, XXIII, 710-8.

Tous deux, bien ceinturés, vinrent au milieu de l'arène[27]
Et s'empoignèrent par la taille avec leurs mains puissantes :
On eût dit les chevrons qu'un charpentier fameux assemble
Au haut d'une maison pour la garder de l'ouragan.
Les dos craquaient sous les puissantes mains qui les tiraient
Violemment ; la sueur ruisselait sur eux à flots ;
Mainte sanglante bosse apparaissait sur leurs épaules
Et sur leurs flancs ; car ils n'avaient qu'un seul et grand désir,
Celui de vaincre, pour gagner le trépied ouvragé.

Homère nous dit explicitement qu'il s'agit là d'un combat pour la gloire, non pour l'extermination de l'adversaire. Au demeurant le combat s'achève sans vainqueur ni vaincu, aucun lutteur n'étant arrivé à soulever l'autre. Achille déclare le match nul.[28]

La course à pied, épreuve reine dans le stade de l'époque classique, se déroule[29] sur un parcours non préparé dans la poussière et les bouses des bœufs. L'importance de la course est soulignée par la richesse des prix proposés par Achille : au premier il offre un grand vase en argent, façonné à Sidon ; au second un bœuf énorme ; au dernier un demi-talent d'or. La compétion entre Ulysse et Ajax, qui ont laissé derrière eux Antiloque « vainqueur de tous les jeunes à la course », est racontée sur le mode burlesque. Ces Jeux funèbres n'empêchent pas le rire, quand, sur une prière adressée par Ulysse à Athéna, Ajax glisse dans la bouse des bœufs qu'Achille venait de tuer en l'honneur de Patrocle. Le mort participe donc en quelque sorte au stratagème dont les conséquences sont narrées de façon truculente[30] :

Le nez et la bouche d'Ajax se remplirent de bouse,
Tandis que l'endurant Ulysse arrivé le premier
Enlevait le cratère. Ajax quant à lui prit le bœuf.
Il garda dans ses mains une des cornes de la bête
Et, tout en crachotant la bouse, il dit aux Achéens :
« Ah ! qu'elle a bien su entraver mes pieds, cette déesse
Qui de tout temps, telle une mère, aide et soutient Ulysse ! »
En l'entendant ainsi parler, tous pouffèrent de rire.

L'épreuve qui suit est le combat en armes, entre Ajax et Diomède,[31] l'enjeu étant les armes – javeline, casque et bouclier – que Patrocle avait enlevées à Sarpédon. Le combat est dangereux, chaque adversaire portant l'armure devant percer l'autre de sa lance. À celui qui le premier fera couler le sang, Achille remettra le poignard thrace qu'il avait enlevé à Astéropée. L'effusion de sang est nécessaire, mais ne doit pas être mortelle. C'est pourquoi, quand Diomède cherche à percer de sa lance le cou d'Ajax, les Achéens arrêtent le combat. Le Jeu ne doit pas être une mise à mort.

Le lancer du disque[32] est aussi prétexte à rire, quand Epéios, après avoir fait

27 Le texte porte *es meson agona*, ce qui montre que *agôn* signifie « rassemblement ».

28 Homère, *Iliade*, *op. cit.*, XXIII, 721-37.

29 *Ibid.*, XXIII, 740-97.

30 *Ibid.*, XXIII, 777-84.

31 *Ibid.*, XXIII, 798-825.

32 *Ibid.*, XXIII, 826-49.

Un héraut, adulte barbu, annonce la victoire du jeune cavalier. Derrière le cheval, un jeune homme porte le trépied qui est la récompense du vainqueur. Vase à figures noires, conservé au British Museum.
© The British Museum

tournoyer le disque, le laisse tomber à terre. « *Et tous les Achéens d'éclater de rire* ». On rivalise, mais on s'amuse et l'on admire l'exploit de Polypoetès qui lance le « bloc de fer » plus loin que Léontée et qu'Ajax.

À l'épreuve de force succède celle d'adresse : le tir à l'arc.[33] Les concurrents ne se combattent pas, mais rivalisent d'adresse pour atteindre une colombe reliée par un cordon attaché à la patte à un mât de bateau fiché en terre. Toucher la colombe fait gagner dix doubles haches de fer, n'atteindre que la corde rapporte dix haches.

Mais il se produit un épisode non prévu : Teucros coupe la corde et la colombe s'envole vers le ciel. Mérion saisit alors l'arc de Teucros et, ayant obtenu l'aide d'Apollon en lui promettant une hécatombe d'agneaux nouveau-nés, atteint l'oiseau qui va se poser sur le mât et y mourir « *laissant pendre son col ainsi que ses ailes touffues* », avant de retomber sur le sol. Ce Jeu d'adresse n'implique pas un combat acharné.

Le lancer de javelot[34] n'engendre pas une compétition brutale. Le prix en est une lance et « *un vase intact, orné de fleurs, valant le prix d'un bœuf* ». Agamemnon et Mérion se lèvent pour concourir, mais Achille donne le vase à Agamemnon, lanceur reconnu par tous comme étant le meilleur et il attribue la lance à Mérion. Il n'y a pas de contestation.

33 Homère, *Iliade*, *op. cit.*, XXIII, 850-83.
34 *Ibid.*, XXIII, 884-97.

On cherche donc en vain chez Homère cette âpreté dans la lutte, cet acharnement, cet appel à la violence auxquels on a prétendu réduire les Jeux. On assiste à des scènes qui sont des réunions conviviales, parfois teintées d'humour et dont la gaieté n'est pas absente alors même qu'on honore un mort. La grande leçon qui se dégage de ces textes, c'est l'amour intense de la vie, de l'exploit, de la gloire, de tous les sentiments qui permettent de transcender la mort. Cette leçon donnée par Homère le grand éducateur des Grecs marquera les Jeux qui se dérouleront à l'époque classique.

Les Jeux funèbres ne sont donc pas lugubres, et c'est sans doute pourquoi les autres Jeux attribués à cette période par les auteurs anciens sont destinés à honorer des morts. Pausanias[35] rappelle qu'Akastos roi d'Iôlkos fit célébrer des Jeux en l'honneur de son père Pélias. Plutarque rapporte que le roi de Crète Minos institua un concours gymnique en l'honneur de son fils Androgée, qui avait été tué par les habitants de l'Attique. On donnait comme prix aux vainqueurs les enfants gardés dans le Labyrinthe. Selon la légende concernant ce roi,[36]

> Le vainqueur du premier concours fut l'homme qui était alors le plus puissant de tout son entourage et qui commandait son armée, un certain Tauros, personnage d'un caractère rude et sauvage, qui traitait les enfants des Athéniens avec beaucoup d'insolence et de cruauté.

Philochore, historien du IVe siècle av. J.-C., nous rapporte ce conte des Crétois, mais, s'il évoque la cruauté exercée sur les enfants donnés comme prix au vainqueur, il ne nous dit pas que le déroulement de ces Jeux était sanguinaire.

L'*Iliade* mentionne d'autres Jeux funèbres. Ainsi le vieux Nestor évoque les victoires qu'il remporta chez les Epéens lors des Jeux qu'ils organisèrent aux funérailles de leur roi Amaryncée.[37]

> *Ah ! si j'étais encore jeune et fort comme autrefois,*
> *Lorsque les Epéens pleuraient leur roi Amaryncée,*
> *À Bouprasion, et que ses fils y proposaient des prix !*

L'*Iliade* évoque aussi les fêtes qui se déroulèrent à Thèbes « quand on honora la mort d'Œdipe par des Jeux ».[38] En Arcadie, rapporte Pausanias,[39] des Jeux athlétiques eurent lieu en l'honneur d'Azan, fils d'Arkas (le héros éponyme des Arcadiens). On y aurait donné pour la première fois des courses de chevaux. Des Jeux furent institués dans l'île de Lemnos, en mémoire de Thoas, roi légendaire de l'île, par sa fille Hypsipyle.[40] Tous ces exemples, donnés par Daremberg et Saglio, pourraient être complétés, mais ils suffisent pour faire comprendre que ces Jeux sont peut-être à l'origine des grands Jeux de la Grèce. En tous cas cette célébration de la vigueur et de l'adresse était un défi lancé à la mort, une façon de montrer au défunt que son exemple était suivi et que la vie continuait, dans l'énergie et dans la joie.

35 Pausanias, *Description of Greece* (trad. W. H. S. Jones), Heinemann, Londres, 1988, III, 16 ; V, 10 ; VI, 19.

36 Plutarque, *Thésée*, dans *Vies*, (trad. R. Flacelière et E. Chambry), Les Belles Lettres, Paris, 1958-83, XVI.

37 Homère, *Iliade*, *op. cit.*, 628-31.

38 *Ibid.*, XXIII, 679-80.

39 Pausanias, *op. cit.*, VIII, 1-6.

40 Scholie à Pindare, *Olympiques* (trad. A. Puech), Les Belles Lettres, Paris, 1970, IV, 32.

Il pouvait arriver qu'un Jeu tournât mal. Mais l'accident n'était pas un attentat monté par un des concurrents. L'esprit des Jeux s'opposait à ce qu'on organisât un piège mortel. Un bel exemple de cette loyauté dans la compétition nous est donné par Sophocle,[41] quand il raconte la mort d'Oreste dans la course de chars à Delphes. Le poète s'est souvenu des leçons que, dans l'*Iliade*, Nestor donnait à son fils Antiloque.[42] On sait que la course en char avait lieu dans la plaine de Krisa au bas de la montagne portant le sanctuaire de Delphes. La proximité du port d'Itéa sur le golfe de Corinthe facilitait l'arrivée des concurrents et des spectateurs. La vallée du Pleistos, montant du port au sanctuaire et plantée aujourd'hui encore de verdoyants oliviers, s'aplanissait près de la mer et permettait les courses de chars.

Dans le récit de Sophocle on apprend que le jour précédant cette course de biges, Oreste avait été vainqueur dans la course à pied et dans toutes les autres épreuves. Cette pluralité de talents n'était pas fréquente. Le poète énumère les concurrents : un venait d'Achaïe, un autre de Sparte, deux de Libye, un d'Etolie. Le septième était un Magnète, le huitième un Eniane, le neuvième un Athénien, le dixième un Béotien. On pourrait penser *a priori* que ces cités rivales pouvaient organiser des traquenards pour remporter le prix. Ce procès d'intention est contredit par les faits. Mais il n'était pas interdit d'avoir des chevaux de meilleure race que les autres. Ainsi Oreste, le cinquième du groupe, avait des cavales thessaliennes, particulièrement prisées, tandis que l'Etolien disposait de jeunes alezans. Le départ est donné par une trompette d'airain et les chars, alignés, après tirage au sort, aux places attribuées par les juges, s'élancent, non pas dans « le stade » comme traduit Paul Mazon, peu soucieux des réalités topographiques, mais dans le « *dromos* », c'est-à-dire l'hippodrome.

Survient alors un accident dont, à l'avance, Sophocle[43] nous indique l'origine : « Voilà comment se présentaient les choses, mais quand un dieu veut du mal à un homme, celui-ci a beau être fort il ne peut lui échapper ».

Les circonstances de l'accident montrent bien qu'il s'agit d'un accident, non d'un coup monté et mortel.[44] Oreste très régulièrement prend ses virages au ras des bornes, mais au moment d'aborder le septième tour de piste, les chevaux de l'Eniane prennent le mors aux dents et vont heurter le char cyrénéen, provoquant un choc général des chars « qui se brisent et s'écroulent l'un sur l'autre ». Oreste resté en arrière évite ce désastre, et se trouve confronté à un seul concurrent. Mais laissant filer la guide de gauche, au moment de prendre le tournant, il heurte la borne, brise essieu et moyeux et est projeté par-dessus la rampe de son char. C'est l'accident mortel[45] :

> Le peuple qui le voit tomber de son char pousse un cri de deuil sur le jeune athlète : quel désastre après quels exploits ! On le voit tantôt projeté au sol et tantôt les jambes dressées vers le ciel, jusqu'au moment où les autres cochers, arrêtant à grand peine la course de ses bêtes le dégagent, couvert de sang, dans un état où pas même un des siens ne pourrait reconnaître sa pauvre dépouille.

41 Sophocle, *Electre* (trad. J. Irigouin), Les Belles Lettres, Paris, 1958, 698-711.

42 Homère, *Iliade, op. cit.*, XXIII, 334-45.

43 Sophocle, *op. cit.*, 696-7.

44 *Ibid.*, 720-63.

45 *Ibid.*, 749-63.

Stamnos à figures noires. Détail : course de quadriges.

Cet élan de solidarité pousse les autres athlètes à incinérer la dépouille et à recueillir les cendres dans une urne que les Phocidiens apportent à Mycènes, pays de ses pères. Les concurrents ne poussent pas des cris de joie, ni ne célèbrent l'élimination de leur adversaire, mais comme conclut le précepteur qui a fait ce récit : « Ce sont là des faits pénibles à entendre ; et pour nous qui les avons vus de nos propres yeux, ce spectacle restera le plus douloureux de tous ceux auxquels j'aie jamais assisté ».

Loin d'assister à un homicide délibéré, on constate un élan de compassion et de solidarité, un exemple d'amitié et de loyauté.

Cet accident rappelle celui d'Hippolyte qui lui aussi fut victime sur le territoire de Trézène de l'emballement de ses cavales et de la sauvagerie du taureau monstrueux sorti de la mer :

> Tout était confondu : les moyeux des roues volaient en l'air et les clavettes des essieux. Lui-même, l'infortuné, enlacé dans les rênes, il se voit entraîné, pris à ce lien inextricable ; sa pauvre tête est broyée contre les rocs, son corps brisé, et il pousse des cris affreux à entendre.[46]

Point n'est besoin de faire appel à la méchanceté des hommes pour expliquer de tels accidents. Dans le cas d'Hippolyte comme dans celui d'Oreste la bonne volonté des amis est manifeste et fort touchante.

Les leçons d'Homère ne furent pas perdues pour Pindare, qui codifia en quelque sorte la morale agonistique dans ses *Odes Olympiques*, *Pythiques, Isthmiques* et

46 Euripide, *Hippolyte (*trad. L. Méridier), Les Belles Lettres, Paris, 1927, 1234-40.

Néméennes. Cet aristocrate, homme de tradition, est le chantre de la modération. En alliant l'éloge des vainqueurs à l'hommage rendu aux dieux, Pindare prône une sagesse qui refuse l'outrage ou l'outrance. Il admire les vainqueurs aux Jeux, dont il fait l'éloge, mais met en garde contre les débordements.

L'ère historique des *Olympiades* commence en 776 av. J.-C., année où Koroibos fut vainqueur au stade, épreuve qui confère au vainqueur l'éponymie c'est-à-dire le privilège de donner son nom à l'année, et dura jusqu'en 393 apr. J.-C., quand l'édit de Théodose interdit les fêtes païennes. Les Jeux devaient continuer sous l'Empire romain et l'Empire byzantin selon des pratiques nouvelles.

L'éloge que Pindare fait des vainqueurs aux Jeux développe une sagesse avisée, une méthode pour atteindre le bonheur et la gloire, une émulation raisonnable à base d'effort et de générosité. Il s'élève contre toutes les formes de violence et il rejette comme blasphématoires certaines légendes prêtant aux dieux ou aux héros des actions barbares. Ainsi dans la cinquième *Néméenne*[47] il passe sous silence le meurtre de Phôkos, que ses demi-frères Télamon et Pélée fils d'Eaque tuèrent d'un coup de disque.

> J'ai scrupule de dire une chose grave ; un acte qui fut plus téméraire que juste : comment ils [Télamon et Pélée] quittèrent cette île renommée [Egine] et quel destin bannit d'Oinoné ces hommes valeureux. Je m'arrête : l'exacte vérité ne gagne pas toujours à montrer son visage, et souvent le silence est le meilleur parti que l'homme puisse imaginer.

Selon Pindare le rôle du poète est de célébrer la valeur qui le mérite non pas la force brute et sanguinaire.

C'est pourquoi il a consacré son art à chanter des hommes comme Hiéron de Syracuse dont il célèbre la bienfaisance. Il loue :

> [...] le foyer bienheureux de Hiéron qui tient le sceptre de la justice dans la Sicile féconde ; qui cueille toutes les vertus sur leur plus haute tige et qui s'éjouit aux délices du chant, aux nobles jeux qui nous divertissent autour de sa table amie.[48]

On peut s'étonner de cet éloge de Hiéron, qui régna à Syracuse de 478 à 466 av. J.-C., et auquel Diodore[49] ne reconnaît pas la douceur et la bonté de son frère aîné, Gélon. Mais Pindare lui sait gré de son amour des lettres et de son rôle d'évergète. Il consacre à ses victoires pas moins de quatre odes triomphales, la *Première Olympique* et les *Pythiques 1, 2* et *3*. Pour Pindare, Hiéron, le fondateur de la ville d'Etna, « souverain qui gouverne Syracuse, [est] plein de douceur pour les citoyens, sans jalousie pour les bons, admiré comme un père par les étrangers ».[50]

Comment un tel souverain aurait-il pu admettre des Jeux incontrôlés, intraitables, insensibles aux vertus de douceur et d'humanité ? Si les vainqueurs aux Jeux avaient été des brutes déchaînées, leur aurait-on permis à Olympie d'élever

Œnochoé à figures rouges. Jeune athlète *acontiste*, (lanceur de javelot). Peintre des *œnochoés* de Bruxelles, env. 450 av. J.-C. Conservé au musée du Louvre.

47 Pindare, *Néméennes* (éd. et trad. A. Puech), Les Belles Lettres, Paris, 1967, V, I, 25-33.
48 Pindare, *Olympiques* (éd. et trad. A. Puech), Les Belles Lettres, Paris, 1970, I, 27-35.
49 Diodore, *Bibliothèque Historique* (éd. P. Bertrac et trad. Y. Vernière), Les Belles Lettres, Paris, 1993, II, 67.
50 Pindare, *Néméennes, op. cit.*, III, 124-6.

Vainqueur emportant le trépied qu'il a gagné. Amphore à figures noires. Le vainqueur, nu, porte sur l'épaule le trépied qui est orné d'un long ruban rouge. Deux hommes nus derrière lui tiennent chacun une couronne dans la main droite. Devant lui se tiennent debout deux jeunes gens nus, peut-être ses challengers. Le vase est conservé au département des antiquités classiques et proche-orientales du musée national du Danemark (Chr VIII 322).

leur propre statue dans l'Altis ce sanctuaire réservé aux dieux et de faire chanter leurs exploits par les poètes ? Toute l'œuvre de Pindare plaide pour une conception fervente et plaisante des Jeux. Dans la quatrième *Isthmique,*[51] il met en garde contre « la démesure tapageuse » et termine par l'évocation gracieuse de Mélissos de Thèbes, vainqueur au pancrace, apparaissant « la tête parée de myrte blanc ». Son nom, formé sur celui de l'abeille (*mélissa*), amène l'image de « la rosée des louanges » célébrant le jeune athlète.

Chez Pindare les Jeux ne sont pas marqués par l'*hybris* cette démesure qui entraîne la violence, mais par la *charis* mot souvent employé par le poète et riche de connotations. Il désigne « ce qui brille, ce qui réjouit », ce qui s'applique au « charme de la beauté et de la grâce », et signifie aussi « la joie, le plaisir ». Un sens second du mot est « la grâce » au sens de « faveur, de bienveillance, de charme de la victoire ». Aimé Puech[52] comprend « le charme de la victoire », mais au vers 48, au début de la strophe 2, il traduit « le Génie (*charis*) à qui les mortels doivent tout ce qui les charme, les met en honneur, donne crédit à l'incroyable bien souvent ! » Le traducteur reconnaît la difficulté de trouver un terme rassemblant toutes ces significations. Le

51 Pindare, *Isthmiques* (éd. et trad. A. Puech), Les Belles Lettres, Paris, 1961, IV, 14-5.

52 Pindare, *Olympiques*, *op. cit.*, I, 29.

Dictionnaire étymologique de la langue grecque, commencé par Pierre Chantraine et terminé par ses disciples, indique que le substantif abstrait doit être un déverbatif de *chairô,* «se réjouir», ce qui démontre que les Jeux étaient «réjouissance» et non «combat».

Le fait que des cérémonies funèbres aient été l'occasion de Jeux témoigne superbement du caractère résolument optimiste de cette culture grecque telle qu'on la constate chez Homère. L'atmosphère joyeuse entourant ces Jeux, rapportée par Pindare, prouve que la compétition n'était pas un combat fait de brutalité, mais une confrontation dans la sérénité. La récompense des vainqueurs était matérialisée par les prix qu'on leur décernait et par les inscriptions gravées sur la pierre rappelant la nature de ces fêtes, les noms des vainqueurs, des familles et des villes honorées, les listes des épreuves, les catégories des participants, l'indication des générosités faites par les bienfaiteurs de ces Jeux. Tous ces textes constituent une mine de renseignements qui complètent les informations fournies par les textes littéraires ou par les monuments figurés : statues, vases, mosaïques, peintures ou monnaies. Tout ce matériel archéologique permet de connaître le détail de ces Jeux.

Signalons ici entre parenthèses que ce serait une illusion de croire que les Grecs anciens lisaient ces textes gravés sur la pierre qui étaient souvent fort longs, de paléographie parfois difficile et placés dans des endroits où l'on ne pouvait pas facilement les observer. Certaines pierres, disent les décrets, étaient dressées «dans l'endroit le plus en vue», mais la plupart étaient entassées sur les places et le long des rues; pour les lire il aurait fallu souvent déplacer ces lourds monuments ou écarter la foule.

De façon paradoxale on peut dire que lire une inscription grecque dans l'Antiquité était plus difficile que de nos jours. Les mots n'étant pas séparés les uns des autres, il aurait fallu faire une «lecture verbale» en épelant chaque syllabe. Et le lecteur antique ne disposait pas d'estampage, c'est-à-dire de papier sans colle se laissant imbiber d'eau et frapper par une brosse douce, pour enlever l'empreinte de l'inscription, ni d'appareil pour photographier la pierre et l'estampage une fois qu'il était décollé de la paroi.

Dans ces conditions on peut penser raisonnablement que les textes avaient été gravés sur la pierre pour rester éternellement mémorables et résister aux ravages du temps. On retrouve là le rêve grec du triomphe sur la mort et la disparition.

L'Égypte en nous livrant de nombreuses stèles portant des textes très longs nous aide à comprendre les difficultés de cette «prose sur pierre», titre que j'ai donné à mon recueil rassemblant les soixante-sept textes en prose conservés sur la pierre dans l'Égypte hellénistique et romaine, qu'il s'agisse des décrets honorifiques, des ordonnances royales ou impériales, des décrets de synodes de prêtres, de protestations de contribuables exaspérés, de recommandations du préfet d'Égypte, de proclamations de souverains victorieux, de dispositions funéraires, de tarif réglementant le commerce, de lettres et de listes. Qui pouvait lire en son intégralité la pierre dite de Rosette, rédigée, en hiéroglyphes, démotique et grec?

En ce qui concerne les Jeux les inscriptions proviennent de toutes les parties du monde grec et elles se sont multipliées durant toute l'Antiquité, car il s'agit d'une institution fondamentale de la *paideia*, c'est-à-dire de la «culture grecque». Elle n'est pas seulement destinée à faire triompher l'homme de la mort, mais elle est d'abord au service des dieux.

Cette victoire sur la mort, célébrée par des Jeux, explique que, bien après Homère, les Dix Mille, sauvés de la mort en revoyant la mer, à Trapézonte, en Colchide, célébrèrent par des Jeux leur sortie des dangers[53] :

> Ensuite [les Dix Mille] se préparèrent à célébrer le sacrifice qu'ils avaient fait vœu d'offrir : il leur était venu en nombre suffisant des bœufs à sacrifier en l'honneur de Zeus-sauveur et d'Héraclès, pour les avoir bien conduits, en l'honneur des autres dieux pour acquitter leur vœu. Ils célébrèrent aussi des jeux gymniques dans la montagne où ils campaient. Dracontios de Sparte, exilé de son pays lorsqu'il était encore enfant pour avoir tué involontairement un camarade d'un coup de poignard, fut choisi par eux pour préparer la course et présider aux jeux.
>
> Aussitôt que le sacrifice fut terminé ils remirent les peaux des victimes à Dracontios et l'invitèrent à les mener au lieu où il avait préparé la piste. Celui-ci montrant l'endroit où ils se trouvaient : « Voici une colline excellente, dit-il, pour courir dans le sens qu'on voudra ». Mais comment, lui fut-il objecté, pourra-t-on lutter sur un sol aussi dur, aussi broussailleux ? Il répondit : « En pâtira d'autant plus celui qui sera mis à terre ». Des enfants coururent le stade, c'étaient pour la plupart des captifs ; le dolique fut couru par des Crétois, ils étaient plus de soixante ; d'autres se livrèrent à la lutte, au pugilat, au pancrace. Ce fut un beau spectacle : nombreux furent ceux qui descendirent dans l'arène, et comme c'étaient leurs camarades qui les regardaient l'émulation était générale ; Il y eut aussi des courses de chevaux : il fallait lancer les bêtes sur la pente, les faire tourner dans la mer et les ramener vers l'autel. À la descente la plupart roulaient sur eux-mêmes et pour remonter l'escarpement qui était raide les chevaux mettaient péniblement un pied devant l'autre. Alors de toutes parts c'étaient des cris, des rires, des encouragements.

Cette joie collective prouve que les Jeux avaient pour objet de rassembler les Grecs dans une cérémonie qui les associait pour la défense des mêmes valeurs.

53 Xénophon, *Anabase* (trad. P. Masqueray), Les Belles Lettres, Paris, 1930, IV, 8, 25-8.

Chapitre II
Marcher vers les dieux

Le bonheur présidant aux Jeux était d'abord fait de ferveur. La fête était celle des hommes, mais d'abord celle des dieux. Concurrents, spectateurs et organisateurs effectuaient une sorte de pèlerinage pour gagner les lieux de ces compétitions et ils venaient parfois de fort loin. D'autre part les lieux qui servaient de cadres à ces rassemblements religieux étaient des lieux sacrés. Dès la plus haute époque, il en fut ainsi. Au VIIe siècle av. J.-C. l'*Hymne à Apollon*, attribué à Homère, énumère les sites qu'Apollon a choisis pour y être honoré :

> *C'était toi, Seigneur à l'arc d'argent, Archer Apollon, qui tantôt gravissais le Cynthe rocheux et tantôt marchais d'un pas errant parmi les îles et les hommes. Tu possèdes, Seigneur, la Lycie, l'aimable Méonie et Milet, la ville charmante au bord de la mer : mais sur Délos ceinte de flots tu règnes en souverain. (Nombreux sont tes temples et tes bois sacrés d'arbres touffus ; tous les hauts lieux te sont chers, et les cimes altières des caps montueux, et les fleuves qui coulent vers la mer). Mais ton cœur trouve le plus de charmes à Délos, lorsque s'y assemblent les Ioniens aux tuniques traînantes, avec leurs enfants et leurs chastes épouses. Fidèlement, ils se livrent pour te plaire au pugilat, à la danse et aux chants, lorsqu'ils organisent leurs jeux.*[1]

Thucydide explique qu'après la purification de Délos, c'est-à-dire le transport des morts, des mourants et des femmes enceintes dans l'île voisine, Rhénée, les Athéniens célébrèrent pour la première fois la fête *pentaétéride* des *Délia*. C'est à cette occasion qu'avaient lieu des compétitions d'athlétisme et des concours de poésie récitée en musique. Après avoir cité l'*Hymne à Apollon,* il conclut :

> Ainsi grâce à ce témoignage d'Homère il ne fait aucun doute qu'il y eut jadis à Délos de grands rassemblements populaires et de grandes fêtes. Par la suite les habitants des îles et les Athéniens continuèrent à envoyer des chœurs et des offrandes, mais les Jeux et presque toutes les cérémonies cessèrent d'être célébrés, sans doute à cause du malheur des temps et cela jusqu'au jour récent où les Athéniens organisèrent à nouveau des concours, en y incluant des courses de chevaux, chose qu'on n'avait pas vu à Délos autrefois.[2]

Les quatre grandes fêtes célébrées par Pindare et ayant lieu à Olympie, à Delphes, à l'Isthme et à Némée étaient organisées dans les sanctuaires des dieux, celui de Zeus, à Olympie et à Némée, celui d'Apollon, à Delphes, celui de Poseïdon à l'Isthme. L'ensemble de ces Jeux constituaient la « période » et le vainqueur aux quatre Jeux était appelé *périodonikès.* Il avait droit, verrons-nous, à des honneurs spéciaux et à la considération qu'on accorde aujourd'hui aux vainqueurs, au tennis, des tournois du « grand chelem ».

1 Homère, « Hymne à Apollon », dans *Hymnes* (trad. J. Humber), Les Belles Lettres, Paris, 1936, 140-50.

2 Thucydide, *Guerre du Péloponnèse* (trad. D. Roussel), La Pléiade, Paris, 1964, III, 104.

Poseïdon trône et le jeune Thésée lui tend la main gauche. Cratère attique à figures rouges. Peintre de Syriskos, 480 av. J.-C.

Quand les pèlerins se mettaient en route, ils pouvaient d'abord apprécier l'époque où avait lieu ce rendez-vous avec la divinité. Les Jeux olympiques par exemple étaient une fête *pentaétéride* c'est-à-dire se célébrant après quatre ans révolus. La date en était mobile, nous dit Aimé Puech,[3] « elle était réglée par un cycle de 99 mois (50+49) et tombait alternativement au commencement et au milieu de ce cycle, à la pleine lune du mois *Parthénios* ou du mois *Apollonios*, ce qui la faisait varier entre la fin de notre mois de juillet et le commencement du mois de septembre ». La fixation de la date de cette fête en vertu de considérations astrologiques donnait à la fête une religiosité accrue.

Les Grecs de l'époque hellénistique comprirent l'importance de cette référence aux astres pour légitimer la date des fêtes importantes. Ainsi le décret trilingue (hiéroglyphique, démotique et grec) des prêtres réunis à Canope en l'honneur de Ptolémée III Évergète I, de sa femme Bérénice II et de sa fille Bérénice, daté du 7 mars 238 av. J.-C. et gravé sur la stèle trouvée à Momemphis,[4] juxtapose un éloge des souverains, une réforme du calendrier et l'indication des cérémonies liées à cette panégyrie. La pierre dite de Rosette, datée du 27 mars 196 av. J.-C.,[5] lie aux calendriers macédonien et égyptien les panégyries prescrites. Le déroulement des saisons, marqué par la crue du Nil, le lever de Sothis, notre Sirius ou le Chien (le 20 juillet), les semailles et les moissons, scandaient les dates des grandes fêtes. Par exemple les réjouissances liées à la renaissance d'Osiris se déroulaient le quatrième mois de l'an égyptien c'est-à-dire au mois de Khoïak (27 novembre-26 décembre).

La date des Jeux olympiques était ainsi fixée par l'ordre même de la nature et du cosmos. Cette date conditionnait celle des Jeux pythiques, qui commencèrent leur succession en la 3e année de l'Olympiade 49, c'est-à-dire en 582 av. J.-C. L'origine mythique en remontait à la victoire d'Apollon sur le serpent. Les Jeux néméens revenaient tous les deux ans, au cours de la seconde et de la quatrième année de chaque Olympiade. La fête avait lieu, dit Aimé Puech, au douzième jour du mois de Panémos, qui correspond approximativement à notre mois de juillet. Les Jeux isthmiques se célébraient tous les deux ans, la seconde et la quatrième année de l'Olympiade ; à l'époque classique, ils avaient lieu au printemps (avril ou commencement de mai). C'est ainsi que se déroulait la « période ».

On ne peut comprendre l'esprit dans lequel se déroulaient les Jeux antiques sans essayer de revivre les sentiments qui animaient les participants lors de la démarche qui les poussait à gagner les lieux de ces compétitions. Ne pouvant revivre tous les Jeux qui furent organisés, du moins pouvons-nous imaginer l'état d'esprit de ceux qui allaient à la rencontre des dieux, dans les quatre grands sanctuaires où se déroulaient ces compétitions : Olympie, Delphes, l'Isthme et Némée.

La route d'Olympie

Les Jeux les plus célèbres furent ceux d'Olympie, mais comment gagnait-on le théâtre de ces épreuves fameuses et quels sentiments pouvaient pousser à faire ce pèlerinage ?

Il fallait un certain courage au pèlerin et une foi ardente pour quitter sa famille, sa cité, sa région et se rendre en un lieu parfois fort éloigné de son domicile. Car le voyage dans l'Antiquité n'est pas un plaisir touristique. On pourrait comparer ces

3 Pindare, *Olympiques*, commentaire d'Aimé Puech, Les Belles Lettres, Paris, 1970, p. 4.

4 A. Bernand, *Les Confins libyques*, Institut français d'Archéologie orientale, Le Caire, 1970, pp. 989-1036 et *La prose sur pierre*, CNRS éditions, Paris, 1992, p. 8.

5 A. Bernand, *La prose sur pierre*, *op. cit.*, p. 16.

Métope du temple E de Sélinonte avec le mariage sacré de Zeus et d'Héra sur le mont Ida.

marches vers les dieux aux étapes éprouvantes qu'effectuaient les pèlerins gagnant Saint-Jacques-de-Compostelle ou ces voyages hasardeux qui entraînaient les croisés vers les lieux saints de Jérusalem. Dans l'Antiquité aucune route n'était sûre, que ce fût sur terre ou sur mer. Pillards et pirates étaient à l'affût et, si le voyageur n'était pas en groupe, il prenait des risques. Les conditions mêmes du voyage étaient rudes, car il fallait le plus souvent se contenter de gîtes précaires et l'absence ou la rareté des moyens de transport imposaient la marche à pied.

Pour gagner Olympie on pouvait utiliser la voie de terre ou la voie de mer. Arriver par mer n'était pas si facile qu'on peut le croire. Car « l'Elide creuse » comme dit Strabon, n'offre pas de port digne de ce nom. Trois caps, le cap Araxos à l'entrée du golfe de Corinthe, le cap Chélonatas, qui est au sud-ouest de ce dernier et est le point le plus occidental du Péloponnèse, et enfin le cap Ichthys, plus au sud, n'offraient pas de véritable abri, outre le fait que, par grosse mer, ils n'étaient pas faciles à doubler. La côte occidentale du Péloponnèse est à l'abri des vents du nord-est, redoutables en été, mais en revanche elle est rectiligne, plate, lagunaire, coupée de petits fleuves difficiles à franchir parfois, sans parler de l'embouchure de l'Alphée qui pouvait poser problème, notamment lors de la fonte des neiges. Toute la côte jusqu'à Kyparissia est sablonneuse, jadis pourvue parfois de dunes et de marécages. Seul Pylos, plus au sud, abrité par le cap Koryphasion et l'île de Sphactérie, offre une rade (rade de Navarin) au demeurant peu profonde entre Sphactérie et la côte.

Pour aborder en Elide le pèlerin antique avait le choix entre deux mouillages. Au nord du cap Chélonatas, le port de Kylléné, base maritime des Eléens, séparé par une vingtaine de kilomètres de la ville d'Elis, qui s'étendait sur la rive gauche du Pénée,[6] au pied des premières collines. Le géographe Strabon[7] nous apprend que Kylléné, citée par Homère, était une bourgade (*kômè*) et un mouillage (*epineion*) formant une agglomération distincte de la ville qu'il desservait. Quand les Français occupaient la Morée, la ville portait le nom de Clarenza. Une quinzaine de kilomètres la séparent de l'île de Zante (*Zakynthos*). Le site n'était pas à proprement parler un « comptoir » (*emporion*) mais servait de lieu de transit pour les commerçants d'Egine qui y débarquaient pour porter leurs marchandises jusqu'en Arcadie, comme nous l'apprend Pausanias.[8] De Kylléné on gagnait le sanctuaire d'Olympie par Elis, Oinoé et Salmoné, c'est-à-dire par les vallées de Ladon, de l'Enipeus et de l'Alphée. À la plaine monotone d'Elide, succédait alors le paysage vallonné et souriant d'Olympie.

Le port le plus pratique pour gagner le sanctuaire était celui de Pheia, au pied du cap Ichthys (*Katapolo*). Strabon nous décrit ce site comme une petite ville et un port. C'était un port sacré (*hiéros limèn*), comme on appelait dans les textes et les inscriptions le port qui desservait spécialement un sanctuaire. Strabon nous décrit le paysage[9] :

> Après le cap Chélonatas vient une vaste étendue de côte plate, la côte de Pisatide, ensuite le cap Pheia [Ichthys] ; il y avait également là une petite ville, près des murs de Pheia, aux bords du Jordanos.

6 Il se peut que Strabon se soit trompé dans sa description du cours du Pénée, si l'on en croit l'article de J.-J. Dufaure et E. Fouache « Le cours antique du Pénée : une erreur de Strabon ? Pour une solution géomorphologique du problème », dans *Achaia und Elis in der Antike* (éd. A. D. Rizakis), Athènes, 1991, pp. 293-303.

7 Strabon, *Géographie*, Les Belles Lettres, Paris, 1966-89, VII, 3-4.

8 Pausanias, *Description of Greece* (trad. anglaise de W. H. S. Jones), Heinemann, Londres, 1988, VIII, 5, 8.

9 Strabon, *op. cit.*, VIII, 3-12.

> Effectivement un petit fleuve coule non loin de là [c'est l'actuel Vovo]. Certains font commencer la Pisatide au cap Pheia ; en face se trouve une petite île et un port ; de là le plus court chemin en venant de la mer est de 120 stades [22 km environ].

Après avoir longé la lagune de Mouria le pèlerin gagnait le site vallonné, boisé, pacifié, d'Olympie, et pouvait s'abandonner à la joie de pénétrer dans l'accueillant domaine de Zeus.

S'il venait par terre, le pèlerin après avoir traversé l'Achaïe devait ressentir encore plus vivement le doux paysage d'Olympie. La traversée des montagnes d'Achaïe n'était pas une petite affaire. Cette région montagneuse est adossée à trois massifs élevés qui la séparent de l'Arcadie, et dont les sommets dépassent les deux mille mètres : de l'est à l'ouest le Kyllène (actuel Ziria), le Chelmos (Aroania), l'Olonos (antique Erymanthe). Sur le golfe de Corinthe les pentes sont abruptes, coupées de ravins, et des gorges étroites s'enfoncent dans la montagne aride. L'une des voies d'accès à Olympie partait de Diakopton, station située à 47 km à l'est de Patras, ou si l'on préfère à 85 km à l'ouest de Corinthe. Longeant le fleuve Bouraïkos, nommé d'après la ville de Boura (qui fut jadis détruite en 373 av. J.-C. comme sa voisine Hélikè, par un tremblement de terre), une gorge étroite et sinueuse s'enfonce dans la montagne et gagne l'antique Kynaitha (l'actuelle Kalavryta) à environ 50 km au sud. Cette ville, à 725 m d'altitude, porte un nom « belles sources » qui déjà annonce la particularité de l'Arcadie et de l'Elide. Encore une centaine de kilomètres et le pèlerin, en descendant la vallée de l'Aoranios puis celle du Ladon, arrivait à Héraia et, par la vallée de l'Alphée gagnait Olympie ; ou bien à partir de Kynaitha gagnait la vallée de l'Erymanthe et rejoignait celle de l'Alphée. De nos jours à partir de Diakopton, un chemin de fer à voie étroite, en partie à crémaillère, permet de passer du golfe de Corinthe à Kalavryta. À partir de Patras il fallait franchir la montagne appelée *Panachaïkon oros* pour gagner par la haute vallée du Péiros la ville de Léontion, aux sources du Sélinous, puis celle de Psophis, près de la source de l'Erymanthe, dont la vallée conduisait à celle de l'Alphée. Rude voyage où l'on aspirait à la paix du sanctuaire. Ces paysages grandioses mais austères étaient à l'opposé du vallon d'Olympie.

L'attrait exercé sur les hommes par le charme d'Olympie a certainement joué un grand rôle dans le choix de ce site pour la célébration des Jeux. Pourtant, au Ve siècle av. J.-C., Hippocrate de Cos, né en 460 av. J.-C. et mort entre 375 et 351,[10] a dénoncé les dangers d'un climat trop doux et d'un terroir trop fertile sur le caractère des habitants. Parlant de l'Asie médiane, il fait l'éloge de la modération de son climat, mais fait des réserves sur le caractère de ses habitants[11] :

> Il est normal que cette contrée se rapproche le plus du printemps par la modération naturelle des saisons. Mais le courage, l'endurance, le goût de l'effort et la fougue ne sauraient exister en une telle nature [...] ni d'une même espèce ni d'une autre espèce, mais il est nécessaire que le plaisir l'emporte.

Et il poursuit :

10 J. Jouanna, *Hippocrate*, Fayard, Paris, 1992, pp. 22 et 58-9.

11 Hippocrate, *Airs, eaux, lieux* (trad. J. Jouanna), Les Belles Lettres, Paris, 1996, XII, 6 et XIII, 1-5.

> Il en va du sol exactement comme au reste, des humains. Là où les saisons offrent les changements les plus grands et les plus fréquents, là le pays est le plus sauvage et le plus inégal et vous trouverez qu'il y a le plus de montagnes à la végétation douce, de plaines et de prairies. Au contraire là où les saisons ne varient pas grandement chez ces gens-là le pays est le plus égal. Il en va de même des hommes, si l'on veut y porter attention : il y a des natures qui ressemblent à des montagnes boisées et pleines d'eau, d'autres à des sols légers et sans eau, d'autres à des terrains plutôt couverts de prairies et marécageux, d'autres à une plaine et à un sol dénudé et sec. Car les saisons qui modifient la nature de l'aspect physique sont différentes.

Hérodote[12] fait dire à Cyrus : « Dans les pays mous naissent ordinairement des hommes mous ; et ce n'est pas le fait du même terroir de produire d'admirables fruits et des hommes vaillants à la guerre ».

Si l'on applique ces propos au paysage d'Olympie, on peut comprendre que cet emplacement choisi pour les Jeux était un lieu de détente, de plaisir, non de lutte sauvage visant la destruction de l'adversaire. Ce que les pèlerins venaient chercher à Olympie, c'étaient des moments de bonheur faisant oublier les rudesses de l'existence.

Strabon a évoqué en quelques traits les avantages offerts au sanctuaire par ce site d'Olympie[13] :

> Le sanctuaire de Zeus est en Pisatide, à moins de trois cents stades d'Elis (55,5 km) ; précédé d'un bosquet d'oliviers sauvages, au milieu duquel se trouve le stade, il est longé par l'Alphée qui vient d'Arcadie et se jette dans la mer de Triphylie entre le midi et le couchant ; il dut à l'origine sa célébrité à l'oracle de Zeus Olympien ; toutefois, quand le dieu eut cessé de s'y manifester, la réputation du sanctuaire, loin d'être compromise, ne fit que croître, comme chacun sait, grâce à la fête solennelle, qui rassemble tous les peuples grecs, et au concours olympique, dont le prix est une couronne et qui passe pour sacré ; c'est le plus important de ceux qui existent.
>
> Une foule d'offrandes sont venues de la Grèce entière orner le sanctuaire ; il y avait notamment parmi elles le Zeus en or martelé dédiée par le tyran de Corinthe, Kypsélos ; mais la plus considérable de toutes a été la statue de Zeus, due au talent de l'Athénien Phidias, fils de Charmide ; elle est en ivoire et d'une taille si colossale que, malgré les dimensions considérables du temple, l'artiste paraît n'avoir pas respecté les justes proportions ; il a représenté le dieu assis, touchant presque le sommet du toit, il donne ainsi l'impression que, s'il se dressait de toute sa taille, il soulèverait le toit de l'édifice.

Aménité du site, présence du fleuve, prestige des Jeux olympiques, présence de Zeus, générosité des donateurs, rien ne manquait à Olympie pour assurer sa

12 Hérodote, *Histoires* (trad. A. Barguet), La Pléiade, Paris, 1964, IX, 122, 3.

13 Strabon, *op. cit.*, VIII, 3, 30. R. Baladié a renvoyé aux sources littéraires permettant d'évoquer ce paysage riant, dans son article « L'apport des sources littéraires à la connaissance topographique de l'Elide et de l'Achaïe antiques », publié dans *Archaia und Elis in der Antike*, *op. cit.*, t. 13, pp. 217-21.

Entrée du stade olympique.

prospérité. De là vint la place que tient Olympie dans les odes de Pindare ou de Bacchylide célébrant les victoires remportées à Olympie.[14]

Quand on connaît l'aridité de nombreux paysages grecs on comprend l'attrait que l'eau donnait au vallon d'Olympie. Car de nombreux fleuves se déversaient dans l'Alphée et en assuraient l'approvisionnement. Jamais le fleuve n'était réduit à ces filets d'eau qui en bien des endroits indiquent l'été l'emplacement d'un fleuve. À juste titre Pausanias insiste sur cette abondance de l'eau de l'Alphée[15] :

> À l'arrivée à Olympie l'eau de l'Alphée est abondante pour qui la voit et tout à fait agréable parce qu'il y a sept autres rivières de très grande importance qui s'y jettent. Traversant Mégalopolis, l'Hélisson se jette dans l'Alphée ; le Brenthéatès, lui, sort du territoire de Mégalépolis ; le long de Gortyne où se trouve un sanctuaire d'Asclépios, le long de cette région coule le Gorthynios, [et] venant de Mélainai, le Bouphagos passe entre le territoire de Mégalopolis et celui d'Héraia ; issu du territoire de Cleitor, le Ladôn ; venu des monts d'Erymanthe, le fleuve qui porte le nom de la montagne. Ces fleuves descendent de l'Arcadie vers l'Alphée ; le Cladéos descendant de l'Elide mêle ici ses eaux à celles de l'Alphée ; quant aux sources de l'Alphée, elles se trouvent en Arcadie et non en Elide.

Une évocation poétique du territoire d'Olympie nous est offerte par le poète qui composa l'*Idylle* XXV du recueil attribué à Théocrite. Il décrit le pays du roi Augias et brosse le tableau du paysage éléen, faisant une place à l'« *acroréia* riche en sources ». De nombreux troupeaux de brebis et de bœufs, platanes, oliviers, vignes, champs et vergers nous donnent l'image d'un paysage opulent et apaisant.[16] C'est un paysan qui parle à Héraklès :

> Les troupeaux de brebis aux belles toisons du roi Augias ne broutent pas tous la même pâture au même lieu ; les uns paissent sur les deux rives escarpées de l'Elisous, les autres le long du courant divin de l'Alphée, les autres au pays de Bouprasion riche en raisin et les autres ici ; pour chacun sont construits des parcs séparés. Quant aux troupeaux de bœufs malgré leur grand nombre tous ont ici en tout temps de riches pâturages dans le vaste marais du Ménios ; les prés mouillés, les fonds humides y produisent en suffisance des herbages de toutes sortes qui développent la force des vaches encornées. Leur étable est celle que tu as à main droite, visible tout entière au-delà du cours du fleuve, là-bas où poussent de denses rangées de platanes et l'olivier sauvage au vert feuillage, formant un bocage sacré d'Apollon Nomios, dieu parfait entre tous, ô étranger. Tout auprès s'étendent en une longue suite de bâtiments nos demeures à nous autres campagnards qui maintenons avec soin la grande, la merveilleuse opulence du roi, jetant la semence dans des champs qui parfois ont reçu trois façons ou même quatre. Les limites du domaine sont

14 Voir l'article de F. Cairns « Some reflections of the ranking of the major games in fifth century B.C. Epinician poetry », dans *Achaia und Elis in der Antike*, *op. cit.*, pp. 95-8.

15 Pausanias, *op. cit.*, V, 7, 1.

16 Pseudo-Théocrite, « Héraclès tueur de lion », dans *Bucoliques grecs II* (éd. et trad. Ph. E. Legrand), Les Belles Lettres, Paris, 1925, XXV, 7-33.

Vue du Gymnase à la Palestre. Olympie.
© Sonia Halliday Photographs

> connues des laborieux vignerons qui viennent aux pressoirs quand arrive la saison de la maturité. Toute cette vaste plaine appartient au sage Augias, champs producteurs de blé et vergers plantés d'arbres, jusqu'aux confins de l'Acroréia riche en sources ; et tous les jours nous nous employons à travailler, comme il est de règle pour les serviteurs dont la vie se passe à la campagne.

Polybe[17] a bien compris que la douceur du paysage influençait le développement du sanctuaire. Mais il a noté aussi que les anciens avaient instauré en Arcadie la pratique de la musique pour rendre supportables les rigueurs de leur région et la dureté de leur vie :

> Selon moi les anciens ont introduit ces usages [c'est-à-dire les chants, les danses, les Jeux musicaux ou militaires] non par goût du luxe et du superflu, mais ils considéraient que chacun travaillait pour son compte et que en général ils menaient une vie dure et pénible ; ils considéraient aussi l'austérité des mœurs qui est leur lot par suite de la rudesse du milieu et de la tristesse quasi générale de la région environnante, caractères auxquels notre nature à tous finit par s'assimiler. Ce n'est pas pour une autre raison que celle-là que nous différons le plus les uns des autres, selon les caractères raciaux et la distance qui nous sépare par les mœurs, la taille du corps, le teint et aussi par

17 Polybe, *Histoires* (trad. D. Roussel), La Pléiade, Paris, 1970, IV, 21.

> l'essentiel de notre comportement. C'est dans le dessein d'adoucir et de tempérer le caractère dur et sévère de leur nature que les Arcadiens introduisirent tout ce qui vient d'être dit et outre cela instituèrent des assemblées communes et de nombreux sacrifices aussi bien pour les hommes que pour les femmes et en même temps des chœurs de jeunes filles mêlées aux jeunes gens ; en un mot ils imaginèrent le tout en s'efforçant de civiliser et d'adoucir grâce à ces institutions le côté dur de leur caractère.

Polybe historien autant que géographe nous donne ici la clef de la création des Jeux. Ils étaient faits pour délasser les participants, non pour les déchaîner les uns contre les autres. On venait aux Jeux pour s'affronter, mais dans la joie c'est-à-dire pour s'amuser.

Les pèlerins venant du sud pouvaient débarquer à Gytheion, le port de Sparte, qui se trouve à 46 km au sud de la ville. En remontant la vallée de l'Eurotas ils gagnaient la plaine de Mégalopolis et par la vallée de l'Alphée rejoignaient Olympie. La route était longue, car 193 km séparent Sparte d'Olympie. Dans ce voyage au pied de la chaîne grandiose du Taygète, l'arrivée dans la haute plaine de Mégalopolis faisait accéder à un paysage de cultures qui contrastait avec l'âpreté des massifs montagneux

Delphes.
© André Bernand

qui l'entouraient. Descendre ensuite dans la vallée de l'Alphée apportait le charme des eaux courantes et le paysage s'élargissait et verdoyait à mesure qu'on approchait du sanctuaire d'Olympie. Les pèlerins jouissaient alors d'un repos bien gagné et admiraient le bois sacré, le temple et la statue de Zeus, signalés par Pausanias[18] :

> Depuis les temps anciens, on appelle Altis le bois sacré de Zeus par altération du mot *alsos*. Pindare notamment, dans un hymne dans lequel il chante un olympionique, appelle l'endroit « Altis ». Le temple et la statue de Zeus ont été construits avec le butin pris par les habitants d'Elis, lorsque, au cours d'une guerre, ils écrasèrent Pise et ceux des voisins qui avaient fait défection au profit de Pise. Phidias est l'auteur de la statue, comme l'atteste une inscription gravée sous les pieds de Zeus : « C'est Phidias, fils de Charmidès d'Athènes, qui m'a faite ». Le temple est de style dorique et pour ce qui est de l'extérieur, il est bâti en tuf local. Sa hauteur jusqu'au fronton est de soixante-huit pieds, sa largeur de quatre-vingt-quinze, sa longueur de deux cent trente. Son architecte en fut Libon, un homme de la région ; les tuiles ne sont pas de terre cuite, mais en marbre du Pentélique taillé en forme de tuiles [...] À Olympie, il y a un chaudron doré à chaque extrémité du toit et une victoire se dresse tout juste au milieu du fronton, dorée elle aussi. Sous la statue de la Victoire est consacré un bouclier d'or avec la Gorgone Méduse en relief.

Le paysage souriant d'Olympie peut être imaginé à partir de la description que Xénophon nous donne de la propriété qu'il avait reçue des Spartiates, quand il avait été exilé d'Athènes pour sa sympathie envers la Laconie. Ce site se trouve à environ 17 km au sud de Pyrgos[19] :

> Quand Xénophon eut été exilé, lorsqu'il habitait déjà à Scillonte où il avait été établi par les Lacédémoniens (près d'Olympie), Mégabyzos vint à Olympie pour assister aux jeux et lui rendit son dépôt. Xénophon l'ayant reçu acheta des terres pour la déesse à l'endroit où Apollon l'avait prescrit. Ces terres étaient traversées par le Sélinonte. De même à Ephèse le long du temple d'Artémis coule le Sélinonte. Dans les deux cours d'eau il y a aussi des poissons et des coquillages, mais dans le domaine de Scillonte se trouvent des terrains de chasse où l'on prend tous les gibiers. Xénophon éleva aussi un autel et un sanctuaire avec l'argent sacré ; dans la suite, prélevant chaque année la dîme sur les productions de son domaine, il célébrait un sacrifice à la déesse. Tous les habitants de Scillonte et des environs, hommes et femmes, participaient à la fête. La déesse fournissait aux convives de la farine d'orge, du pain, du vin, des fruits secs, une portion des victimes élevées dans les pâturages sacrés, du gibier. Pour cette fête en effet les fils de Xénophon et ceux des autres habitants faisaient une chasse ; ceux qui le voulaient y participaient, même des hommes faits. Le gibier était pris soit sur le terrain sacré lui-même, soit sur celui de Pholoé : c'étaient des sangliers, des gazelles, des cerfs. Le lieu situé sur le chemin de Lacédémone à Olympie est à une vingtaine de stades

18 Pausanias, *op. cit.*, V, 10, 1-4. Cité dans C. Préaux, S. Byl, G. Nachtergae, *Le paysage grec*, Éditions de l'Université, Bruxelles, 1979, pp. 128-30.

19 Xénophon, *Anabase* (trad. P. Masqueray), Les Belles Lettres, Budé, 1930, V, 3, 7-13.

du temple de Zeus. Dans l'enceinte sacrée il y a une prairie, des collines couvertes d'arbres, qui conviennent à l'élevage des porcs, des bœufs et aussi des chevaux, si bien que les attelages de ceux qui se rendaient à la fête y étaient abondamment nourris. Le sanctuaire est entouré d'un verger planté d'arbres fruitiers qui donnent d'excellents fruits selon les saisons. Le sanctuaire est une reproduction en petit de celui d'Ephèse et la statue de bois ressemble à celle qui est à Ephèse, autant que du cyprès peut ressembler à de l'or. Une stèle est érigée le long du sanctuaire avec cette inscription : « Ce terrain est consacré à Artémis. À celui qui le possède, qui en a la jouissance, de lui offrir la dîme chaque année en sacrifice. Avec le surplus qu'il entretienne le sanctuaire. Si on y manque, la déesse y pourvoira ».

La route de Delphes

On descendait à Olympie, quand on venait d'Arcadie, mais on montait à Delphes quand on s'y rendait par mer. Dans l'ordre de la notoriété, les Jeux pythiques, dans le sanctuaire de Delphes, venaient après les Jeux olympiques. C'est Apollon, non pas Zeus, qui régnait sur ce lieu sacré qui, par sa situation était placé au centre de la Grèce. Strabon a bien noté la particularité de cet emplacement [20] :

> La vénération qui entoura ce sanctuaire lui vint pour l'essentiel de son oracle qui passait pour être le plus véridique de tous ; à son prestige contribua aussi pour une part sa situation. Il est, en effet, placé à peu près au centre de la Grèce entière, celle de l'intérieur de l'Isthme comme celle de l'extérieur. Il fut même considéré comme étant au centre de la terre habitée et on l'appela « nombril de la terre », forgeant même là-dessus une fable que rapporte Pindare,[21] selon laquelle se seraient rencontrés là deux aigles lâchés par Zeus, l'un d'Occident, l'autre d'Orient. Pour d'autres c'étaient des corbeaux. On montre même dans le temple de Delphes une sorte de nombril (*omphalos*) ceint de bandelettes, sur lequel sont figurés les deux oiseaux de la fable.

Pausanias [22] décrit l'*omphalos* et fait référence à l'ode de Pindare. Comme Strabon, Pindare présente ce monument comme étant au centre de la terre. Mais Strabon[23] étend sa réflexion à l'intention même qui a voulu que les hommes cherchassent à se rassembler dans des sanctuaires communs :

> Les avantages de la situation de Delphes en firent un lieu de rassemblement aisé en particulier pour les populations environnantes. En vérité de la même intention relèvent la fondation des villes et l'adoption de sanctuaires communs à révérer. En effet les hommes se sont réunis par villes (*kata poleis*) et par nations (*kata ethnos*) en fonction de leurs affinités naturelles et en même temps pour satisfaire au besoin qu'ils avaient les uns des autres. Ils choisirent pour les mêmes raisons comme lieux de rencontre leurs sanctuaires communs, en y célébrant des fêtes et des réunions solennelles, car toute

20 Strabon, *op. cit.*, IX, 3, 6.

21 Pindare, *Pythiques* (trad. A. Puech), Les Belles Lettres, Paris, 1966, IV, 6.

22 Pausanias, *op. cit.*, X, 16, 3.

23 Strabon, *op. cit.*, IX, 3, 7.

> manifestation d'attachement de ce genre commence par le partage de la même table, des libations communes et la présence sous le même toit. Plus nombreux est le groupe et plus longtemps il réside quelque part, plus grand était, pensait-on, le profit.

Pour gagner le sanctuaire de Delphes les pèlerins avaient le choix entre trois routes. Ou bien ils venaient d'Athènes et se rendaient à Delphes par Eleusis, Thèbes, Livadia et Arachova. J'ai évoqué ce voyage, que j'ai accompli pour la première fois en 1951, dans *Leçon de civilisation*.[24] Strabon a décrit sobrement à son habitude ce paysage de Delphes :

> Nous avons déjà dit que le Parnasse se dresse aux confins occidentaux de la Phocide. Les Locriens Ozoles occupent son versant occidental et Delphes son versant méridional. Son site se déploie en amphithéâtre dans les rochers avec à son sommet l'oracle et la cité ; celle-ci couvre un circuit de seize stades [3 km]. Au-dessus d'elle se trouve Lykôreia [ville non retrouvée], un site que

24 A. Bernand, *Leçon de civilisation*, Fayard, Paris, 1994, pp. 13-4.

Plaine d'Amphissa.

> Delphes occupait primitivement au-dessus du sanctuaire. De nos jours, les Delphiens habitent à côté de celui-ci, autour de la fontaine Castalie.
>
> Devant la ville s'élève une montagne, le Kirphis, séparé de Delphes par un ravin que traverse le fleuve Pleistos. Au pied du Kirphis se trouve la ville antique de Kirrha, qui se dresse au bord de la mer. Pour monter de là à Delphes on compte à peu près 80 stades [15 km]. Le site de Kirrha fait face à celui de Sicyone. Devant elle s'étend une plaine riche dite de Crisa. Il y a en effet à la suite de Kirrha une autre ville, appelée Crisa, qui a donné son nom au golfe.[25]

Je n'oublie pas ma montée à Delphes par la route qui longe la côte nord du golfe de Corinthe, à partir de Naupacte et Antirrion jusqu'à Eratini et qui grimpe à Delphes par Amphissa. Cette plaine couverte d'oliviers, opposa les Locriens Ozoles et les Delphiens, en 373 av. J.-C., lors de cette quatrième guerre sacrée dont l'orateur Eschine fut la cause[26] en dénonçant les violations que les Locriens commirent en ne tenant pas compte de l'interdiction qui interdisait aux Amphissiens de cultiver leur plaine et en désobéissant ainsi aux *amphyctyons* de Delphes. Cette route permet de découvrir le Parnasse du côté ouest et le contraste entre la plaine fertile d'Amphissa et l'âpreté du paysage delphien est saisissant.

L'hymne homérique à Apollon[27] évoque le sanctuaire delphique, le poète s'adressant au dieu :

> De là tu t'es élancé rapidement, d'un bond, vers une chaîne de montagnes ; tu parvins à Crisa au pied du Parnasse neigeux. C'est une hauteur tournée vers le Zéphyre : des rochers la surplombent et un vallon profond court dans le bas – un âpre vallon. C'est là que le seigneur Phoibos Apollon résolut de se construire un temple plaisant et dit ces paroles : « J'ai l'intention de bâtir ici un temple magnifique, oracle pour les hommes qui sans cesse pour me consulter conduiront à mes autels de parfaites hécatombes – ceux qui habitent le gras Péloponnèse comme ceux d'Europe et des îles ceintes de flots : à tous je veux faire connaître ma volonté infaillible en rendant mes arrêts dans un riche sanctuaire ». En parlant ainsi, Phoibos Apollon posa les fondations du temple : elles étaient vastes et s'étendaient très loin. Sur ces bases un seuil de pierre fut placé par les fils d'Erginos, Trophonios et Agamédès, chers aux dieux immortels. Autour du seuil les familles innombrables des hommes élevèrent un temple avec de la pierre à bâtir, pour qu'il fût digne d'être chanté à jamais. Toute proche est la source aux belles ondes où le Seigneur fils de Zeus tua de son arc puissant le Dragon femelle – la Bête énorme et géante, le monstre sauvage qui sur la terre faisait tant de mal aux hommes, tant de mal aussi à leurs moutons à pattes fines : c'était un fléau sanglant.

La présence divine imprègne le site delphique, comme le montre un épisode

25 Strabon, *op. cit.*, IX, 3, 3.

26 Eschine, *Contre Ctésiphon* (trad. G. Budé et V. Martin), Les Belles Lettres, Paris, 1928, 115-30.

27 Homère, « Hymne à Apollon », *op. cit.*, 281-304.

Vue de la Tholos à Delphes.

Plat circulaire apulien : Hélios et son quadrige.

raconté par Hérodote,[28] quand les Perses, lors de l'expédition de Xerxès contre la ville de Delphes, cherchèrent à piller le sanctuaire. Un miracle se produisit :

> [...] quand les Barbares dans leur marche se trouvèrent près du temple d'Athéna Pronaia, à l'instant, du haut du ciel, la foudre les frappa, du sommet du Parnasse deux blocs se détachèrent, dévalèrent sur eux avec un bruit terrible et les écrasèrent en foule ; et du fond du temple de la Pronoia une clameur, un cri de guerre, s'éleva.

Delphes savait aussi se montrer accueillante aux croyants qui venaient adorer le dieu. Euripide a laissé une description du lever de soleil sur Delphes, quand le jeune sacristain Ion procède aux purifications rituelles[29] :

> Voici le char brillant au quadruple attelage : Hélios déjà illumine la terre. Et les astres s'enfuient de l'éther qui s'embrase dans la nuit sacrée. Les sommets inviolés du Parnasse, inondés de lumière, accueillent pour les hommes le disque du jour. Et de la myrrhe sèche, la vapeur s'envole aux lambris de Phoibos. La Delphienne s'assied au trépied sacro-saint et répète en chantant aux Hellènes l'écho des accents d'Apollon. – Allez Delphiens, serviteurs de Phoibos, allez vers Castalie aux remous argentés. Puis baignés d'une pure rosée, revenez vers le temple. Veillez que, pieuses, vos bouches ne profèrent que pieuses paroles : veillez que quiconque attend de l'oracle une voix favorable fasse entendre lui-même un langage propice. Quant à nous, vaquons aux travaux qui depuis notre enfance sont les nôtres. Avec ces rameaux de lauriers, avec ces guirlandes sacrées, je m'en vais décorer le portail de Phoibos. D'onde fraîche j'arroserai son parvis. Et les troupes d'oiseaux, qui menacent les saintes offrandes, par les traits de mon arc, je vais les mettre en fuite. Car sans père ni mère, moi je sers et vénère les autels nourriciers de Phoibos.

Ion, après avoir balayé le parvis, répand l'eau lustrale puisée à la source Castalie et chasse les oiseaux qui viennent dérober les offrandes. Vivre auprès du dieu impose une attention à la propreté, à la pureté du lieu. Justin, (M. Junianus Justinus), écrivain latin du temps des Antonins, a décrit ce site grandiose du sanctuaire delphique[30] :

> Le temple d'Apollon à Delphes est situé sur un roc du mont Parnasse, à pic de tous côtés. Une ville y naquit de l'affluence des visiteurs qui accourant de partout pour rendre hommage à la majesté divine s'établirent sur ce rocher. Le temple et la ville sont protégés non par des murailles, mais par des précipices – défense naturelle, non point ouvrage d'art – de telle sorte que l'on ne sait si c'est la position stratégique ou la majesté divine que l'on y admire le plus. La paroi rocheuse en son milieu s'enfonce en forme de théâtre. C'est pourquoi, si l'on y pousse des cris et que les trompettes viennent à y retentir, les rochers, d'ordinaire, font écho et se renvoient les sons

28 Hérodote, *op. cit.*, VIII, 37-8.

29 Euripide, *Ion* (trad. H. Grégoire et L. Parmentier), Les Belles Lettres, Paris, 1923, 82-111.

30 Justin, *Histoires philippiques*, XXIV, 6, 6-10. Cité dans *Le paysage grec*, *op. cit.*, pp. 136-7.

> grossis et multipliés. Ceux qui ignorent la cause du phénomène sont en général pénétrés plus encore d'effroi religieux et demeurent stupéfaits d'admiration. Dans cette anfractuosité du roc à mi-hauteur à peu près du mont est une plaine étroite, et dans celle-ci un trou profond, qui donne accès aux oracles. Il s'en échappe un souffle froid, qui, chassé vers le haut par une force inconnue comme par le vent, égare l'esprit des devins, les emplit du dieu et les force à rendre ses réponses à ceux qui le consultent. Aussi voit-on là quantité de riches ex-voto offerts par les rois et par les peuples, attestant par leur magnificence la reconnaissance de ceux qui s'acquittent de leurs vœux pour les réponses divines.

Si l'on venait du nord on empruntait la route de Lamia qui, par le col de Bralos, permettait de gagner Amphissa puis Delphes. Du col que l'on franchit à 590 m d'altitude après bien des lacets la vue est grandiose sur la barrière montagneuse du mont Kallidromos, au sud-est et sur le mont Oeta au nord, qui culmine à 2 115 m. C'est là le berceau du dorisme et les hauts lieux de la mort d'Héraclès. La région est chargée d'histoire, puisque au pied du versant nord du Kallidromos se trouve la vallée du Sperchios et le défilé illustre des Thermopyles, où en 480 av. J.-C. le Spartiate Léonidas et les forces grecques arrêtèrent la progression de l'armée de Xerxès. Cette face nord du Parnasse est particulièrement grandiose et les pèlerins devaient être pénétrés d'une émotion profonde. De Lamia à Delphes la route est de 89 km, mais la beauté des paysages fait oublier la fatigue.

Strabon[31] nous apprend qu'après la guerre Crisaienne des remaniements transformèrent les concours célébrés par les Delphiens. Le concours primitif, dit-il, mettait en compétition ces citharèdes chantant un péan en l'honneur du dieu. Après la guerre ce furent les Amphictyons qui organisèrent un concours hippique et gymnique dont le prix était une couronne (c'est pourquoi on l'appelait « stéphanite ») et qui portait le nom de pythique. Le nome pythique était un air de flûte dans lequel le combat d'Apollon contre le dragon était imité par les sons et les rythmes. Raoul Baladié note qu'au concours musical célébré jusqu'en 590 av. J.-C. tous les huit ans, vinrent s'ajouter en 586 un concours gymnique et un concours hippique.

À partir de 582, la troisième année de la 49e Olympiade, la fête des *Pythia* fut célébrée tous les quatre ans au mois de Boukatios (août-septembre). Son épreuve la plus spectaculaire était la course de chars dans la plaine de Kirrha. Le site majestueux et austère de Delphes était un cadre approprié pour imaginer la lutte d'Apollon contre le serpent, et la plaine reconquise pour le dieu sur les Phocidiens se prêtait à la compétition des chars.

La route de l'Isthme

Le long de la rive sud du golfe de Corinthe les pèlerins venant de l'est ou de l'ouest gagnaient un sanctuaire, beaucoup moins impressionnant que celui de Delphes : celui de l'Isthme.

Les pèlerins qui venaient assister ou participer aux Jeux isthmiques, s'ils venaient de l'ouest et de l'Italie, avaient la possibilité de débarquer dans le port de Léchaion au fond du golfe de Corinthe, et s'ils venaient de l'est, de l'Asie dit Strabon, ils pouvaient

Colonnes du temple de Delphes.

31 Strabon, *op. cit.*, IX, 3, 10.

jeter l'ancre à Kenkreai au fond du golfe Saronique. La difficulté de doubler le cap Malée était grande. Homère[32] l'a dit; Hérodote l'a répété,[33] et Strabon rapporte un dicton[34] : « Si tu doubles le cap Malée / Ne pense plus à ton foyer ».

Non seulement le gain de temps était grand et les dangers moindres si l'on passait par l'Isthme, mais les négociants qui renonçaient à doubler ce cap Malée venaient décharger leur cargaison à Corinthe. Car la ville jouissait d'un autre avantage attrayant: les taxes sur les exportations ou les importations du Péloponnèse qui se faisaient par voie de terre procuraient un revenu à ceux qui tenaient les clefs de l'Isthme. Cette situation incitait beaucoup de gens à passer par les ports de l'Isthme et, joignant les affaires aux devoirs religieux, à fréquenter les Jeux isthmiques. Ils avaient lieu dans le sanctuaire de Poseïdon installé dans l'épaisseur d'un bois de pins.

Le passage de l'Isthme dans un sens ou dans l'autre était facilité par un mode de traînage que Strabon appelle *diolkos,* mot signifiant « chemin de traction ou de transport ». La construction de ce dispositif remontait à Périandre, fils de Kysélis et tyran de Corinthe. Les bateaux de faible tonnage étaient hissés sur des chariots ou des chassis et halés sur une voie pavée joignant Schoinous (Kalamaki) sur le golfe Saronique au golfe de Corinthe, en un point situé un peu à l'ouest du canal actuel. Les fouilles de N. M.Verdelis entre 1958 et 1962 ont permis de découvrir des parties de cette voie et d'en retrouver le tracé.[35] La voie, en tuf, était large de 3,6 m à 5 m. Rectiligne dans sa partie nord elle s'incurvait vers le nord-est. La dénivellation était de 90 m. Deux rainures parallèles distantes de 1,5 m recevaient les roues de chariots et leur permettaient de négocier les courbes. Pausanias au IIe siècle apr. J.-C.[36] indique sommairement la situation des deux ports, Léchaion et Kenkreai, mais ne parle pas du *diolkos.* Georges Roux[37] reproduit la photographie d'un tronçon de cette voie.

Contrairement au vallon d'Olympie, la région de l'Isthme n'est pas pourvue d'un sol fertile. Elle ne comprend que deux petites plaines côtières, l'une large de 1 400 m du côté de Léchaion, l'autre large de 690 m, du côté de Kenkreai, comme l'indique Pausanias[38] :

> L'Isthme de Corinthe touche d'un côté à la mer de Kenkrées et de l'autre à Léchaion. C'est lui qui fait de la région en deçà une péninsule [le Péloponnèse]. Celui qui entreprit de faire du Péloponnèse une île abandonna après avant d'avoir creusé l'Isthme. L'endroit où l'on commença à creuser est visible, mais arrivé au roc, on n'avança absolument pas. Ainsi les choses restèrent-elles telles que l'a voulu la nature et c'est maintenant encore un continent.

Le reste du sol sur cette bande de terre au sud de la presqu'île de Pérachora, territoire évoqué rapidement par Pausanias, est pauvre, aride, peu irrigué, battu par les vents, couvert d'une maigre végétation réduite à quelques pinèdes.

Le paysage est loin d'avoir la majesté du sanctuaire de Delphes. Le sanctuaire

32 Homère, *Odyssée* (trad. F. Muegler), éditions de la Différence, Paris, 1961, III, 287 ; IX, 79-80.

33 Hérodote, *op. cit.*, IV, 179 ; VII, 168.

34 Strabon, *op. cit.*, VIII, 6, 20.

35 *Mitteilungen des deutschen archaologischen Instituts,* Athenische Abteilung, 73 (1958), pp. 140-5 et annexe 106-18.

36 Pausanias, *op. cit.*, II, 1-15.

37 G. Roux, *Pausanias en Corinthie*, Les Belles Lettres, Paris, 1958, fig. 3.

38 Pausanias, *op. cit.*, II, 1, 5. Cité dans *Le paysage grec, op. cit.*, pp. 112-3.

isthmique était situé à l'est de Corinthe, au pied des monts Géraniens, qui n'ont que quelques centaines de mètres.

Aujourd'hui dans la région, seule la station thermale de Loutraki attire l'été les visiteurs. De là après une route de 20 km on atteint le site antique de l'*Héraion* de Pérachora. Nulle route ne longe la mer au pied du Cithéron et de l'Hélicon, ce qui permettrait d'atteindre la Phocide et le port d'Itéa sans contourner ces massifs par l'est. De nos jours ce paysage de l'Isthme est défiguré par l'énorme raffinerie installée sur ce site.

Ce respect des Jeux isthmiques était à la mesure de l'importance de cette fête. Ce qui n'empêcha pas Aristophane de faire[39] une plaisanterie peu religieuse faisant allusion aux baraques qui étaient retenues par les participants aux Jeux, mais aussi au sens particulier du mot « isthme » désignant les parties de la femme, en sorte que les jeux qu'il évoque n'étaient pas ceux en l'honneur de Poseïdon. En effet le serviteur déclare : « En vue des jeux de l'Isthme, je réserve une tente... pour mon membre ».

Ce qui faisait l'importance de ce territoire, c'était son intérêt stratégique. De là, les remparts qui barrèrent à certaines époques cette entrée du Péloponnèse. C'était un lieu de passage capital, comme on peut le comprendre par le récit que Thucydide fait d'une opération navale qui eut lieu au printemps 412 av. J.-C., la vingtième année de la guerre du Péloponnèse. Il raconte[40] qu'au printemps les habitants de Chios pressèrent les Spartiates de faire traverser l'Isthme de Corinthe aux vaisseaux qui étaient concentrés dans le golfe de Corinthe et qui devaient se rassembler en face d'Athènes pour gagner de là Chios. Vingt et un navires traversèrent donc l'Isthme, et les alliés des Spartiates étaient impatients de commencer l'expédition vers Chios.

> Ils avaient maintenant hâte [dit Thucydide[41]] de se mettre en route, mais c'était le moment des Jeux Isthmiques et les Corinthiens ne tenaient guère à s'embarquer avant de les avoir célébrés. Pour leur permettre de ne pas rompre la trêve sacrée, Agis, fils du roi de Sparte Archidamos, était prêt à prendre personnellement la responsabilité de l'expédition, mais les Corinthiens repoussèrent cette proposition.

Cet épisode montre bien l'importance de ces Jeux panhélleniques qui étaient célébrés tous les deux ans et dont les Corinthiens avaient la présidence. Toutes les cités grecques étaient invitées à y participer. C'est ainsi que les Athéniens envoyèrent une délégation officielle qu'on avait invitée.

Un événement similaire eut lieu en 390 av. J.-C. quand Agésilas, roi de Sparte, fit une expédition contre Corinthe. C'est Xénophon qui nous renseigne[42] :

> Agèsilas commença par venir à l'Isthme ; car c'était le mois où ont lieu les Jeux Isthmiques, et les gens d'Argos étaient à ce moment en train d'offrir le sacrifice à Poséidon comme si Corinthe était une dépendance d'Argos. En apprenant qu'Agésilas s'approchait, ils abandonnèrent les bêtes déjà sacrifiées et les repas qu'on préparait et, assurément très inquiets, ils commencèrent à se

39 Aristophane, *La Paix*, dans *Théâtre complet*, t. 2 (éd. et trad. V. H. Debidour), Gallimard, Paris, 1965, 879.

40 Thucydide, *op. cit.*, VII, 7-10.

41 Thucydide, *op. cit.*, VIII, 9.

42 Xénophon, *Helléniques* (trad. J. Hatzfeld), Les Belles Lettres, Paris, 1936-39, I, 5, 1.

> retirer vers Corinthe par la route de Kenchreiai. Cependant Agésilas, quoiqu'il les vît, ne se mit pas à leur poursuite : il dressa ses tentes dans le sanctuaire, sacrifia en personne au dieu et attendit jusqu'à ce que les exilés de Corinthe eussent fait le sacrifice et le concours en l'honneur de Poseïdon. D'ailleurs les Argiens après le départ d'Agésilas recommencèrent complètement les Jeux Isthmiques ; aussi cette année y eut-il des épreuves où chacun des concurrents se fit battre deux fois, certaines aussi où les mêmes vainqueurs furent deux fois proclamés.

Rien ne fait mieux comprendre l'importance des Jeux isthmiques que la scène qui s'y passa, quand, en 196 av. J.-C., le consul romain Titus Quinctius Flaminius fit proclamer dans l'allégresse générale la liberté de la Grèce, lors de la célébration des Jeux isthmiques évoquée par Polybe[43] :

> Ces décisions venaient d'être prises quand arriva la date fixée pour la célébration des Jeux isthmiques. De presque toute la terre habitée étaient arrivées d'importantes personnalités, car on attendait avec impatience ce qui allait se passer. Toutes sortes de rumeurs circulaient parmi la foule. Selon les uns les Romains ne pourraient pas ne pas se maintenir dans certains territoires et dans certaines villes, et quelques-uns précisaient qu'ils se retireraient des cités portant un nom prestigieux, mais qu'ils en garderaient quelques autres qui tout en étant moins fameuses leur procureraient des avantages tout aussi grands. Et dans la chaleur des discussions ces gens en fournissaient aussitôt une liste dictée par leur seule imagination. La perplexité régnait donc dans les esprits quand, devant la foule qui s'était rassemblée au stade pour assister aux compétitions, un héraut s'avança qui fit sonner la trompette pour obtenir le silence puis donna lecture de la proclamation suivante : « Le Sénat des Romains et Titus Quinctius, le général en chef, ayant vaincu le roi Philippe, laissent la liberté aux peuples suivants auxquels ne seront imposés ni troupes d'occupation, ni tributs et qui pourront se gouverner selon leurs lois : les Corinthiens, les Phocidiens, les Achaiens de Phthiotis, les Magnètes, les Thessaliens et les Perrhaibiens ».
>
> Des applaudissements assourdissants ayant éclaté dès les premiers mots, une partie de l'assistance n'entendit pas la proclamation et d'autres voulurent l'entendre une seconde fois. La plupart des gens n'arrivaient pas à y croire et avaient l'impression qu'on leur parlait dans un rêve, tant la chose était inattendue. Bref pour une raison ou pour une autre chacun exigeait à grands cris que le héraut s'avançât au milieu du stade avec la trompette, pour lire une seconde fois la proclamation, car l'assistance, à ce que je crois, désirait non seulement entendre mais aussi voir l'homme qui prononçait de telles paroles, tant celles-ci paraissaient incroyables. Le héraut se présenta donc au milieu du stade, fit à nouveau sonner la trompette pour arrêter les clameurs et relut le texte de la proclamation. Les applaudissements éclatèrent alors avec une telle force que les gens auxquels on décrit aujourd'hui cette scène ont peine à se la représenter. Quand les acclamations eurent pris fin personne ne s'intéressa

Le stade de Delphes.

43 Polybe, *op. cit.*, XVII, 46.

plus aux athlètes. Partout les gens parlaient, s'adressant soit à leurs voisins soit à eux-mêmes, comme si le choc leur avait dérangé l'esprit. Et à l'issue des Jeux, peu s'en fallut que dans leur transports de joie ils n'étouffassent Flaminius en cherchant à lui manifester leur reconnaissance.

Les Jeux isthmiques étaient tellement importants que, lorsque le consul Lucius Mummius, en septembre 146 av. J.-C., détruisit Corinthe de fond en comble,[44] les Jeux ne furent pas supprimés mais transférés à Sicyone, puisque la plus grande partie du territoire de Corinthe échut aux Sicyoniens.

Pausanias nous confirme ce fait[45] :

> La destruction de Corinthe par Mummius n'interrompit pas la célébration des concours Isthmiques ; aussi longtemps que la ville demeura déserte c'est Sicyone qui se vit confier l'organisation des concours ; quand la colonie eut été reconstruite, les habitants actuels recouvrèrent cet honneur.

Polybe[46] rapporte qu'après que la commission sénatoriale eut quitté l'Achaïe, Mummius fit remettre en état les installations des *Isthmia* et enrichit les parures des temple d'Olympie et de Delphes. Il n'empêche que la destruction de Corinthe avait été si radicale que le poète Antipater de Sidon pouvait écrire[47] :

> Où est ta beauté qu'admiraient tous les yeux, dorienne Corinthe ? Où sont les tours qui te couronnaient et tes antiques richesses ? Où sont les temples de tes dieux et tes palais ? Où sont tes épouses issues de Sisyphe et tes habitants qui se comptaient par myriades ? Pas un vestige, pas un seul, infortunée, ne reste de toi ; la guerre a tout saisi et tout dévoré. Sauvées seules du pillage, Néréides, filles de l'Océan, nous restons pareilles à des alcyons pour pleurer tes malheurs.

En 102 av. J.-C., selon une inscription métrique, en latin, trouvée dans les fouilles de Corinthe,[48] « sous les auspices du proconsul Marc Antoine une flotte a été transportée au-delà de l'Isthme et lancée à travers la mer ».

En 44 av. J.-C., Jules César décida d'installer une colonie à Corinthe. En 30 av. J.-C. Octave fit transporter ses navires par le *diolkos,* trente jours après son arrivée et son séjour à Brinde en janvier ou février 30, comme nous le dit Dion Cassius[49] :

> Il s'en retourna en Grèce trente jours après son arrivée (à Brindes). À cause de l'hiver il fit transporter ses navires à travers l'Isthme du Péloponnèse et retourna en Asie si vite qu'Antoine et Cléopâtre apprirent en même temps son départ et son retour.

44 Strabon, *op. cit.,* VIII, 6, 23.

45 Pausanias, *op. cit.,* II, 2, 1.

46 Polybe, *op. cit.,* XXXIX, 6.

47 *Anthologie palatine* (trad. R. Aubreton), Les Belles Lettres, Paris, 1972, IX, 151.

48 R. Baladié, *Le Péloponnèse de Strabon*, Les Belles Lettres, Collection d'études anciennes, Paris, 1980, p. 259.

49 Dion Cassius, *Histoire romaine* (éd. et trad. M.-L. Freyburger-Galland et F. Hinard), Les Belles Lettres, Paris, 1991, LI, 5.

Ruines du temple de Zeus à Némée.

trouvait alors à Corinthe avant de se rendre à Actium pour la célébration de son triomphe.[50] Toutes ces dates conféraient à la route menant à l'Isthme une importance historique remarquable.

La route de Némée

La route de Némée ne pouvait inspirer les mêmes émotions. Le site n'avait ni le charme d'Olympie, ni la grandeur de Delphes, ni l'importance stratégique de l'Isthme. L'ancienne Némée ne doit pas être confondue avec la moderne Néméa (anciennement Haghios Georgios) qui est dans une vallée voisine, située plus à l'ouest, dans laquelle coule le petit fleuve Asopos. Le bassin supérieur de l'Asopos constitue la Phliasie, car la ville en était Phlionte. Cette plaine de l'antique Phlionte est un pays de vignes. Les villageois d'Iraclion produisent de nos jours un vin rouge et capiteux, appelé « sang d'Héraclès ». L'antique Némée se trouve à environ 5 km plus à l'est de la moderne Némea et est située entre les monts Spiria (725 m) et le mont Apesas (873 m) en un point où prend sa source le fleuve Néméa. L'antique Némée est environ à 30 km au sud de Corinthe.

Les pèlerins allant à Némée avaient en tête la légende selon laquelle en cet endroit Héraclès avait triomphé d'un lion. Plutôt que de songer à une hypothétique présence de lions dans la Grèce antérieure à la période archaïque, nous pensons que la légende est née d'une curiosité topographique : un rocher sculpté par l'érosion rappelle la silhouette d'un lion, à tel point que les villageois actuels identifient une grotte avec la caverne où Héraclès aurait tué le monstre. Dans la Ire *Néméenne,* Pindare célèbre les exploits d'Héraclès, dieu cher aux athlètes et à leurs admirateurs, puisqu'il présidait avec Hermès aux exercices du gymnase.

Au carrefour de la Corinthie, de l'Argolide et de l'Arcadie, Némée offrait un lieu de convergence à ses voisins sur une route faisant communiquer le golfe de Corinthe et le golfe d'Argolide. Les villes voisines, Sicyone, Phlionte, Cléonai, Argos étaient directement concernées par les Jeux néméens. C'est ce que nous apprend le témoignage de Pausanias[51] :

> De Cléonai, deux routes conduisent à Argos ; l'une convient à des marcheurs alertes et c'est un raccourci ; l'autre, par le lieu-dit Trétos, elle aussi étroitement encaissée dans le massif montagneux, est cependant plus accessible aux véhicules. On montre encore en ces montagnes la grotte du lion dont le site de Némée est distant de quinze stades environ. En ce lieu s'élève un temple de Zeus Néméen qui mérite une visite malgré l'effondrement de sa toiture et la disparition de toute statue de culte. Un bois de cyprès entoure le temple, et c'est là, dit-on, qu'Ophéltès, déposé sur le sol par sa nourrice, fut tué par le dragon. En l'honneur de Zeus les Argiens célèbrent des sacrifices également à Némée, notamment un prêtre de Zeus Néméen, et en outre organisent un concours de courses pour hommes en armes lors des Jeux Néméens d'hiver.

50 Strabon, *op. cit.,* X, 5, 3.

51 Pausanias, *op. cit.,* II, 15.

Selon G. Roux, on s'accorde à penser que ces Jeux d'hiver auraient été créés par l'empereur Hadrien.

Les ruines mises au jour par l'Université de Californie font connaître un stade, un sanctuaire de Zeus, des canalisations d'eau, une galerie voûtée, des thermes, une palestre, des « trésors », un temple périptère de 6 x 12 colonnes doriques, aménagé sur les ruines d'un temple construit au début du VIe siècle et détruit vers la fin du Ve siècle av. J.-C. On ne peut douter qu'il s'agit du sanctuaire où se rendaient les pèlerins des Jeux néméens, d'autant qu'une hôtellerie semble avoir été repérée.

La marche des pèlerins vers les Jeux était ainsi une marche vers les dieux qui régnaient sur ces régions si différentes. Investis d'un passé glorieux et patronnés par des divinités importantes, ces sites étaient des lieux de rassemblements pacifiques, non des champs de bataille ni des lices de tournois meurtriers. L'esprit des Jeux est un désir de paix et de convivialité.

Chapitre III
Rassembler les Grecs

Tous ensemble

Parmi les arguments que Lucien prête à Solon pour le convaincre de l'utilité des Jeux athlétiques, se trouve l'idée que ces exercices se pratiquaient sous les yeux de tous les citoyens qui se réjouissaient de ce spectacle, qui communiaient dans un même plaisir et au nom desquels on décernait les prix de la bravoure et de la valeur. Solon déclare en effet au Scythe Anacharsis :

> Tu n'es pas encore au fait de nos usages, te dis-je. Mais tu ne tarderas pas à les juger autrement, quand tu viendras à nos assemblées solennelles et que tu verras un peuple immense accourir pour assister à ces Jeux, des amphithéâtres remplis de milliers de spectateurs, les athlètes applaudis et le vainqueur honoré à l'égal des dieux.

Ce public communiait dans une même admiration et un même plaisir. Solon insiste sur ce point,[1] pour qu'on ne croie pas qu'il utilise simplement l'argument du plus grand nombre. C'est d'une unanimité de compétition et de contentement qu'il s'agit :

> Si nous étions, Anacharsis, au temps des Jeux olympiques ou des Jeux isthmiques, ou des Panathénées, tu apprendrais en voyant ce qui s'y passe que ce n'est pas pour rien que nous avons pris tant de goût à ces spectacles. La parole est impuissante à te donner une idée complète du plaisir qu'on y prend. Il faudrait pour cela que tu pusses voir toi-même, assis au milieu des spectateurs, la bravoure des athlètes, la beauté et la merveilleuse condition de leurs corps, leur adresse extrême, leur force invincible, leur hardiesse, leur émulation, leur indomptable résolution et leur ardeur acharnée pour la victoire. Je suis sûr que tu ne cesserais pas alors de louer de te récrier, d'applaudir.

Le fait que les récompenses soient décernées en présence de tous les Grecs donne à ces Jeux une valeur universelle et associe les spectateurs à cette décision fondée selon les repères et les critères de la *paideia* grecque. Solon[2] renchérit sur ce point-là :

> C'est que nous pensons que le zèle (des jeunes gens) grandira quand ils verront qu'on honore ceux qui y excellent et qu'on proclame leurs noms en présence de tous les Grecs. Aussi comme ils doivent se mettre nus devant tant de spectateurs veillent-ils à se maintenir en forme pour n'avoir pas à rougir de leur nudité et pour se rendre autant que possible dignes de la victoire. Et les prix, comme je l'ai dit précédemment, ne sont pas méprisables, puisqu'ils

1 Lucien, *Anacharsis ou des exercices du corps*, dans *Œuvres* (trad. J. Bompaire), Les Belles Lettres, Paris, t. 1, 1993, t. 2, 1998, 12.

2 *Ibid.*, 36.

> consistent à être loué par les spectateurs, considéré et montré du doigt et à passer pour le meilleur de ses contemporains. C'est pourquoi beaucoup de spectateurs encore en âge de s'exercer s'en retournent à la suite de ces spectacles fortement épris de la vertu et des durs travaux. Si vraiment, Anacharsis, on bannissait du monde l'amour de la gloire, quel bien nous resterait-il ? Qui voudrait entreprendre une action éclatante ?

Les Jeux ne sont donc pas des actions individuelles ni la satisfaction d'ambitions personnelles. Ce sont des conduites collectives se déroulant sous les yeux de tous et récompensées par tous. S'il y a lutte, c'est en une saine émulation et dans un dessein éthique et civique. Ce désir de rassembler les Grecs dans une cérémonie commune et joyeuse a pu se réaliser grâce à trois institutions étroitement liées aux Jeux : la panégyrie, les théores, les proxènes.

La panégyrie

C'est le rassemblement de tout le peuple à l'occasion d'une fête solennelle et notamment lors de la célébration des Jeux. Pindare dans la neuvième *Olympique*[3] parle du « grand rassemblement en l'honneur de Zeus Lykaios » pour désigner la fête qui avait lieu dans la montagne nommée Lycée (*Lukaîon*) au sud-ouest de l'Arcadie où Zeus avait un temple célèbre. Le discours que publia Isocrate[4] à l'occasion de la 100e Olympiade, en 380 av. J.-C., porte le nom de *Panégyrique* parce qu'il invite les Grecs à se « rassembler » dans une confraternité abolissant les haines et les luttes :

> On fait avec raison l'éloge de ceux qui ont institué les panégyries parce que, grâce à l'usage légué par eux, après des libations et l'abolition des haines existantes, nous nous réunissons et qu'ensuite, mettant en commun nos prières et nos sacrifices, nous nous rappelons notre parenté réciproque et gardons pour l'avenir des sentiments plus bienveillants les uns pour les autres, que nous renouvelons les anciennes relations d'hospitalité et en formons de nouvelles ; parce que ni pour les gens ordinaires ni pour les natures exceptionnelles le temps passé là n'est perdu, que cette réunion des Grecs permet aux uns de faire montre de leurs avantages naturels, aux autres de contempler les luttes mutuelles des premiers, que personne ne reste indifférent et que tous ont de quoi s'enorgueillir, les uns à la vue des athlètes qui prennent de la peine en leur honneur, les autres à la pensée que tout le monde vient pour les regarder.

Pour Isocrate ce n'est pas la performance athlétique qui compte, c'est l'union des Grecs qui est importante, car elle fait leur force contre les envahisseurs et notamment contre les Perses. Au début de son discours il s'étonne des récompenses décernées aux athlètes, car il voit dans les Jeux un moyen de communion dans un même idéal culturel et civique :

> Souvent je me suis étonné que les fondateurs des fêtes solennelles et les organisateurs des concours gymniques aient jugé dignes de si hautes

Zeus ou Poseïdon. Musée national archéologique d'Athènes.

Musée national archéologique d'Athènes

3 Pindare, *Olympiques* (éd. et trad. A. Puech), Les Belles Lettres, Paris, 1970, IX, 145.

4 Isocrate, « Panégyrique », dans *Discours*, t. 2 (trad. G. Mathieu), Les Belles Lettres, Paris, 6e tirage, 1987, 43-4.

récompenses les avantages corporels, tandis qu'à ceux qui ont travaillé personnellement pour l'intérêt commun et ont élevé leurs âmes afin de les rendre aptes à servir même les autres, ils n'ont accordé aucun honneur, à ces hommes auxquels il eût été légitime de s'intéresser particulièrement. En effet si les athlètes doublaient leur force, les autres hommes n'en tireraient aucun avantage ; mais si un seul individu pense bien, ce peut être un profit pour tous ceux qui veulent partager ses idées.

Dans son discours *Sur l'Échange*[5] Isocrate reviendra sur le parallèle entre la philosophie et la gymnastique pour définir la vraie culture qui doit être à la fois celle du corps et celle de l'esprit. Dans sa *Lettre aux magistrats de Mytilène*[6] il s'étonne à nouveau des honneurs accordés aux athlètes non aux savants :

Je m'étonne que des villes accordent de plus grandes récompenses aux gens qui réussissent dans les concours de gymnastique qu'à ceux qui, par leur intelligence et leur travail ont inventé quelque chose d'utile, sans se rendre compte que naturellement le pouvoir dû à la force et à la vitesse meurt avec le corps, mais que la science subsiste pendant l'éternité en rendant service à qui l'utilise.

Aristote[7] mentionne un discours de Gorgias qui développait la même idée :

Les exordes des discours épidictiques tirent leur matière de l'éloge ou du blâme ; exemple Gorgias dans son *Discours Olympique* : « Ceux-là méritent l'admiration de la foule, Athéniens » ; il loue ceux qui ont institué les panégyries ; au contraire, Isocrate les blâme d'avoir honoré par des présents les vertus corporelles, et de n'avoir établi aucun prix pour les hommes qui excellent par l'esprit.

À la vérité Isocrate ne critique pas les Jeux, mais l'usage qui en est fait. Selon lui, ils ont le mérite de rassembler des foules, ce qui fortifie l'esprit civique. Or il sent, il sait, que le rayonnement de la culture grecque ne peut continuer que si tous les Grecs sont unis.[8] Les Jeux sont précisément pour les Grecs l'occasion de se rencontrer, dans une fête, ce qui, devant la menace d'une guerre étrangère toujours possible, renforcera le panhellénisme.

Avant Isocrate Lysias,[9] en 384 sans doute, avait célébré la fondation des Jeux olympiques, dont la conséquence la plus heureuse était l'union, la communion de tous les Grecs épris d'un même idéal. Son discours commence par l'éloge d'Héraclès, fondateur des Jeux olympiques :

Pour moi, je ne viens pas discourir sur de vains objets ni disputer sur des

5 Isocrate, « Sur l'échange », dans *Discours*, t. 3 (trad. G. Mathieu), Les Belles Lettres, Paris, 6e tirage, 1998, 185.

6 Isocrate, « Lettres », in *Discours*, t. 4, (trad. G. Mathieu), Les Belles Lettres, Paris, 2e tirage, 1972, VIII, 5.

7 Aristote, *Rhétorique* (trad. et éd. M. Dufour), Les Belles Lettres, Paris, 1932, III, 14, 30-4.

8 Nous avons longuement étudié ce rôle d'Isocrate, dans *Leçon de civilisation*, Fayard, Paris, 1994, pp. 52-3, 132-3, 153, 163, 166-9, 171-5, 178, 314, 382.

9 Lysias, « Discours Olympique », dans *Discours* (trad. L. Gernet et M. Bizos), Les Belles Lettres, Paris, 1926, I-6.

Temple d'Hercule (Héraklès) à Agrigente, en Sicile.

> mots ; j'estime que cette besogne est bonne pour de frivoles sophistes qui ont grand besoin de gagner leur vie, mais que le devoir d'un bon citoyen, d'un homme de mérite est d'éclairer les autres sur leurs intérêts essentiels, surtout lorsque je vois la Grèce dans la situation déshonorante où elle est, une grande partie de son territoire soumise à des barbares et maintes cités ruinées par des tyrans. Si encore ces malheurs étaient l'effet de notre faiblesse, il nous faudrait bien nous résigner à notre sort ; mais puisqu'ils sont dus à nos discordes intestines et aux rivalités entre les cités, comment ne pas essayer de faire cesser les unes et d'arrêter les autres, sachant que, si les rivalités sont permises aux nations prospères, les sages résolutions s'imposent dans une situation comme la nôtre ? Nous voyons de graves périls qui nous entourent de tous côtés ; vous savez que l'hégémonie est à ceux qui sont maîtres de la mer ; que l'or c'est le Grand Roi qui en dispose ; que les Grecs sont au service de qui peut les payer ; que le barbare a beaucoup de vaisseaux, que le tyran de Sicile en a beaucoup également. Nous devons donc faire cesser une lutte intestine et unis dans une même pensée travailler de toutes nos forces à notre salut, rougir du passé, craindre pour l'avenir et rivaliser avec nos ancêtres, par qui les barbares, avides d'un sol étranger, furent privés du leur, qui chassèrent les tyrans et fondèrent la liberté commune.

La pensée d'Isocrate allait plus loin que celle de Lysias. Ce dernier considérait les Jeux comme un moyen de réconcilier les différentes composantes des cités grecques pour tenir tête aux ennemis, notamment aux Perses. Mais Isocrate pensait qu'on pouvait abolir la distance séparant les Grecs des Barbares en faisant appel à une autorité comme celle de Philippe II de Macédoine pour créer, en passant de la Grèce des cités à celle des royaumes, une unité de culture panhellénique. L'apparition du métis dans le monde antique, avec l'émergence du métèque et le brassage des races dû en partie aux guerres de conquête et aux échanges économiques, fera qu'à l'époque hellénistique surtout seront considérés comme Grecs tous ceux qui souscrivaient aux valeurs de la culture grecque. Les Jeux dès lors réunirent Grecs et « Barbares » en une célébration commune des vertus dont faisaient preuve athlètes et artistes,[10] quelle que fussent leurs origines. C'est pourquoi les Jeux connurent un tel succès à l'époque d'Alexandre et des Ptolémées.

À l'époque classique pour convoquer les Grecs aux Jeux les cités où ils devaient avoir lieu disposaient d'envoyés spéciaux, ambassadeurs itinérants si l'on veut, qui s'appelaient théores (*theôroi*). Ce sont eux qui assuraient les liaisons entre les cités susceptibles de participer aux Jeux.

Les théores

Ces envoyés officiels chargés d'annoncer l'ouverture des Jeux exerçaient une ambassade religieuse et étaient reçus et logés dans les cités où ils se rendaient par des correspondants officiels appelés *théorodoques* c'est-à-dire « ceux qui reçoivent les théores » ; comme les théores à Delphes se dénommaient *théares* leurs hôtes étaient appelés *théarodoques*, sans que leurs fonctions fussent différentes. La *theôria* désignait

10 Ce processus a été décrit dans notre livre, *Leçon de civilisation*, Fayard, Paris, 1994, 3e partie, « L'apparition du métis », pp. 295-393.

l'envoi d'ambassadeur pour une fête religieuse ou le fait d'être théore. Comme le mot désigne aussi « l'action de voir, d'observer, d'examiner », le terme à partir de Platon surtout, désigna « la contemplation de l'esprit, la méditation », d'où plus tard chez Polybe par exemple la notion de « spéculation théorique, théorie ». Le navire qui transportait les théores, notamment à Délos, se disait *theôris* (sous-entendu *naûs*) et selon Pindare,[11] le *theàrion* était le « lieu de réunion des théores ». Il atteste à Egine l'existence de « l'auguste collège d'Apollon Pythien ». On connaît, par Pausanias,[12] à Trézène, l'existence d'un culte d'Apollon *Théaros*. Le verbe dénominatif *theôreô*, selon le *Dictionnaire étymologique de la langue grecque* de Pierre Chantraine, associe l'idée de « voyager » et celle « d'observer », car théore signifie aussi « spectateur ». Hérodote[13] emploie ce verbe pour signifier « assister comme spectateur aux Jeux olympiques » (*theôrein ta Olumpia*). La fonction du théore est donc à la fois d'annoncer les Jeux et d'assister au spectacle. Dans Thucydide[14] Denis Roussel traduit « *theôrein kata ta patria* » par « envoyer des délégations officielles pour assister aux fêtes ». Selon Achéos d'Erétrie, poète tragique du Ve siècle av. J.-C., nous dit le dictionnaire, *theôros* (spectateur) s'oppose à *agônistès* (participant aux Jeux).

De bons exemples du rôle de ces théores nous sont fournis par des décrets de Magnésie du Méandre, datés du IIIe siècle av. J.-C., par lesquels les cités consentant à l'organisation de nouveaux Jeux reconnaissaient la création de telles fêtes et acceptaient les privilèges, notamment *l'asylie*, que demandait la cité qui cherchait à rallier à son projet le plus de bonnes volontés possible. Tel est le cas d'un décret de la confédération des Epirotes reconnaissant les Jeux et l'*asylie* du sanctuaire d'Artémis Leucophryéné à Magnésie du Méandre, en Asie Mineure.[15] Selon un schéma traditionnel le décret expose l'invitation des Magnètes, la définition des Jeux, l'oracle de Delphes, le rapport sur l'apparition de la déesse, les bonnes relations des Magnètes et des Epirotes :

> Attendu que les gens de Magnésie du Méandre qui entretiennent avec les Epirotes des rapports d'amitié et d'étroites relations, ont envoyé un décret et les délégués Aristodamos, fils de Dioklès, Aristeus, fils de Gorgasos, Antânor, fils de Kôlôtion, pour renouveler cette amitié et ces étroites relations, et inviter les Epirotes à accepter le Jeu[16] que la cité de Magnésie institue en l'honneur d'Artémis Leukophréné, tous les quatre ans, Jeu à la fois musical, gymnique et hippique, égal aux Jeux Pythiques par ses honneurs conformément aux oracles du dieu de Delphes ; attendu aussi que les délégués ont fait connaître également l'oracle suivant lequel il serait avantageux et préférable d'honorer Apollon Pythien et Artémis Leukophryéné et de déclarer la cité et le territoire de Magnésie sacrés et inviolables ; que de plus ils ont exposé l'apparition de la déesse ainsi que les services et les bienfaits dont les gens de Magnésie ont gratifié les Grecs ; qu'ils priaient et demandaient aux

11 Pindare, *Néméennes* (trad. et éd. A. Puech), Les Belles Lettres, Paris, 1967, III, 70.

12 Pausanias, *Description of Greece* (trad. W. H. S. Jones), Heinemann, Londres, 1988, II, 31, 6.

13 Hérodote, *Histoires* (trad. A. Barguet), La Pléiade, Paris, 1964, I, 59.

14 Thucydide, *Guerre du Péloponnèse*, (trad. D. Roussel), La Pléiade, Paris, 1964, V, 18, 2.

15 O. Kern, *Inschriften von Magnesia*, 32. Reproduit, avec traduction et commentaire par J. Pouilloux, *Choix d'inscriptions grecques*, Les Belles Lettres, Paris, 1960, p. 84-8, 22.

16 J. Pouilloux a traduit par « concours ».

> Epirotes d'accepter et de contribuer à accroître les honneurs votés pour la déesse ; qu'en agissant ainsi, ils se conformeront à l'oracle du dieu en même temps qu'ils seront agréables au peuple, plaise aux Epirotes de renouveler les étroites relations et l'amitié unissant les Epirotes aux gens de Magnésie et d'accepter le Jeu que la cité institue en l'honneur d'Artémis Leukophryéné dans lequel on décernera une couronne et qui sera égal aux Jeux Pythiques par ses honneurs, de considérer comme sacrés et inviolables la cité et le territoire de Magnésie ; d'instituer de plus des théarodoques pour recevoir les théores chaque fois qu'ils viendront et annonceront de la part de la cité de Magnésie le sacrifice et le Jeu ; d'envoyer également des théores pour participer aux sacrifices et augmenter les honneurs de la déesse ; de donner aux gens de Magnésie avec qui nous entretenons des rapports étroits d'amitié les droits reconnus aux proxènes des Epirotes ; afin que les décisions soient constamment visibles, de transcrire le décret à Dodone dans le sanctuaire de Zeus Naos, sur la base qui est une offrandes des Athéniens et de confier le soin de le transcrire au stratège Crisôn et à ses collègues ; de demander à Charopidas, le secrétaire du conseil qui va entrer en charge, de verser le montant de la dépense ; de plus d'accorder l'éloge aux délégués Aristodamos, Aristeus, Antanôr, parce qu'ils ont fait un séjour et un exposé en tout dignes de la cité de Magnésie et du peuple des Epirotes, et pour cette raison de les faire proxènes, eux et leurs descendants pour toujours et de leur accorder également le droit de cité ainsi que la sécurité auprès des Epirotes en temps de guerre comme en temps de paix, ainsi que l'exemption de taxes et la plénitude des droits et de tous les autres avantages au même titre que tous les Epirotes ; de plus Charopidas, le secrétaire des synèdres, leur donnera la même somme qu'à ceux qui annoncent les Jeux pythiques, et que prescrit la loi.
>
> Les gens de Kassopé ont approuvé dans les mêmes conditions.

Un tel document nous montre comment grâce aux Jeux des gens situés aux deux bouts du monde grec, les gens d'Epire, région du nord-est de la Grèce continentale et ceux de Magnésie du Méandre, ville au sud d'Ephèse et sur la rive droite du cours inférieur du Méandre, pouvaient entrer en contact et en confiance. Sous l'égide de Delphes, conférant à Magnésie le droit d'instaurer des Jeux « isopythiques », c'est-à-dire égaux aux Jeux pythiques, et avec l'approbation des gens de Kassopé, ville de l'Epire méridionale, les Epirotes donnent aux Magnètes des avantages substantiels : l'inviolabilité de la ville et du territoire, l'accueil de gens disposés à recevoir les théores magnètes, l'obligation d'accorder aux envoyés magnètes le titre de proxène, le droit de cité et l'inviolabilité en cas de conflit. Cet accord entre le dieu de Delphes et l'Artémis Leukophryéné est officialisé par la transcription du décret des Epirotes dans leur grand sanctuaire de Zeus à Dodone. Ce document nous présente donc le cas d'une fête locale devenant fête panhellénique. C'est ce qui se passa, antérieurement, pour les Panathénées, les mystères d'Eleusis et les *Asklepieia* d'Epidaure et pour d'autres fêtes locales à l'époque hellénistique.

Dans certaines fêtes les théores se déplaçaient dans un cortège qui parcourait parfois de grandes distances. Dans ces fêtes la ferveur religieuse était encore renforcée par la réunion des autorités de la cité, archontes, magistrats, personnages investis de fonctions religieuses, des délégués du peuple, de tribus ou de familles nobles, d'éphèbes, d'artistes dionysiaques et de cavaliers, ceux-là ouvrant la marche du

Le site archéologique d'Olympie.

Décrets de promantie (donnant le droit de consulter l'oracle à Delphes).
© André Bernand

cortège. On connait grâce aux inscriptions gravées le plus souvent sur un mur continu du sanctuaire de Delphes la composition de la « théorie » que les Athéniens envoyaient à Delphes pour honorer le dieu et célébrer des Jeux en l'honneur d'Apollon Pythien à la fin du IIe siècle av. J.-C.[17] Un certain nombre de décrets rendus par les Delphiens en faveur d'un personnage ou d'un groupe venu d'Athènes nous permet d'imaginer la composition et le climat de cette fête particulière. La fête s'appelait *Pythaïde* et les participants étaient appelés *Pythaïstes.* Il semble selon G. Colin que ces derniers prenaient une part plus active à la fête que les théores qui avaient surtout un rôle de spectateurs. Les « théories » étaient datées des archontats. Les neuf archontes, c'est-à-dire les plus hauts magistrats de la cité étaient en tête de la théorie, l'archonte éponyme, donnant son nom à la fête, marchant en tête du groupe des archontes. Le héraut de l'Aréopage les accompagnait, fonctionnaire haut placé qui prend de l'importance sous la domination romaine, car il tempérait les décisions des assemblées populaires.

Des documents épigraphiques de première importance sont constitués par les listes

17 Les inscriptions sont publiées par G. Colin, dans *Fouilles de Delphes* III, *Epigraphie* II, II *Pythaïde* et *Dodécade*, no 2 à 67. L'auteur a fait un volume de synthèse reprenant ces textes : *Le culte d'Apollon Pythien à Athènes*, BEFAR, Paris, 1905. Nous utilisons surtout cette étude.

des *théarodoques*, comme on disait à Delphes, ou des *théorodoques,* comme on disait ailleurs. Car ces listes nous font connaître à la fois des noms propres de tous les pays, et des noms de cités parfois non situées ; l'onomastique et la géographie historique sont donc l'une et l'autre enrichies grâce à ces documents, qui permettent en outre d'apprécier le rayonnement des Jeux. Dans le sanctuaire de Delphes on peut lire plusieurs de ces listes, l'une, fragmentaire, de la fin du Ve siècle av. J.-C., une autre, très étendue, de la fin du IIIe siècle av. J.-C., d'autres fragments pour le milieu du IIe siècle av. J.-C.

La charge de théorodoque, loin de rapporter des avantages dans sa cité à celui qui l'exerçait, était coûteuse, car il fallait recevoir dignement les théores selon les usages de l'hospitalité grecque. C'est pourquoi des frères et sœurs s'associaient pour remplir ces obligations. Ainsi dans la liste des théarodoques de Delphes publiée par André Plassart,[18] on constate que des frères remplissaient cette fonction. Par exemple à Aigion, trois frères ; à Kynaitha, trois frères et leur sœur, à Sicyone, deux frères, à Kallistai, trois frères, à Kleitos, deux frères, à Telphoussa, trois frères. Plassart remarque que dans cette liste de théorodoques quatre-vingt-quinze exemples montrent deux ou plusieurs théorodoques, contre un nombre double de cas où la théorodoquie était exercée par un seul personnage. On note des femmes théorodoques : à Kos, la fille et la sœur de Nikomédès, sont associées ; à Kynaitha, on relève le cas d'Aristomena, fille de Pélopidas, avec ses trois frères (à moins qu'il ne s'agisse d'une veuve avec ses trois fils) ; à Opous, après le nom d'Antendros Agémonos, on lit le nom féminin de Kleitô. D'autres listes de théorodoques existent, telle celle des théorodoques d'Epidaure[19] ou la « liste argienne des théorodoques », publiée par P. Charnaux.[20]

Grâce à la liste delphique on peut suivre certains itinéraires de la *théorie* envoyée en Ionie : elle visitait d'abord l'Eubée (Chalkis, Erétrie, Karystos), puis Andros, Kéos (Koresia, Ioulis), Kos, puis la côte de Carie, passant par Halicarnasse, Bargylia, Iasos. Avant les villes de l'intérieur de la Carie, la liste place Cnide, au sud du golfe Céramique, des villes des confins lyciens : Kaunos, Kalyndos. après cela Kallipolis, au nord-est du golfe Céramique. À Théangelia, située à l'est d'Halicarnasse, fait suite, du sud au nord, Mylasa, Stratonikè, Antioche.

En ce qui concerne les théores envoyés dans le Péloponnèse, André Plassart a montré d'après la liste des théarodoques de Delphes qu'ils marchaient du nord au sud, visitant dans l'Arcadie occidentale[21] Kynaitha, Kleitoi, Paia, Telphoussa, Héraia, et de là Hypana et Trypaneia en Triphylie, Alipheira, puis Lepreion en Triphylie, Phialeia (c'est-à-dire Phigalie, en Arcadie), Douréon en Messénie. Avant Kyparissa, port occidental de la Messénie, Phrixa, au sud de l'Alphée, Samikon, sur la côte de Triphylie, ne sont pas à leur place selon Plassart. C'est que les listes ont été sans cesse renouvelées, complétées, modifiées. Parfois des espaces avaient été ménagés, parfois des ajouts ont été placés en marge, en sorte que la suite du parcours n'est pas toujours claire. De plus de nombreuses lectures sont très difficiles, vu l'état de la pierre.

Recevoir les hérauts delphiens venant annoncer à Athènes les *Pythia* et les *Sôteria*

18 A. Plassart, « Inscriptions de Delphes : la liste des théorodoques », dans *Bulletin de Correspondance Hellénique*, 45, 1921, pp. 1-85.

19 *Inscriptiones Graecae* (IG), IV, 1504. Étude de G. de Sanctis, « I thearodokoi d'Epidavro alla meta del IV sec. av. Cr. » dans *Atti della R. Acc. di Torino*, 1911-1912, 47, pp. 290-8.

20 P. Charnaux, « Liste argienne des théarodoques », dans *Bulletin de Correspondance Hellénique*, 1966, 90, pp. 158-65.

21 Plassard renvoie à la carte pl. VIII, dans IG V, 2.

était une charge, mais c'était en même temps un honneur. C'est pourquoi les Delphiens accordaient des privilèges aux théarodoques, en prenant des décrets dont certains nous ont été conservés. D'autres bienfaiteurs sont simplement proxènes. La rédaction de ces textes est assez monotone, car les considérants rappellent la piété du bénéficiaire et son dévouement envers Delphes, et les honneurs décernés sont toujours les mêmes : la *proxénie*, la *promantie*, l'*asylie,* la *prodikia*, l'*atélie,* la *proédrie* et l'on précise généralement que ces avantages sont aussi octroyés aux descendants du bénéficiaire. La répétition de ces textes justifie que nous ne citions que deux décrets significatifs.

L'un des décrets (65) concerne le *hiéromnemon* (gardien des archives sacrées) Thrasyklès, invité à Delphes à faire partie du jury des Jeux pythiques. Il a obtenu une couronne dans un concours de tragédie nouvelle et rentré à Athènes il fait hommage au peuple de Delphes de la couronne qu'il a gagnée.

> Sous l'archontat, à Athènes, d'Architimos, au hiéromnémon Thrasyklès, fils d'Archiklès, Athénien du dème Lachiadès.
>
> Attendu que Thrasyklès, fils d'Archiklès, Athénien, hiéromnémon, résidant dans notre cité, a accompli les sacrifices au nom du peuple athénien selon nos coutumes ancestrales et a séjourné de belle et convenable façon et que, lors de la célébration des Jeux Pythiques, il a arbitré de façon pieuse et juste, et qu'il se montre dévoué envers notre cité et que, ayant participé, dans notre cité, au concours de tragédie nouvelle et y ayant été vainqueur, il a offert sa couronne à notre peuple :
>
> À la Bonne Fortune. Plaise à la cité de Delphes d'accorder l'éloge à Thrasyklès fils d'Archiklès et de lui octroyer, de la part de notre cité, à lui et à ses descendants, la proxénie, la promantie, l'asylie, la prodicie, l'exemption des taxes, la proédrie dans tous les Jeux que la cité organise et tous les avantages qu'on accorde aux autres proxènes et bienfaiteurs de notre cité et de transcrire ce décret dans le sanctuaire d'Apollon Pythien.
>
> Sous l'archontat d'Antigénès, fils d'Archias, au mois d'Héraklès, siégeant au conseil Philléas, fils de Daménès, et Athanion, fils de Kléoxénidas.

Un autre décret (66) fait état de circonstances particulières. Il concerne un certain Apollodôros, qui fut pris comme arbitre dans un procès au sujet de certains sanctuaires et d'un territoire contesté. Ayant bien rempli sa mission, ce député athénien reçoit en plus de la proxénie et des avantages ordinaires la théorodochie, c'est-à-dire l'honneur de recevoir les hérauts delphiens venant annoncer aux Athéniens les Jeux appelés *Pythia* et *Soteria*.

> À la Bonne Fortune. Il a plu à la cité, en assemblée plénière, avec le nombre légal de suffrages. Attendu qu'Apollodôros, fils d'Olympiodôros, Athénien, ayant été désigné comme membre de la théorie envoyée par notre cité, a plaidé pour notre cité sans réticence, dans le procès concernant les sanctuaires et le territoire contesté, en manifestant au plus haut point sa piété et son dévouement à notre cité, et que, venant à son aide, il régla comme il convenait ce procès n'épargnant rien de son zèle ni de son amitié, et qu'il fit que le séjour dans le pays fût convenable, et que tout le temps que l'apprécièrent les magistrats de notre cité il demeura dans les mêmes dispositions, en montrant sa préférence pour notre cité.

Statue romaine en marbre d'Hercule (Héraklès), d'après l'École de Polykleitos. Sculpteur inconnu ; env. 125 apr. J.-C.

> À la Bonne fortune. Plaise à la cité de décerner l'éloge à Apollodôros, fils d'Olympiodôros, Athénien, pour son dévouement et son zèle envers notre cité et de l'inviter à garder à l'avenir les mêmes sentiments, en sachant que notre cité sait témoigner continuellement sa gratitude envers ses amis et bienfaiteurs, et de lui octroyer à lui et à ses descendants la proxénie, la promantie, l'asylie, la prodicie, l'atélie, la proèdrie dans tous les Jeux organisés par notre cité, le droit d'acquérir terre et maison et tous les avantages accordés aux autres proxènes et bienfaiteurs de notre cité, de le faire théodoroque des envoyés annonçant les Pythia et Sôteria, de lui envoyer aussi des présents d'hospitalité, et que les archontes veillent à son retour afin qu'il soit sous bonne escorte, et que le secrétaire transcrive la proxénie dans la salle du conseil selon la loi et le décret sur le mur de l'édifice des Athéniens.

D'autres personnages contribuaient à ce rassemblement des Grecs lors des Jeux annoncés dans toutes les cités. C'étaient les proxènes.

Les proxènes

On appelait ainsi les citoyens d'une cité grecque qui étaient chargés par une autre cité grecque de s'occuper des intérêts de ses ressortissants dans la ville où résidaient ces responsables. Ils étaient nommés par décret des villes qui leur confiaient la charge de recevoir, de loger, d'assister sur les plans juridiques, politiques ou financiers, ces citoyens venant de cités amies. La proxénie était une charge mais aussi un honneur et le moyen, pour celui qui accordait l'hospitalité de recevoir des avantages de la part de la cité à laquelle appartenait celui qui était reçu. Le proxène devait non seulement recevoir chez lui, mais faciliter dans sa propre patrie les délégations de la cité qui l'honorait. On a vu les privilèges accordés par les Epirotes aux citoyens de Magnésie du Méandre.

On a souvent assimilé les proxènes à nos consuls modernes, portant ce nom qui désignaient à Rome sous la République les deux magistrats qui exerçaient l'autorité suprême. Sous l'Empire romain les consuls n'avaient plus que des attributions honorifiques. De nos jours les consuls sont simplement des agents diplomatiques chargés par un gouvernement de la défense des intérêts de ses nationaux et de diverses fonctions administratives dans un pays étranger. Dans l'Antiquité la proxénie est une charge beaucoup plus complexe. Elle engage celui qui est honoré dans une alliance et des relations d'amitié beaucoup plus profondes et surtout elle relève de la religion, comme les théores, puisque des divinités cautionnaient ces accords. Depuis Homère jusqu'à la Grèce des cités, la notion d'hospitalité a pris des acceptions variées, mais on ne peut oublier que la *xenia* était sous la surveillance de *Zeus Xénios* (protecteur des étrangers) ni que la *proxenia* a recueilli certains caractères de la *xenia*.[22] Comme l'écrit excellement dans son étude Ph. Gauthier[23] :

22 Ph. Gauthier, historien des institutions, a longuement étudié la proxénie, d'abord dans le chapitre I : « Avant les symbola : hôtes et proxènes », de son livre *Symbola : les étrangers et la justice dans les cités grecques*, Nancy, 1972, pp. 17-61, ensuite dans le chapitre III « Les cités et leurs bienfaiteurs étrangers : remarques sur l'évolution et l'adaptation des honneurs civiques » dans son livre, *Les cités grecques et leurs bienfaiteurs IVe-Ier siècle av. J.-C.*, École française d'Athènes, Athènes, 1985, pp. 129-49. Il donne une bibliographie très riche, citant notamment P. Monceaux, *Les proxénies grecques* (1986) ; H. Francotte, *Mélanges de droit public grec* (1910) ; Busolt-Swoboda, *Gr. Staatskunde*, (1926) II ; G. Klaffenbach, *Gr. Epigraphik*, (1966) 2 ; et de nombreuses remarques de L. Robert.

23 Ph. Gauthier, *Symbola*, *op. cit.*, pp. 24-5.

> Des fonctions coutumières et quotidiennes de la xenia c'est la proxénie qui dans le cadre de la polis a hérité. Le proxenos, on le sait, c'est le citoyen qui assume pour tous les citoyens d'une cité étrangère en dehors de tout rapport d'alliance entre les deux cités les fonctions ou devoirs qu'assume le xenos pour un individu ou une famille étrangère. La réciprocité est assurée par les honneurs importants accordés au proxène, lorsque celui-ci fait halte dans la cité qui l'a choisi pour proxène. Ainsi il est légitime de parler d'« hôtes publics » à propos des proxènes : ils reçoivent chez eux les étrangers de passage, ils les secourent matériellement (selon leurs possibilités), ils les protègent en fait et en droit grâce à leur position dans la cité et tout d'abord grâce à leur qualité de citoyen : mais faut-il ajouter seulement grâce à cela. En effet dans sa cité le proxène est un simple particulier, qui agit pour son compte personnel, sans mandat ni privilège officiel (c'est là une des raisons pour lesquelles la comparaison avec les consuls modernes s'avère boiteuse). C'est seulement dans la cité étrangère qu'il jouit d'une situation privilégiée et d'honneurs. Aussi un bon proxène doit-il être riche et influent (de même que les liens de *xenia* intéressaient avant tout l'aristocratie, de même les proxènes, encore au Ve et au IVe siècle, appartiennent souvent à des familles aristocratiques) : faute de pouvoir légal attaché à une fonction qui serait officielle dans sa propre cité, le proxène ne vaut que ce que valent sa fortune, son influence, son prestige.

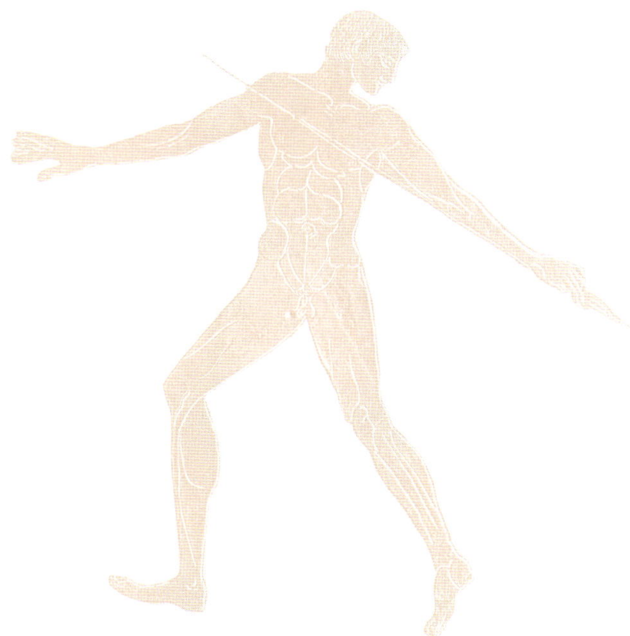

Il est bien des façons de comprendre les avantages conférés aux proxènes. Le mémoire d'Adolf Wilhem, *Proxenie und evergesie,*[24] est capital ; les analyses de Philippe Gauthier[25] sont minutieuses et subtiles. Il est facile de se reporter aux inscriptions delphiques relatives aux proxènes,[26] textes malheureusement non traduits, selon la pratique malheureuse de cette publication, pour comprendre les avantages accordés aux proxènes : la *promanteia* (le droit de consulter le premier l'oracle de Delphes), la *proedria* (droit de siéger au premier rang dans les assemblée), la *prodikia* (priorité dans un litige), l'*asylia* (inviolabilité), l'*ateleia* (exemption d'impôts), l'*empasis* ou *ekthèsis gès kai oikias* (droit d'acquérir terre et logement). Les textes précisent souvent que ces privilèges sont accordés « de la même façon (dans les mêmes conditions) qu'ils le sont aux autres bienfaiteurs ». Tous ces avantages encourageaient l'action des proxènes et partant ces rapports d'entraide et d'amitié entre les cités.

La transformation de concours locaux en concours panhelléniques (on les appelait sacrés) a établi dans tout le pays grec un réseau de relations étroites et d'amitié réciproques, qui, dans cette Grèce souvent ensanglantée par les guerres extérieures ou intestines, rendait la vie plus heureuse aux populations. Pour un temps parfois court et menacé on pouvait respirer en paix grâce à la promotion des Jeux locaux en Jeux stéphanites (récompensés par une couronne seule, sans argent) que l'on voulait isolympiques (égaux en honneur au Jeux olympiques), isopythiques, etc.

24 A. Wilhem, « Proxenie und Evergesie », dans *Att. Urkunden*, V, pp. 11-86, est capital.

25 Ph. Gauthier, *Les cités grecques, op. cit*, cf. index s. v. « Proxénies ».

26 J. Pouilloux, *Fouilles de Delphes*, t. III, « Epigraphie », fasc. IV, *Les inscriptions de la terrasse du temple et de la région nord du sanctuaire*, n° 373-450.

> Dés la seconde moitié du IIIe siècle [dit Louis Robert[27]], plus encore au IIe, ne sont pas rares les cités qui célèbrent un tel concours : Asklepieia de Cos, Didymeia de Milet, Héliaia de Rhodes, Eleuthéria de la Confédération Thessalienne, Leucophryéna de Magnésie du Méandre. Le dossier de ce dernier concours, le plus abondant, gravé sur les murs de l'agora, fait connaître le mécanisme de la transformation ; là un oracle au départ, puis l'accord des cités, comme aussi des rois qui, sollicités par des théores-ambassadeurs, envoient des théores-représentants chargés d'offrir un sacrifice au nom de la ville. À Cos, nous possédons des réponses depuis les cités de la Sicile et de la Grande-Grèce jusqu'à celle de Macédoine et de Thrace et aux rois de la Bithynie et du Bosphore Cimmérien.

Ces concours proliférèrent à l'époque hellénistique et plus tard à l'époque romaine. L. Robert cite les *Pythia* de Sicyone, les *Asklépieia* d'Epidaure, les *Poseidaia* de Mantinée, les *Aléaia* d'Aléa Athéna à Tégée, les *Hémérasia* d'Artémis à Lousoi, les *Koriasia* d'Artémis à Cleitor, les *Lykaia* de Zeus Lykaios au mont Lycée, les *Chtoneia* de Déméter à Hermione. Toutes ces fêtes et bien d'autres encore attachées à certaines cités, devenaient à certaines dates des lieux de rassemblement de tous les Grecs offrant leurs talents aux dieux et aux hommes. Rien ne pouvait davantage fortifier la fierté d'être grec et de développer une culture originale.

27 *Actes du VIIIe congrès international d'épigraphie grecque et latine, Athènes, 3-9 octobre, 1982*, Athènes, 1984, p. 36.

Chapitre IV
Entraîner le corps et enrichir l'esprit

Les fêtes rassemblant tous les Grecs visaient un double objectif : entraîner les corps et enrichir les esprits.[1] Dans les réjouissances prévues lors de ces fêtes les exercices du corps et les plaisirs de l'esprit s'alliaient pour atteindre un idéal définissant une culture complète, un humanisme équilibré dont on a peine aujourd'hui à mesurer la richesse.[2]

Dans *Anacharsis ou des exercices du corps* de Lucien,[3] Solon explique longuement au Scythe cette double formation physique et spirituelle que la cité grecque donnait à ses ressortissants :

> Il faut d'abord que je t'expose en peu de mots l'idée que nous nous formons d'une ville et de ses citoyens. Une ville ne consiste pas à nos yeux dans les édifices, tels que les remparts, les temples, les arsenaux maritimes. Toutes ces constructions forment il est vrai comme un corps stable et fixe qui sert à abriter et à protéger les citoyens ; mais c'est dans les citoyens que nous plaçons toute la force de la cité ; car ce sont eux qui la peuplent, qui en règlent la disposition, qui en exécutent tous les travaux et qui la gardent, comme le fait l'âme en chacun de nous. Dans cette pensée nous prenons soin, comme tu vois, du corps de la ville et nous l'embellissons autant que possible, soit en l'ornant d'édifices à l'intérieur, soit en l'entourant au-dehors de ces remparts qui lui assurent une complète sécurité. Mais ce que nous cherchons avant tout et par tous les moyens, c'est d'assurer aux citoyens une âme vertueuse et un corps solide, persuadés que de tels hommes associés dans la vie publique sauront se conduire honnêtement pendant la paix et qu'à la guerre ils sauveront l'État et le maintiendront heureux et libre.
>
> Pour la première éducation nous nous en remettons aux mères, aux nourrices, aux pédagogues du soin de les diriger et de les former par les leçons qui conviennent à des hommes libres. Mais quand ils commencent à comprendre ce qui est bien, que le respect, la pudeur, la crainte et le désir du beau se développent en eux et que leurs corps, devenus plus solides, plus compacts et plus forts, paraissent propres à soutenir les travaux, à ce moment-là nous les prenons en main et nous les instruisons non seulement en prescrivant pour l'âme certaines disciplines et certains exercices, mais encore en accoutumant leurs corps aux travaux par des exercices d'une autre sorte. Nous n'avons pas cru qu'il suffit à l'homme de rester tel qu'il est sorti des mains de la nature ; son corps et son âme ont également besoin d'une éducation et de sciences qui puissent améliorer considérablement ses bonnes dispositions naturelles et changer ses inclinations vicieuses en bonnes qualités.

1 Voir la bibliographie donnée par H. I. Marrou, *Histoire de l'éducation dans l'Antiquité*, éditions du Seuil, Paris, 1965, pp. 503-4.

2 Il faut ajouter que le respect de la morale et de la justice était également l'objectif des éducateurs.

3 Lucien, *Anacharsis ou des exercices du corps*, dans *Œuvres* (trad. J. Bompaire), Les Belles Lettres, Paris, t. 1, 1993, t. 2, 1998, 20-1.

Nous prenons modèle sur les agriculteurs qui couvrent et enclosent les plants encore délicats et peu élevés au-dessus de la terre, de peur que le vent ne leur fasse du mal, mais qui, lorsque le surgeon est devenu fort, en élaguent les branches superflues et le rendent plus productif en le laissant agiter et secouer par les vents.

Nous éveillons d'abord l'âme des enfants par la musique et l'arithmétique et nous leur apprenons à écrire et à lire distinctement. Quand ils avancent en âge, nous leur récitons les maximes des sages, les faits illustres de l'Antiquité, les discours utiles que nous avons revêtus de la forme du vers, pour qu'ils les retiennent mieux. En entendant certains exploits, certaines actions célèbres, ils aspirent peu à peu et sont poussés à les imiter pour être chantés eux aussi et admirés par la postérité. Hésiode et Homère ont composé pour nous un grand nombre de récits de ce genre. Quand enfin ils abordent la politique et sont obligés de manier les affaires publiques... Mais cela est peut-être en dehors de notre sujet ; car ce n'est pas la manière dont nous exerçons les âmes que je me proposais d'exposer au début, mais les motifs pour lesquels nous jugeons à propos d'exercer les jeunes gens à de tels travaux.

Ce long exposé de Lucien nous permet de mieux comprendre comment l'organisation des Jeux, les uns gymniques ou hippiques, les autres « musicaux », reposait sur cette double éducation que la cité imposait à ses citoyens. Comme le dira au IIe siècle apr. J.-C. le poète Juvénal[4] : « Nous demanderons dans nos prières la santé de l'esprit jointe à celle du corps ».

Les conseils des philosophes

Les philosophes grecs avant Lucien se sont préoccupés de cette double formation à donner à la jeunesse. Platon a fait des déclarations sans équivoque, auxquelles Aristote, souvent enclin à corriger son maître, a apporté quelques réserves.

Dans *Protagoras*[5] le sophiste définit le genre d'éducation que doit recevoir la jeunesse. Après avoir rappelé que dans la prime enfance ce sont la nourrice, la mère, un précepteur et le père qui expliquent à l'enfant les notions de bien et de mal, Protagoras définit le double entraînement qui fera le bon citoyen. Le maître veille à la bonne conduite de son élève qui subit ensuite une double formation.

Quand l'enfant cette fois a bien appris à lire et qu'il doit comprendre désormais ce qu'il lit comme précédemment il comprenait la parole il fait faire à ses élèves, assis sur leurs bancs, connaissance avec les poèmes de bons poètes ; il les oblige à les apprendre par cœur, car ils contiennent nombre de maximes utiles à retenir, nombre d'exemples développés ; sans parler des louanges données aux hommes de valeur du passé et de leur glorification, dans le dessein que par émulation l'enfant les imite et qu'il ait le désir de leur rassembler. C'est au tour maintenant des maîtres de cithare, de faire de même dans un domaine différent : de se préoccuper de donner de la modestie à la jeunesse, d'empêcher qu'elle ne

4 Juvénal, *Satires* (trad. et éd. P. de Labriolle et F. Villeneuve), Les Belles Lettres, Paris, 1971, X, 356 : « *Orandum est ut sit mens sana in corpore sano* ».

5 Platon, *Protagoras*, dans *Œuvres complètes*, t. 3 (trad. A. Croiset), Les Belles Lettres, Paris, 1923, t. III, 325-6.

> se conduise mal en quoi que ce soit. Indépendamment de cela, ils lui enseignent, quand elle a appris à jouer sur la cithare des poèmes d'autres bons poètes, des lyriques cette fois ; ils les lui font chanter en s'accompagnant de la cithare et ils forcent ainsi le rythme et l'harmonie à devenir familiers à l'âme des enfants afin de rendre ceux-ci plus civilisés, plus heureusement réglés dans leurs mouvements, plus heureusement équilibrés, et ainsi capables de se faire apprécier plus tard comme orateur ou homme d'action ; car la vie humaine a tout entière besoin d'activité bien réglée et de bon équilibre ! Ce n'est pas tout encore : c'est chez le maître de gymnastique que l'enfant est en outre envoyé par ses parents, afin qu'il ait un corps en meilleure condition à mettre au service des desseins honorables de son esprit et que sa misère physique ne le contraigne pas à fuir lâchement les risques de la guerre ou de tout autre ordre d'activité. Ainsi procèdent les pères qui en ont au plus haut point les moyens. Or ceux qui au plus haut point en ont les moyens, ce sont les plus riches ; leurs fils ont commencé dès leur plus jeune âge à fréquenter chez les maîtres, ils se séparent de ceux-là le plus tard possible.

Un autre sophiste, Hippias, qui se vantait de tout savoir, profitait des Jeux olympiques pour vendre ses connaissances à qui le voulait[6] : « Moi, à l'époque des Jeux olympiques, je viens chaque fois d'Elis mon pays au lieu saint d'Olympie pour l'assemblée solennelle [panégyrie] de la Grèce, et je m'y proclame être à la disposition de qui voudra, soit sur un des thèmes de leçon que j'aurai pu préparer, soit pour répondre à telle ou telle question de qui veut m'interroger ». Ainsi une manifestation sportive s'accompagnait-elle d'un enseignement en de multiples matières.

Platon a souvent insisté sur la nécessité d'initier les jeunes aussi bien à la gymnastique qu'à la musique[7] :

> Nos gardes sont des athlètes voués à une lutte importante entre toutes [...] or le régime des athlètes actuels [...] est un régime somnolent et dangereux à la santé. Ne vois-tu pas en effet qu'ils passent leur vie à dormir et que, pour peu qu'ils s'écartent du régime qui leur est prescrit, les athlètes sont sujets à de graves et violentes maladies.

Ceux qui ne pratiquent que la gymnastique sans se soucier de la musique sont d'une brutalité excessive, conclut Platon[8] :

> Ceux qui s'adonnent uniquement à la gymnastique [sans toucher à la musique] y contractent une brutalité excessive ; [...] et cependant cette brutalité vient d'un naturel ardent qui, bien dirigé, se tourne en courage, mais qui trop tendu aboutit naturellement à une intraitable dureté.

Platon est revenu plusieurs fois sur la nécessité d'allier gymnastique et musique. Ainsi dans *La République*, il déclare[9] : « Après la musique, c'est par la gymnastique qu'il

6 Platon, *Hippias Mineur*, dans *Œuvres complètes*, t. 1 (trad. A. Croiset), Les Belles Lettres, Paris, 1920, 363.

7 Platon, *République*, dans *Œuvres complètes*, t. 6 (trad. A. Diès et E. Chambry), Les Belles Lettres, Paris, 1931-34, III, 403-4.

8 *Ibid.*, 403.

9 *Ibid.*, 410-2.

faut former la jeunesse. On doit donc l'y exercer soigneusement dès l'enfance et dans le cours de la vie. » Mais il précise[10] :

> Les gens qui pratiquent assidûment la gymnastique sans toucher à la musique ont de la sauvagerie et de la dureté [...] Cet homme étranger aux Muses, c'est par la violence et la sauvagerie qu'il marche à ses fins comme une bête féroce et il vit dans l'ignorance et la grossièreté privé du sens de l'harmonie et de la grâce [...] Au contraire, celui qui mêle la gymnastique à la musique dans la plus belle proportion et qui les applique à son âme dans la plus juste mesure, celui-là est, nous avons droit de le dire, le musicien le plus parfait et le plus habile en harmonie [...] En effet les deux cordes de l'âme, celle de la philosophie et celle du courage, accordées ensemble à la hauteur voulue par la musique et la gymnastique, toutes deux nécessaires, produisent une sorte d'harmonie et le caractère ainsi harmonisé et parfaitement harmonisé devient la plus belle musique de l'âme.

À son tour Aristote réfléchira sur la part de la gymnastique et sur celle de la musique dans l'éducation,[11] préconisant un heureux équilibre des disciplines.

Pour Aristote la musique est source de joie[12] :

> La musique doit-elle ne pas faire partie de l'éducation ou en faire partie ? Et des trois fonctions dont on discute laquelle remplit-elle ? Est-elle moyen d'éducation, jeu ou noble divertissement ? On a de bonnes raisons de la classer dans toutes ces catégories et elle a manifestement quelque chose de chacune. Car le jeu a en vue le délassement et le délassement est forcément agréable : c'est une sorte de « traitement » de cette souffrance que causent les travaux pénibles ; et d'un commun accord le divertissement doit comporter non seulement de la beauté morale, mais aussi du plaisir, car le bonheur est fait de ces deux éléments ; Or la musique, disons-nous tous, compte parmi les plus grands plaisirs, qu'elle soit purement instrumentale ou accompagnée de chant ; c'est ce que Musée dit lui-même : « Chanter pour les mortels c'est le plus doux plaisir». Aussi a-t-on raison d'admettre la musique dans les réunions et les divertissements culturels, puisqu'elle peut donner de la joie.

En ce qui concerne la gymnastique Aristote met en garde contre un entraînement physique excessif, remarquant que « les Lacédémoniens aboutissent à faire des brutes avec leurs exercices épuisants ». Mais il reconnaît que la gymnastique est bonne pour l'éducation des enfants auxquels elle donne un corps harmonieux. On doit donc les entraîner jusqu'à la puberté pour leur façonner un corps harmonieux. Aristote est beaucoup plus réticent que Socrate sur les bienfaits de la gymnastique. En effet si l'on en croit Xénophon[13] :

10 Platon, *La République*, *op. cit.*, III, 410.

11 Aristote, *Politique* (trad. et éd. J. Aubonnet), Les Belles Lettres, Paris, 1960, VIII, 4, 8-9 (sur la gymnastique) et VIII 5, 9-11 (sur la musique). Les idées d'Aristote sur l'éducation ont été étudiées dans le mémoire de A. Hourdakis, *Aristote et l'éducation*, Presses universitaires de France, Paris, 1998.

12 *Ibid.*, VIII, 5, 9-11.

13 Xénophon, *Mémorables* (trad. L.-A. Dorion), Les Belles Lettres, Paris, 2000, III, 12, 1-4.

Le sport en musique. Trois jeunes athlètes nus s'entraînent au son de la flûte dont joue un musicien vêtu d'une longue tunique. Vase à figures rouges. Conservé au département des antiquités classiques et proche-orientales du musée national du Danemark (Chr VIII 805).

Voyant qu'Epigénès un des jeunes gens qui le fréquentaient avait une constitution débile : « On voit bien, lui dit Socrate, que tu négliges les exercices gymnastiques ». « C'est que, répliqua-t-il, je n'ai que faire de l'athlétique ». « Tu n'en as pas moins à faire, dit Socrate, que ceux qui doivent concourir à Olympie. Regardes-tu comme peu de chose d'avoir à disputer sa vie contre les ennemis si par hasard les Athéniens venaient à décréter la guerre ? Cependant ils sont nombreux ceux qui à cause de leur faiblesse physique perdent la vie dans les périls de la guerre ou se sauvent aux dépens de l'honneur ; nombreux aussi ceux qui pour la même raison se font prendre vivants et alors, ou bien sont condamnés par leur mauvais sort à passer le reste de leur vie dans le plus dur esclavage, ou bien, réduits aux plus douloureuses extrémités, après avoir payé parfois une rançon qui excédait leur fortune, traînent le reste de leurs jours dans le besoin et dans les privations. Beaucoup aussi se font une mauvaise réputation à cause de leur faiblesse physique qui les fait prendre pour des lâches. Ou bien es-tu indifférent à ces peines auxquelles nous expose la débilité physique et crois-tu pouvoir aisément les supporter ? Pour moi je trouve ces peines bien plus difficiles à supporter et bien plus désagréables que celles qu'il faut endurer pour maintenir son corps en bonne condition. Ou crois-tu que la mauvaise condition du corps soit plus favorable

à la santé que la bonne et plus utile pour tout le reste ? Ou bien méprises-tu les avantages que procure le bon état du corps ? Cependant tout est bien différent selon qu'on a le corps en bon ou en mauvais état. Ceux qui l'ont en bon état se portent bien et sont robustes, et beaucoup grâce à cela se sauvent avec honneur dans les champs de bataille et se tirent de tous les périls ; beaucoup aussi secourent leurs amis et rendent service à leur patrie et par là ils méritent de la reconnaissance, acquièrent un grand renom et obtiennent les plus glorieuses récompenses. Ils mènent dès lors jusqu'à leur dernier moment une vie plus agréable et plus belle et laissent à leurs enfants de plus grandes ressources pour vivre.

La *paideia* grecque

Les éducateurs s'accordent donc pour affirmer la complémentarité de l'entraînement physique et des plaisirs de l'esprit. La *paideia* ne justifie pas cette réputation de sauvagerie et de brutalité qu'on a voulu donner de l'idéal olympique. Le débat n'était pas nouveau, car ce souci de tempérer les forces physiques par la réflexion est une des leçons qu'Isocrate donnait à Démonikos[14] :

> Mets-toi dans l'esprit que nul athlète n'est tenu de fournir en face de ses adversaires un effort égal à l'attention que tu devras apporter à devenir en vertu l'émule de ton père, mais de telles dispositions ne peuvent appartenir qu'à un homme pénétré d'enseignements répétés et généreux, car si les forces corporelles s'accroissent grâce à des exercices bien dosés, les forces de l'âme grandissent grâce à de saines paroles [...]
>
> Cultive toutes les formes d'activité qui intéressent la vie, mais développe surtout ton intelligence : un esprit solide dans un corps humain, c'est la plus grande force dans la plus grande faiblesse. Habitue ton corps à aimer l'effort, ton âme à aimer la réflexion, afin d'être capable grâce à l'un d'exécuter tes volontés, grâce à l'autre de pressentir ton bien.

Ces sages conseils nous font comprendre que le public grec ne se serait pas plu à voir lors des Jeux des brutes déchaînées et haineuses. Comme la musique, la morale devait contenir les abus de la force. Cette leçon avait d'illustres garants. Ainsi Périclès dans son oraison funèbre condamnait les excès de l'éducation spartiate et louait la réflexion et la modération des Athéniens[15] :

> Selon les méthodes d'éducation de certains, il faut pour être un bon soldat avoir été soumis dès le plus jeune âge à un rigoureux dressage. Nous qui prenons la vie sans contrainte, nous sommes aussi prêts que ces gens-là à affronter le combat avec des adversaires à notre mesure.

Les orateurs attiques ont souligné l'originalité de la *paideia* qui unissait la culture de l'esprit et celle du corps. Célébrant les mérites d'Athènes dans son discours *Panégyrique* Isocrate affirme[16] :

14 Isocrate, « À Demonikos », dans *Discours*, t. 1 (trad. G. Mathieu), Les Belles Lettres, Paris, 4e tirage, 1972, 12 et 40.

15 Thucydide, *Guerre du Péloponnèse* (trad. D. Roussel), La Pléiade, Paris, 1964, II, 39, 1.

16 Isocrate, « Panégyrique », dans *Discours*, t. 2 (trad. G. Mathieu), Les Belles Lettres, Paris, 6e tirage, 1987, IV, 45.

Deux hommes sollicitant le même garçon. Pélikè à figures rouges. Provenance Corinthe, env. 470 av. J.-C. L'adulte barbu, à gauche s'appuie sur un bâton, sa main droite soulignant sa proposition. L'enfant est enveloppé de son manteau jusqu'au cou. À droite, un jeune homme, plus grand que l'enfant et le torse découvert, semble inciter l'enfant à accepter la proposition, et le pousse vers le solliciteur.

> C'est chez nous principalement qu'on peut trouver des amitiés très sûres et des relations de toutes sortes et voir également des luttes non seulement de vitesse et de force, mais de parole, d'intelligence et de tous les autres genres d'activité, et pour tout cela des prix considérables.

Selon lui la continuité des fêtes à Athènes est la marque de la supériorité de cette cité sur les autres. Car ces réunions continuelles favorisaient les rencontres et la diffusion des valeurs culturelles grecques. Il en arrive à définir un hellénisme universel avec cette belle formule révolutionnaire à son époque[17] :

> Notre cité a tant distancé les autres hommes par la pensée et la parole que ses élèves sont devenus les maîtres des autres, qu'elle a fait employer le nom des Grecs non plus comme celui de la race, mais comme celui de la culture, et qu'on appelle Grecs plutôt les gens qui participent à notre éducation que ceux qui ont la même origine que nous.

La pensée rappelle la formule que Thucydide prête à Périclès[18] :

> En bref j'affirme que notre cité dans son ensemble est pour la Grèce une éducatrice. Je crois aussi que, à considérer les individus, un homme de chez nous sait trouver en lui suffisamment de ressources pour s'adapter aux formes d'activité les plus variées et cela avec une puissance de séduction et une aisance sans égales.

La multiplication des Jeux à Athènes entretenait une atmosphère joyeuse contrastant avec les angoisses trop souvent suscitées par les guerres. Périclès, selon Thucydide, le souligne[19] :

> Nous avons ménagé à l'esprit dans ses fatigues d'innombrables concours et des fêtes religieuses qui se succèdent d'un bout à l'autre de l'année et en aménageant nos habitations avec goût, de sorte que notre vie quotidienne se déroule dans un décor plaisant qui chasse les humeurs sombres.

On ne peut mieux dire que les Jeux se déroulaient, à Athènes dans un climat de gaieté, de réjouissance et de délassement. Selon Thucydide ces fêtes obligeaient les habitants à aménager leurs habitations avec goût et faisaient affluer à Athènes les richesses du monde entier. Les dieux pouvaient se réjouir, mais les hommes y trouvaient aussi leurs profits.

La civilisation du gymnase

L'ambivalence de la culture grecque à la fois formation du corps et développement de l'esprit apparaît à plein dans le rôle que joua le gymnase. Seuls les privilégiés pouvaient fréquenter ce lieu, c'est-à-dire les fils de citoyens, dûment inscrits sur le registre du dème et à l'origine faisant partie de cette aristocratie issue des propriétaires

17 Isocrate, « Panégyrique », *op. cit.*, IV, 50.

18 Thucydide, *op. cit.*, II, 41, 1.

19 *Ibid.*, II, 38, 1.

Un des bains dans le Vestiaire de la Palestre à Olympie.
© Sonia Halliday Photographs

fonciers et disposant des loisirs réservés aux hommes libres. Sans doute le gymnase se démocratisa peu à peu, mais en étaient exclus les gagne-petit, c'est-à-dire les paysans, artisans ou commerçants. En outre les femmes n'y avaient pas accès.

Il est certain que la civilisation du gymnase ne s'adressait qu'à une élite et que, vu la quasi-permanence des guerres, on chercha par ce moyen à former des soldats. Peu à peu le gymnase devint non seulement un lieu d'exercice mais un centre d'expression artistique et d'entraînement à la discussion. Les plus anciens gymnases connus furent, à Athènes, l'*Académie* et le *Lycée,* dont la fondation est attribuée à Pisistrate et à ses fils. C'est là que la jeunesse se préparait à affronter les compétitions permettant d'être champion. Le cadre de ces lieux de culture était souriant et accueillant et l'entraînement se faisait dans des jardins plantés d'arbres, baignés par les eaux. Il est difficile aujourd'hui d'imaginer ce paysage charmant où Phèdre et Socrate, au pied de la colline Ardèttos, au bord du petit fleuve Ilisos, devisaient en écoutant le chant des cigales. C'est le plein été, la rivière est presque entièrement à sec et il va bientôt être midi. Phèdre est nu-pieds et se réjouit de marcher dans le filet d'eau. Un haut platane donne de l'ombre, une légère brise souffle et un gazon permet de s'asseoir. Socrate est enchanté du lieu[20] :

20 Platon, *Phèdre*, dans *Œuvres complètes*, t. 4 (trad. P. Vicaire), Les Belles Lettres, Paris, 1985, t. IV, 229-30.

Portique d'Attale.

> Ah ! par Héra, le bel endroit pour y faire halte ! Ce platane vraiment couvre autant d'espace qu'il est élevé. Et ce gattilier, qu'il est grand et magnifiquement ombreux ! Dans le plein de sa floraison comme il est, l'endroit n'en peut être davantage embaumé ! Et encore le charme sans pareil de cette source qui coule sous le platane, la fraîcheur de son eau : il suffit de mon pied pour l'attester ! C'est à des Nymphes, c'est à Achéloûs, si j'en juge par ces figurines, par ces statues des dieux, qu'elle est sans doute consacrée. Et encore, s'il te plaît, le bon air qu'on a ici n'est-il pas enviable et prodigieusement plaisant ? Claire mélodie d'été qui fait écho au chœur des cigales ! Mais le raffinement le plus exquis, c'est ce gazon avec la douceur naturelle qui permet en s'y étendant d'avoir la tête parfaitement à l'aise. Je le vois, un étranger ne peut avoir meilleur guide que toi, mon cher Phèdre.

Le gymnase toujours situé dans un paysage agreste comportait des bâtiments qui, selon la topographie des sanctuaires et la nature des exercices, présentaient des dispositifs divers. Les épreuves rapprochant les concurrents, comme la boxe, la lutte, le pancrace, avaient lieu dans la palestre. Le terme de *palaistra* signifie « terrain pour la lutte (ou *palè*) ».[21] Les fouilles en ont mis au jour de nombreux exemples tant en Grèce propre qu'en Asie Mineure et des textes épigraphiques comme des inventaires

21 Sur la distinction du gymnase et de la palestre voir J. Delorme, *Gymnasion*, De Boccard, Paris, 1960, pp. 253-71.

de Délos[22] permettent de vérifier les descriptions que donne Vitruve (Marcus Vitruvius Pollio), architecte romain du premier siècle av. J.-C.[23] Henri-Irénée Marrou a reproduit le plan de la palestre de Priène et en a donné une description.[24] On observe que le terrain de sport, de forme carré, est entouré d'une série de salles permettant aux athlètes de se réunir, de se déshabiller, de se laver, d'utiliser l'huile et le sable nécessaires aux épreuves.

La palestre d'Olympie bénéficiait de la proximité du fleuve Kladéos. Elle fut construite à la fin du IIIe siècle av. J.-C. et correspond assez bien aux indications de Vitruve qui s'est peut-être inspiré de ce modèle. L'*éphèbeion* était une salle de réunion, le *loutron* une salle de bain, l'*apodytèrion* le vestiaire, le *kôrukeion* une salle de boxe, l'*élaiothésion* un magasin à huile, le *konistèrion* un magasin pour le sable. À Delphes le gymnase bâti au IVe siècle av. J.-C. est aménagé sur une terrasse construite près du rebord de la gorge du Pleistos et la palestre était située sur la terrasse inférieure. Alors que dans bien des cités le gymnase et la palestre sont près du stade, à Delphes le stade est sur la pente au-dessus du théâtre.

Ces lieux aménagés pour fortifier le corps étaient complétés par des dispositifs propres à l'enseignement et à la discussion, car les joutes oratoires préparaient aux Jeux « musicaux ». Un des lieux privilégiés pour les discussions était le portique, terrasse couverte où l'on pouvait déambuler tout en discutant. Pour en comprendre tout le charme, il faut un jour d'été après une visite de l'agora chercher un endroit ombragé et ventilé. Athènes, avec le portique d'Attale, reconstruit en matériaux de l'époque, c'est-à-dire en marbre, offre le plus bel exemple de ce genre de bâtiment. Platon a décrit le portique d'une maison privée où le sophiste Protagoras déambulait entouré de ses disciples. Non sans ironie il décrit la promenade du maître entouré de ses disciples[25] :

> En entrant nous trouvâmes Protagoras en train de se promener dans le portique. Il était escorté dans sa promenade d'un côté par Callias, fils d'Hipponikos, par le frère de Callias, né de la même mère, Paralos, fils de Périclès, et par Charmide, fils de Glaucon ; de l'autre côté par le second fils de Périclès, Xanthippe, par Phillipidès, fils de Philomélos, et par Antimoeros de Mendé, le plus distingué des disciples de Protagoras, auprès de qui il apprend le métier de sophiste pour l'exercer lui-même à son tour. D'autres suivaient en arrière, écoutant leur conversation, des étrangers pour la plupart, à ce qu'il me parut, que Protagoras entraîne à sa suite hors de toutes les villes qu'il traverse, les tenant sous le charme de sa voix comme un nouvel Orphée, et qui sont forcés de le suivre par l'effet du charme ; mais aussi dans le chœur quelques gens d'ici. La vue de ce chœur me donna une grande joie, par la beauté des évolutions grâce auxquelles ils avaient soin de ne jamais se trouver devant Protagoras de manière à lui faire obstacle : chaque fois qu'il faisait demi-tour avec ses voisins de la première ligne, les auditeurs de l'arrière, avec un ensemble admirable, entr'ouvraient leurs rangs à droite et à gauche et, par une marche circulaire, se retrouvaient derrière eux.

22 Par exemple *Bulletin de Correspondance Hellénique*, 1930, 54, pp. 97-8.

23 Vitruve, *De L'Architecture*, Éditions Eyrolles, Bibliothèque de l'image, Paris, 1995, V, 11.

24 H. I. Marrou, *op. cit.*, pp. 197-201.

25 Platon, *Protagoras*, *op. cit.*, t. III, 314-5.

Callias le propriétaire de la maison avait d'autres moyens pour retenir les élèves de Protagoras. Pour garder le grand nombre de sophistes descendus chez lui, il avait transformé un magasin en une chambre pour les hôtes. Des lits étaient disposés et, tandis que Prodicos s'ensevelissait sous des fourrures et des couvertures, près de lui un homme au sang plus chaud, Pausanias du dème de Kéramée était couché, nous dit Platon, avec « un adolescent tout jeune encore, fort bien doué, si je ne me trompe, et en tout cas d'une grande beauté. Je crus entendre qu'on l'appelait Agathon, et ne serais pas surpris qu'il fût aimé de Pausanias ». On ne s'étonne pas que « le bel Alcibiade », comme l'appelait Socrate, soit venu rôder par là.

Le recours à la force, mais aussi à l'intelligence, est reconnu par Lysias (env. 440–380 av. J.-C.) comme le moyen d'affirmer la primauté des Grecs sur les autres populations. Il rappelle, dans le *Discours Olympique*[26] qu'Héraklès en fondant les Jeux olympiques imposa cet idéal à la fois physique et intellectuel.

Outre le Lycée et l'Académie, Athènes possédait un autre gymnase, le Kynosarge, que signale notamment Hérodote.[27] Vers la fin du IIIe siècle av. J.-C. on en ajouta deux, celui de Ptolémée et celui de Diogène, sans doute bâtis en l'honneur de bienfaiteurs privés.[28] Ces gymnases servaient non seulement à l'entraînement de la gymnastique mais aussi à l'enseignement que dispensaient des philosophes, des rhéteurs, parfois même des médecins ou des astronomes.

Le rôle du gymnase dans la diffusion de la *paideia* grecque s'observe dans tous les pays où s'exerça la domination grecque et à toutes les époques. À l'époque hellénistique notamment les gymnases se multiplièrent, même dans des pays de civilisation fort différentes. Je songe particulièrement à l'Égypte, non seulement à Alexandrie[29] mais dans tout le pays.[30]

La réflexion des anciens Grecs sur la culture porta d'abord sur l'éducation. Dans le terme *paideia* il y a *pais* qui signifie enfant. Il s'agit donc d'une éducation de la jeunesse. Mais pour les Grecs l'homme est toujours jeune. C'est ce qui donne cette fraîcheur, cette spontanéité, à ces conseils que donnent écrivains, philosophes ou hommes politiques, aux adultes soucieux de se perfectionner en améliorant leur corps et en affinant leur réflexion. Plotin, originaire d'Égypte, qui vécut de 204-270 apr. J.-C., donne ce conseil qu'on peut prendre dans le sens moral ou dans le sens physique : « Ne cesse pas de sculpter ta propre statue ».[31] Dans la palestre de Tauréas à Athènes tous les jeunes gens et jeunes garçons, nous dit Platon,[32] « regardaient Charmide comme on contemple une statue ». Ce n'était pas seulement le visage, mais le corps de l'adolescent qu'il fallait admirer et juger de la beauté de son âme, dit Chairéphôn à Socrate[33] :

> « Que penses-tu de ce jouvenceau, Socrate ? » me dit Chairéphôn : « son

26 Lysias, « Discours Olympique », dans *Discours* (trad. L. Gernet et M. Bizos), Les Belles Lettres, Paris, 1926, 1-6. Voir A. Bernand, *Leçon de Civilisation*, Fayard, Paris, 1994, p. 170.

27 Hérodote, *Histoires* (trad. A. Barguet), La Pléiade, Paris, 1964, V, 63.

28 G. Cambiano, « Devenir homme », dans *L'Homme grec*, éditions du Seuil, Paris 1993, pp. 130-1.

29 A. Bernand, *Alexandrie la Grande*, Hachette Littératures, Paris, 1998, pp. 103 et 160-4.

30 Voir les références données par A. Bernand, s. v. *gymnasion*, dans *La prose sur pierre*, CNRS éditions, Paris, 1992, t. 1, p. 185, avec renvois aux textes et traductions donnés dans ce volume.

31 Plotin, *Ennéades* (trad. E. Bréhier), Les Belles Lettres, Paris, 1924-38, I, 6, 9.

32 Platon, *Charmide*, dans *Œuvres complètes*, t. 2 (trad. A. Croiset), Les Belles Lettres, Paris, 1921, 154.

33 *Ibid.*, 155.

Copie de la statue d'Héraklès en bronze de Lysippus. Datant de la période hellénistique (330-20 av. J.-C.). Conservée au musée du Louvre, Paris.

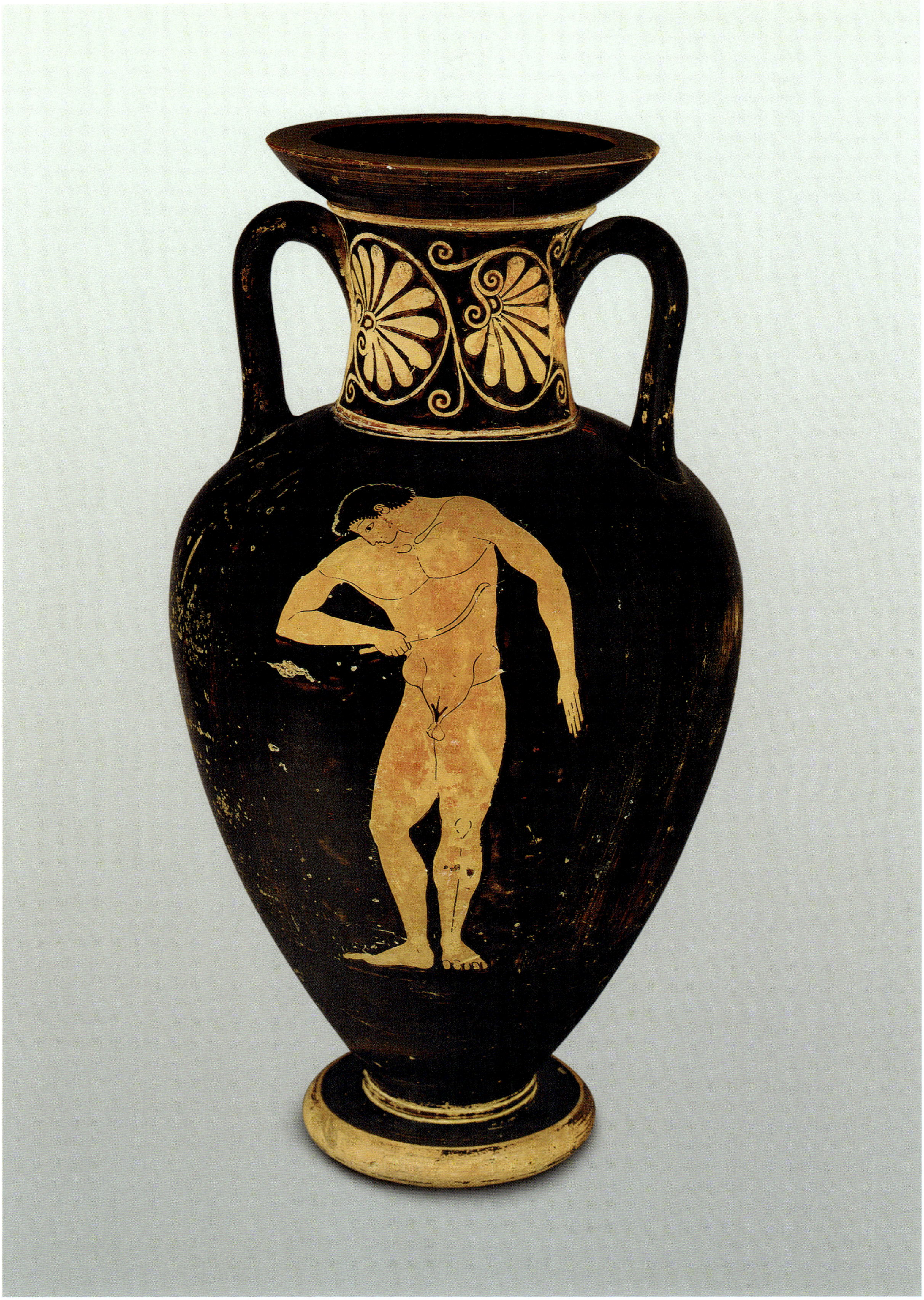

> visage est-il assez beau ? » « Merveilleux », répondis-je. « Eh bien ! s'il consentait à se dévêtir, tu n'aurais plus d'yeux pour son visage, tant sa beauté est parfaite de tous points » Tout le monde appuya l'avis de Chairéphôn. « Par Héraclès » m'écriai-je, « voilà de quoi défier tous les rivaux, pourvu qu'il s'y ajoute encore une petite chose ». « Laquelle ? » dit Critias. « La beauté de l'âme : c'est là un mérite, mon cher Critias, qu'on est en droit d'attendre de ceux qui appartiennent à votre maison ».[34]

Cette double attention portée au corps et à l'âme est le fondement de la culture grecque. Il serait contraire à l'esprit de ce texte de n'y voir qu'une allusion grivoise. C'est sous la forme aimable de l'anecdote une profession de foi définissant le double souci de la *paideia*. Ainsi se forgea l'idéal de la *kalokagathia,* c'est-à-dire le « fait d'être bel et bon », *kalos* se référant à la beauté physique, avec une connotation érotique, *agathos* désignant les qualités de l'esprit. La gymnastique prétendait à l'acquisition de ces deux qualités et le gymnase était le lieu où on les acquérait. C'est pourquoi Aristophane, dans les *Nuées,*[35] cite le conseil que le Raisonnement Juste donne au jeune Pheidippidès :

> Eh bien, tout brillant d'huile et florissant, tu passeras ton temps au gymnase sans gazouiller sur l'agora des vétilles et des questions épineuses comme on le fait aujourd'hui, sans chicaner sur une petite affaire dont les finasseries engluées perdent les plaideurs. Mais descendant à l'Académie avec un sage compagnon de ton âge, tu courras en passant sous les oliviers sacrés, couronné d'un mince roseau, sentant l'if, la sérénité, la jonchée de blanc peuplier, le cœur en joie à la saison du printemps, quand le platane murmure doucement à l'orme. Si tu fais ce que je t'explique et si tu es en plus sensé, tu auras toujours une poitrine luisante, un teint éclatant, de larges épaules, une langue modérée, des fesses rebondies, une petite verge. Si tu as au contraire les mêmes occupations que ceux d'aujourd'hui, tu auras d'abord un teint pâle, des épaules étroites, une poitrine plate, une grosse langue, de petites fesses, une grande verge, un long décret.[36]

Dans un livre récent,[37] je me suis intéressé à cette nostalgie de la fesse dont témoignent textes et monuments figurés. Valérie Visa-Ondarçuhu se demande, au sujet de la petitesse du pénis, si ce n'est pas « une allusion à la continence sexuelle, voire à l'abstinence de certains athlètes de compétition, dont nous avons déjà parlé dans le chapitre consacré aux médecins hippocratiques ». Autrement dit ce détail anatomique ne serait pas la constatation d'une réalité physique, mais un conseil de ne pas attendre de ces athlètes des performances sexuelles.

Voulant regarder les choses en face, j'ai constaté que le Grec bel et bon était un idéal, non une réalité. Par amour de la Grèce j'ai voulu décrire le Grec vilain et méchant, pour exorciser cette Grèce qui fait la joie des rhétoriqueurs, mais qui n'a jamais existé. Cette Grèce de conte de fées est tellement loin de la réalité, tellement

34 Texte cité par H. I. Marrou, *op. cit.,* p. 85.

35 Aristophane, *Les Nuées,* dans *Théâtre complet,* (trad. et éd. V. H. Debidour), Gallimard, Paris, 1965, 1002–19.

36 Traduction de V. Visa-Ondarçuhu, *L'image de l'athlète,* Les Belles Lettres, Paris, 1999, pp. 379-80.

37 A. Bernand, *Guerre et violence dans la Grèce antique,* Hachette Littératures, Paris, 1999, pp. 32-3.

Athlète se nettoyant avec un strigile.

en marge des préoccupations de la jeunesse actuelle, que je tiens pour assuré que cette image affadie et artificielle a détourné des études grecques nos contemporains et tout spécialement la jeunesse. Cette Grèce de l'imaginaire, dévoyée et divulguée par des rêveurs en marge de l'histoire, ne séduit plus les jeunes gens d'aujourd'hui, qui ont les pieds sur terre et non la tête dans les étoiles. De nos jours le voyage en Grèce est devenu facile, et les gens qui ont des yeux pour voir peuvent constater que ce pays offre comme bien d'autres régions du monde des conditions de vie et des moments d'histoire tragiques. La bergerie de Marie-Antoinette est loin des bergers des montagnes ou des îles de la Grèce réelle. Ce pays n'est pas un théâtre de marionnettes, « un paysage choisi », pour reprendre l'expression de Verlaine, où s'exprimerait l'âme de la Grèce.

Je me suis « embarqué pour Cythère » et je peux affirmer, pour avoir parcouru toutes les régions de cette île, qu'il n'y a là qu'un seul endroit où des arbres majestueux abritent une cascade, qui alimente un bassin où pourraient se plaire les bergers de Watteau. Cette île admirable n'est que landes arides, montagnes ardues, entre lesquelles s'étendent quelques plaines suspendues souvent battues par les vents. J'ai connu Cythère (Kithira) sous un ciel noir, dans une tempête de sable, le soleil couchant lançant des éclairs terrifiants : paysage à la Dürer. Quand on voit du port de Haghia Pelagia se profiler les montagnes du Péloponnèse et le redoutable cap Malée, on comprend que les marins anciens n'avaient guère de mouillages pour aborder cette île dont la plupart des côtes tombent verticalement dans la mer. Strabon[38] nous apprend que les vents contraires rendaient très dangereux le passage du cap Malée, au point que « les négociants venus par mer, les uns d'Italie, les autres d'Asie, se félicitaient de pouvoir renoncer au passage par le cap Malée, en venant décharger leur cargaison à Corinthe ».

La navigation en mer Egée était difficile et dangereuse. Que penserait-on de celui ou de celle qui dirait que c'était une navigation sur la rivière enchantée ?

Retenons les grandes leçons que la Grèce antique a données au monde et qui sont le fondement de notre civilisation. L'alliance d'une culture du corps et d'une culture de l'esprit est une conception à laquelle on ne peut que souscrire et dont on ne peut sourire. Mais sachons que ceux qui ont bâti cette philosophie ne l'ont pas transcrite dans les faits. C'était un effort constant mais joyeux, parce qu'il mesurait la distance entre ce que les Grecs étaient et ce qu'ils voulaient être, mais aussi parce qu'il témoignait de la confiance qu'ils avaient dans la nature humaine. Étudier la Grèce en sa vérité, ce n'est pas s'asseoir sur un tapis volant et regarder d'en haut les événements et les réalisations des hommes. Ce sont nos illusions qui doivent s'envoler si nous voulons comprendre les leçons de la Grèce. Tout le reste n'est que littérature.

La *paideia* eut le mérite d'unir grâce à l'idéal olympique les générations des pères et des fils. En créant des Jeux pour les enfants et en les calquant sur ceux des adultes, on donnait aux enfants une idée plus précise des efforts et des exploits de leurs pères et on les associait dans un effort commun.

38 Strabon, *Géographie*, Les Belles Lettres, Paris, 1966-89, VIII, 6, 20.

Chapitre V
Unir les générations

Pères et fils

La victoire olympique d'un père était un honneur pour lui-même et pour sa cité, mais c'était aussi un sujet d'orgueil pour son fils. Inversement la victoire d'un fils faisait la joie de son père. Sophocle[1] a bien résumé la situation, déclarant : « Est-il pour les enfants plus grand sujet d'orgueil que les succès d'un père, comme pour un père ceux de ses enfants ? ».

Mais avant d'arriver à cette admiration mutuelle, quels étaient, dans l'Antiquité, les rapports d'un fils avec son père ? N'oublions pas que ce père était plus de deux ans sur trois le grand absent de la maison, dont le gouvernement est assuré par la mère, toujours au foyer.[2] Comme, à Athènes, pour ne prendre que cet exemple, le citoyen était appelé à faire la guerre de dix-neuf à quarante-neuf ans, les dix années suivantes constituant la réserve et comme la longueur de la vie humaine était d'environ quarante-cinq ans en moyenne, on peut dire que le fils ne pouvait guère fréquenter son père longtemps.

Heureusement (ou malheureusement) toute la première éducation du fils ne relevait pas directement de son père. Cette familiarité, cette complicité du père et de son garçon, depuis la naissance même, est un des acquis de la civilisation moderne dans la mesure où la famille, le métier, les contraintes de la vie actuelle, permettent cette familiarité quotidienne. Rien de tel dans l'Antiquité grecque.

De sa naissance à sa dixième année environ l'éducation de son fils ne relève pas du père. Jusqu'à sept ans l'enfant reste dans sa famille et dans la compagnie des femmes. Le bébé est alors petit enfant (*paidion*), et il est enfant (*pais*) de sept ans à quatorze ans, enfin adolescent (*meirakion*) de quatorze ans à l'âge de l'éphébie qui varie selon les cités mais se place entre quatorze et vingt et un ans.

Cette succession de trois périodes de sept ans remonterait à Hippocrate, selon l'*Onomastikon* de Pollux de Naucratis, grammairien vivant env. 180 apr. J.-C. Selon Aristote[3] dans sa toute première enfance, le petit bébé doit être habitué à remuer ses membres et à supporter le froid. Le philosophe va jusqu'à citer en exemple les Barbares plongeant les nouveau-nés dans une rivière bien froide ou ne leur mettant comme chez les Celtes que peu de vêtements. Ce n'était pas les pères qui pratiquaient cette thérapie de choc, mais les mères ou les nourrices. Après cette première enfance (*prôtèn èlikian*) les trois ans qui suivaient étaient sous le contrôle du *pédonome*.[4] C'étaient des magistrats propres à l'oligarchie qui surveillaient la décence du comportement des enfants et des jeunes.[5] Les pères confiaient cette première formation à ces inspecteurs de l'éducation qui, selon Aristote, surveillaient les jeux,

1 Sophocle, *Antigone*, dans *Tragédies*, t. I (révisé par J. Irigouin), Les Belles Lettres, Paris, 1955, 703–4.

2 A. Bernand, *Guerre et violence dans la Grèce antique*, Hachette Littératures, Paris, 1999, p. 214-6.

3 Aristote, *Politique* (trad. et éd. J. Aubonnet), Les Belles Lettres, Paris, 1960, VII, 1335.

4 *Ibid.*, VII, 1336.

5 Commentaire de J. Aubonnet à Aristote, *Politique, op. cit.*, p. 318-9.

supportant les cris des enfants et leurs pleurs bruyants et veillaient à l'emploi du temps, faisant en sorte que les enfants soient le moins possible avec les esclaves et évitent les mauvais exemples et les peintures ou représentations indécentes. Platon ne disait pas autre chose, quand il préconisait[6] : « On ne saurait devenir homme de bien si dès l'enfance on ne joue pas au milieu de belles choses et si on ne s'applique pas à toutes les belles études ». Dans *Les Lois*[7] Platon pose le principe d'une éducation droite : « Une éducation droite ne peut faillir à se montrer capable de donner, aux corps et aux âmes, toute la mesure possible de beauté et de bonté ».

Quand l'enfant était en âge d'aller à l'école, il était instruit par le *didaskalos,* c'est-à-dire le maître d'école. Le père, ni la mère, ne s'occupait pas de ces tâches, sources possibles de conflits familiaux. C'était un serviteur appelé pédagogue (*paidagôgos*) qui, comme le nom l'indique, « conduisait l'enfant » à l'école et ce mentor souvent muni d'un long bâton ne plaisantait pas. Aristophane a fait décrire par le Raisonnement Juste le cortège des enfants se rendant à l'école[8] :

> D'abord il ne fallait pas qu'on entendît un enfant souffler le moindre mot ; ensuite on voyait marcher dans la rue en bon ordre pour se rendre chez le maître de musique tous ceux d'un même quartier, sans manteau et en rangs serrés, neigeât-il dru comme farine. Là on leur apprenait avant tout un chant, tandis qu'ils tenaient les cuisses écartées,[9] ou bien « O Pallas, de cités destructrice terrible » ou bien « Un son qui porte loin », soutenant le mode transmis par leurs pères. Si l'un d'eux faisait le bouffon ou se permettait quelque inflexion dans le genre de celles aujourd'hui à la mode d'après Phrynis, si pénibles à moduler, il était roué de coups pour vouloir abolir les Muses.

Contrairement au *didaskalos* mal payé et mal considéré le maître de gymnastique, le *pédotribe* (*paidotribès*) jouissait d'un salaire et surtout d'un statut. Véritable éducateur, il connaissait toutes les difficultés des sports traditionnels comme les décrivent, au IIIe siècle apr. J.-C., les Philostrates (*Gymnastique* 28-42). C'était ce maître de gymnastique et non pas le père qui enseignait les bonnes manières aux jeunes garçons[10] :

> Chez le pédotribe il fallait qu'assis les enfants allongeassent la cuisse de manière à ne rien montrer de choquant à ceux du dehors ; puis, quand on se relevait on devait aplanir le sable et ne pas laisser aux amoureux une empreinte de sa virilité. Pas un enfant ne se frottait d'huile au-dessous du nombril de sorte que sur ses organes fleurissait un frais et tendre duvet comme sur des coings. Aucun avec de molles inflexions de voix n'approchait son amant en se prostituant lui-même par les yeux. Jamais il n'eût été permis au dîner de se servir de la tête du raifort ni de dérober aux personnes plus âgées de l'aneth ou de l'ache, ni d'être gourmet ; ni de rire en gloussant, ni de croiser ses jambes.

6 Platon, *République*, dans *Œuvres complètes*, t. 7 (trad. A. Diès et E. Chambry), Les Belles Lettres, Paris, 1931-34, VIII, 558.
7 Platon, *Les Lois*, dans *Œuvres complètes*, t. 12 (trad. A. Diès et E. des Places), Les Belles Lettres, Paris, 1968, VII, 788.
8 Aristophane, *Les Nuées*, dans *Théâtre complet*, t. 1 (trad. et éd. V. H. Debidour), Gallimard, Paris, 1965, 963-72.
9 *Ibid.*, p. 280. V. H. Debidour traduit : « sans se ratatiner sur leur séant ».
10 *Ibid.*, 973-83.

Un jeune athlète s'entraîne avec un ballon. Relief de marbre, conservé au musée national archéologique d'Athènes.

Le pédotribe n'était pas à l'abri des tentations sexuelles, comme le prouvent par exemple des épigrammes de Straton de Sardes, poète de la première moitié du IIe siècle de notre ère.[11] J'ai cité l'une d'elles dans *Guerre et Violence dans la Grèce antique.*[12] Je citerai donc l'autre ici[13] :

> Quand tu lui cries : « Empoigne à bras le corps, bascule, ceinture, pousse fort, tombe dessus, tiens bon », y penses-tu, Diophante, à peine suis-je capable, moi, d'accomplir tous ces exercices ! La lutte des garçons, c'est tout autre chose. « Laisse-toi secouer, reste ferme, Cyris, et si l'on te rentre dedans, tiens le coup ». Qu'il apprenne à coopérer avant d'opérer.

Ces textes jouent sur le double sens des mots désignant à la fois les prises de la lutte et les positions érotiques. Comme on sait que le verbe *tribein* (exercer) est employé aux sens obscènes de « baiser » et de « frotter », je laisse deviner le sens qu'on pouvait donner à ce verbe et l'étymologie de pédotribe.

Quand le garçon était en âge de fréquenter le gymnase une surveillance supplémentaire était alors exercée par le gymnasiarque, « chef du gymnase » *(gymnasiarchos)*, notable généralement riche et honorable. Pour exercer cette magistrature il fallait avoir au moins quarante ans, âge censé mettre le personnage à l'abri des tentations dans ce milieu fréquenté par tant de jeunes et beaux garçons, habillés de leur seule beauté.

Comme les lieux d'entraînement gymnase et palestre étaient publics, le gymnasiarque avait la charge d'éviter les entreprises de séduction de visiteurs plus intéressés aux sportifs qu'aux sports. Socrate et ses amis ne venaient pas au gymnase pour s'exercer mais pour faire des rencontres. Au IVe siècle, des « contrôleurs de la sagesse » (*sôphronistai*), au nombre de dix élus à raison d'un par tribu, veillaient à la bonne tenue des jeunes gens.

Platon qui voyait surtout dans l'éducation un moyen de faire de bons soldats et qui était admirateur de l'éducation spartiate était partisan de règles militaires, renforçant le contrôle des pères exercé sur les jeunes gens. Platon au début du *Lachès*[14] nous montre deux pères de famille venus consulter Socrate sur l'éducation de leurs fils, la leur ayant été négligée. Ils déclarent : « Nous en faisons reproche à nos pères qui nous ont laissé la bride sur le cou dans notre jeunesse, occupés qu'ils étaient eux-mêmes des affaires des autres ».

Le mirage spartiate

Dans sa *République,* Platon se réfère à l'éducation spartiate pour exposer ce que doit être l'éducation des futurs gardiens.[15] Il faut, selon lui, choisir des jeunes gens moralement forts, les soumettre à des travaux, des souffrances, des luttes, leur faire subir des épreuves terrifiantes, vérifier qu'ils résistent aux tentations et séductions,

11 *Anthologie palatine* (trad. R. Aubreton), Les Belles Lettres, Paris, 1972, XII, 206 et 222 entre autres.

12 *Ibid.*, 222.

13 *Ibid.*, 206.

14 Platon, *Lachès*, dans *Œuvres complètes*, t. 2 (trad. A. Crioset), Les Belles Lettres, Paris, 1921, 179.

15 Platon, *République*, *op. cit.*, III, 16, 7-9. (Le texte est cité par A. Bernand, *Guerre et violence dans la Grèce antique*, Hachette Littératures, Paris, 1999, p. 177.)

Farce enfantine. Skyphos attique à figures rouges. Œuvre de l'atelier du potier Brygos. Provenance inconnue. 500-480 av. J.-C. Sur l'une des deux faces du vase, un enfant, la chlamyde rejetée en arrière dévoilant son corps nu, court en se retournant. De la main droite il tient un cerceau et sa baguette, de la main gauche, une corbeille de fruits. A-t-il dérobé cette corbeille à un solliciteur, ou bien lui a-t-elle été donnée par un admirateur dont il fuit les avances ?

dans l'enfance, la jeunesse et l'âge mûr. On les oblige ainsi à des compétitions, les préparant aux concours futurs.

L'aspect communautaire de cette éducation et l'âpreté de ces épreuves sont soulignés par le tableau que nous fait Plutarque, vantant la formation des jeunes Spartiates. Le rôle du père dans cette formation de son fils est tout au plus celui de témoin.

C'est la cité qui prend en main l'éducation des jeunes gens. Dans la *Vie de Lycurgue,* les repas, moments où les pères auraient pu parler à leurs fils, étaient pris en commun et les repas frugaux n'incitaient guère à les prolonger autour d'un brouet. « Quand un enfant lui naissait, le père n'était pas maître de l'élever » dit Plutarque.[16] Il rapporte que, selon Lycurgue[17] :

> Les jeunes gens qui avaient bonne renommée trouvaient des amants qui s'attachaient à eux ; les aînés de leur côté les surveillaient davantage, se rendaient souvent dans les gymnases et assistaient à leurs luttes et aux échanges de railleries qu'ils s'adressaient entre eux. Et loin de n'exercer qu'un

16 Plutarque, *Lycurgue*, dans *Vies* (trad. R. Flacelière et E. Chambry), Les Belles Lettres, Paris, 1958-83, 16, 1.

17 *Ibid.*, 17, 1.

> contrôle superficiel ils se regardaient tous en quelque manière comme les pères, les surveillants et les chefs de tous les jeunes. Il n'y avait pas un seul instant ni un seul endroit où le jeune homme qui commettait une faute ne trouvât un aîné pour le réprimander et le punir.

Au demeurant on ne pouvait toujours savoir qui était le père, puisque Lycurgue admettait des usages qui visaient seulement à procréer des enfants robustes. Ainsi le mari âgé d'une jeune femme pouvait requérir un jeune homme pour faire à sa femme un enfant «de sang généreux» et un homme pouvait se faire prêter par un mari complaisant sa femme «pour y semer comme dans un terrain fertile et avoir d'elle de bons enfants nés d'un bon sang et d'une bonne race».[18] Ainsi «les enfants n'appartenaient pas en propre à leurs pères, mais étaient le bien commun de la cité».

Contrairement aux mœurs de la plupart des cités grecques, où les femmes étaient tenues loin des gymnases et n'assistaient pas aux Jeux, les jeunes filles spartiates, selon Lycurgue,[19] devaient pratiquer, nues, la course, la lutte, le lancement du disque et du javelot. Dans le plus simple appareil, elles dansaient et chantaient les chants composés pour elles par Alcaman, poète lyrique du VIIe siècle av. J.-C., et appelés *parthenaia*. Ces prestations des jeunes filles étaient un moyen d'exciter au mariage les jeunes gens «qui se sentaient entraînés» comme dit Platon, «par la force contraignante de l'amour, bien différente de celle de la géométrie».

Ces pratiques spartiates indignaient les cités où la femme devait garder décence et retenue. Dans *Andromaque* Euripide fait dire à Pélée, le père d'Achille[20] :

> D'ailleurs le voulût-elle une fille ne saurait être sage à Sparte, où avec les jeunes hommes, désertant leurs maisons, cuisses nues et robes flottantes, elles partagent stades et palestres, mœurs intolérables à mes yeux ! Doit-on ensuite s'étonner si vous ne formez pas de sages épouses !

L'eugénisme recommandé par Plutarque faisait du père un étalon, plus qu'un époux. La communauté des enfants préconisée pour les gardiens par Platon dans *La République*[21] supprimait toute communication entre les fils et les pères, qui s'ignoraient :

> Que les femmes dont il s'agit soient toutes communes à tous les hommes dont il s'agit et qu'aucune ne cohabite privément avec aucun ; que les enfants à leur tour soient communs, et qu'aucun rejeton ne connaisse le générateur qui fut le sien ni aucun générateur, son enfant.

Cette idée de communauté des enfants, que Platon ne réserve qu'aux seuls gardiens, a soulevé chez Aristote les plus vives critiques, notamment au livre II de sa *Politique*. Il considère que la formule de Socrate est ambiguë, car, dit-il[22] :

18 Plutarque, *Lycurgue*, *op. cit.*, 15, 12-4.

19 *Ibid.*, 15, 14-5.

20 Euripide, *Andromaque* (trad. L. Méridier), Les Belles Lettres, Paris, 1927, 595-601.

21 Platon, *République*, *op. cit.*, V, 57.

22 Aristote, *Politique* (trad. et éd. J. Aubonnet), Les Belles Lettres, Paris, 1960, II, III, 2.

Deux jeunes boxeurs de l'époque minoenne.
Fresque de la maison Ouest, à Santorin.

> Chacun appellera le même individu son propre fils ou la même personne sa propre femme, et ainsi pour les biens et tout ce qui lui arrive. Mais en fait ce n'est pas en ce sens que le diront ceux qui ont en commun femme et enfants : ils le feront au sens de « tous collectivement » et non de « chacun d'eux en particulier ».

D'autre part, selon lui,[23] les ressemblances naturelles entre enfants et parents donneront des indices qui permettront de décrypter l'anonymat et des gestes tolérables envers des étrangers seront impardonnables s'il s'agit des parents[24] :

> J'ajoute que si l'on établit une pareille communauté il n'est pas facile d'éviter les inconvénients suivants : par exemple sévices, meurtres involontaires ou volontaires, rixes et outrage, fautes dont aucune n'est tolérable à l'égard d'un père, d'une mère ou de proches parents, comme elles peuvent l'être à l'égard d'étrangers et qui se produisent inévitablement plus souvent entre gens qui ne se connaissent pas qu'entre gens qui se connaissent ; lorsqu'elles ont été commises, on peut entre personnes de connaissance faire les expiations d'usage ; entre inconnus, c'est impossible.

23 Aristote, *Politique*, *op. cit.*, I, 8-9.
24 *Ibid.*, I, 10.

Deux cavaliers nus, ceints de diadèmes à rubans rouges et montant à cru, fouettent leurs chevaux. Vase à figures noires, conservé au British Museum.

Aristote enfin soulève les difficultés de ces transferts d'enfants[25] :

> Transférer les enfants à leur naissance, soit des agriculteurs et des artisans aux gardes, soit de ceux-ci à ceux-là, crée un grand embarras : comment réaliser cela ? Il faut bien que ceux qui donnent et transfèrent ces enfants sachent quels enfants ils donnent et à qui.

Les errements de l'éducation spartiate ou les suggestions de *La République* nous montrent que les enfants grecs avaient besoin d'un encadrement, d'un exemple paternel leur donnant des modèles, des repères. Or précisément la formation olympique leur a indiqué à la fois leur place dans une hiérarchie et un moyen de s'évaluer par rapport à leurs pères.

Sur le grand échiquier des Jeux, la discipline olympique a assigné aux enfants les cases correspondant à leurs âges et à leurs possibilités. Les enfants n'étaient pas livrés à l'anarchie, mais à une hiérarchie des épreuves qui stimulait leur zèle en les rapprochant des adultes. Le goût de la compétition, naturel chez les enfants, était renforcé par le désir de se rapprocher des adultes en faisant des performances de même type que celles de leurs pères. La participation des enfants à ces compétitions les intégrait à la vie officielle et au monde de leurs aînés.

Le mot « enfant » est beaucoup trop vague pour traduire toutes les catégories d'enfants concernés par l'athlétisme antique. Les Spartiates avaient multiplié les distinctions, à la façon du scoutisme moderne distinguant les louveteaux, les éclaireurs et les routiers et répartissant les enfants en unité (*ilai* ou *agélai*) analogues à nos meutes ou à nos troupes. H. I. Marrou a dressé le tableau des catégories, selon les âges.[26]

De la 8e à la 11e année : on aurait quatre ans de « petit gars »	*rôbidas* (le pré-petit gars) *promikkizomenos* (le très-petit gars) *mikkizomenos* (le petit gars) *propais* (le pré-garçon)
De la 12e à la 15e année : quatre ans de « garçon »	*protopampais* (garçon de 1ère année) *atropampais* (garçon de 2e année) *melleirèn* (futur *eirèn*) *melleirèn* (futur *eirèn* de 2e année)
De la 16e à la 20e année : cinq ans d'éphébie (le nom spartiate de l'*éphèbe* étant *eirèn*)	*eirèn* de 1ère année *eirèn* de 2e année *eirèn* de 3e année *eirèn* de 4e année *prôteiras* (*eirèn*-chef)

Quelles que soient les discussions soulevées par ce tableau, il faut retenir cette grille de grades fondée sur l'âge et définissant une hiérarchie.

Ailleurs qu'à Sparte on distingue deux catégories parmi les jeunes gens : le *meirakion*, de quatorze à dix-sept ans, qui est *agéneios* (imberbe) et les éphèbes (de dix-huit à vingt ans), ces classes d'âge pouvant légèrement varier selon les cités. L'éphébie attique correspond à notre service militaire. La *Constitution des Athéniens* (XLII), du pseudo-Aristote, nous en explique le fonctionnement. Laissant de côté les éphèbes, écoutons les éloges que les épinicies (chants de victoire) ont adressés aux enfants.

25 Aristote, *Politique*, *op. cit.*, I, 18.

26 H. I. Marrou, *Histoire de l'éducation dans l'Antiquité*, éditions du Seuil, Paris, 1965, pp. 53-4 et p. 516, note 26. Nous reproduisons son tableau et ses remarques.

Les enfants victorieux

Pindare et Bacchylide ont célébré des victoires d'enfants. Dans une très belle ode, évoquant le paysage d'Olympie, Pindare célèbre le jeune Alkimédôn, d'Egine, vainqueur au concours des garçons, à la lutte, dont le frère, Timosthène, avait triomphé à Némée[27] :

> Allons, enceinte sacrée de Pise, rives de l'Alphée, ombragées de beaux arbres, accueillez cette procession triomphale ! Grande éternellement est la célébrité de qui reçoit votre éclatante récompense. Les biens se partagent diversement entre les hommes et il y a, les Dieux aidant, plus d'une voie de la félicité.
>
> Timosthène, le destin vous a placé sous la tutelle de Zeus ; Zeus est le père de votre race. Zeus t'a couvert de gloire à Némée et au pied de la colline de Cronos il a donné à Alkimédôn la victoire olympique. La beauté d'Alkimédôn a excité l'admiration et ses exploits n'ont pas démenti sa beauté. Vainqueur à la lutte, il a fait proclamer le nom de sa patrie, Egine aux longues rames, où l'assistante de Zeus hospitalier, Thémis Salutaire, est honorée.

La Xe *Olympique* célèbre Agésidamos, Locrien Epizéphyrien, vainqueur au pugilat des garçons. La XIVe *Olympique* chante la victoire d'Asôpichos d'Orchomène, vainqueur au stade des garçons, dont la gloire sera annoncée par Écho à son père dans la tombe[28] :

> C'est Asôpichos que, sur le mode lydien, en mes vers savants, je suis venu chanter, puisque la Minye (la ville des Minyens) est olympionique grâce à toi ! Mais maintenant, Écho, va jusqu'à la demeure de Perséphone, jusqu'à ses sombres murs, porte au père de cet enfant le glorieux message ! Va trouver Cléodamos et dis-lui que Thalie, dans les vallons illustres de Pise, a mis sur la jeune chevelure de son fils, la couronne ailée des nobles victoires.

La Xe *Pythique* est consacrée à Hippocléas, Thessalien, vainqueur à la double course (*diaulodromon*) des garçons. C'est dans le vallon du Parnasse, c'est-à-dire à Delphes, qu'il a remporté la victoire. Mais à Olympie son père Phrikias avait gagné à la course en armes (*hoplitodromos*). Cette épinicie nous donne un bon exemple de cette émulation du fils avec son père, l'amour de la gloire liant l'un à l'autre.

La XIe *Pythique* chante Thrasydée, Thébain, vainqueur au stade des garçons, qui à Delphes « a ravivé la mémoire du foyer paternel, qu'il a enrichi d'une troisième couronne ». Ici encore le regard croisé du fils et du père les associe dans une même quête de la gloire.

Dans la IIe *Néméenne*, en l'honneur de Timodème, fils de Timonoos, d'Acharnes, vainqueur au pancrace, Pindare souhaite que ce champion triomphe aux Jeux isthmiques et aux Jeux pythiques. Il rappelle dans la cinquième strophe que les descendants de Timodèmos ont remporté déjà de nombreuses couronnes et ont accumulé les victoires : quatre victoires aux Jeux pythiques, huit aux Jeux olympiques, sept aux Jeux néméens. On constate que les fils suivaient l'exemple donné par leur père.

La IVe *Néméenne* chante la victoire à la lutte, aux concours des garçons, de Timasarque d'Egine. Son père, Timocrite, habile citharise, est mort et n'a pu voir la victoire de son fils. Pindare tient à montrer que dans des disciplines très différentes père

Statue d'Antinoos, en marbre. Provient de Delphes, peu après 138 apr. J.-C.

27 Pindare, *Olympiques* (trad. A. Puech), Les Belles Lettres, Paris, 1970, VIII, 12-29.

28 Pindare, *Olympiques*, *op. cit.*, XIV, 25-35.

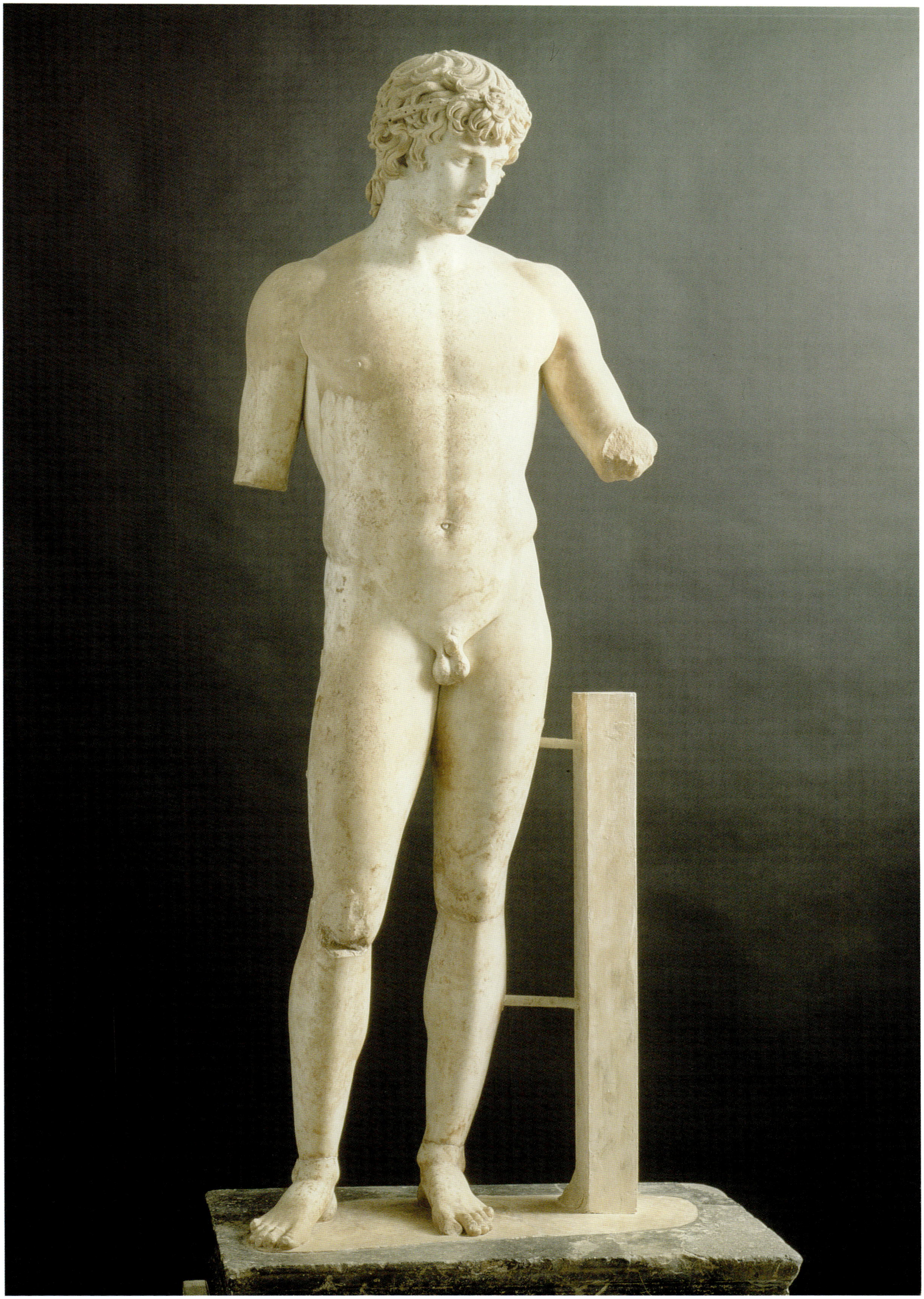

et fils étaient à l'unisson. L'oncle maternel de Timasarque, Calliclès, avait été vainqueur à l'Isthme. Ainsi les Théandrides, nom de la famille à laquelle appartient Timasarque, ont donné l'exemple aux plus jeunes.

La Ve *Néméenne* est consacrée à Pythéas d'Egine, pancratiaste vainqueur dans la catégorie des imberbes *(agéneioi)* qui était, comme on le sait, intermédiaire entre celle des jeunes garçons *(paides)* et celle des hommes faits *(andres)*. Euthymédès, oncle maternel de Pythéas, avait gagné une couronne à Egine et le grand père, Thémistios, avait gagné à Epidaure deux couronnes qui étaient déposées dans le portique du sanctuaire d'Eaque. La victoire, on le voit, était souvent une affaire de famille. La XIIIe épinicie de Bacchylide célèbre cette même victoire de Pythéas.

La VIe *Néméenne* célèbre Alcimidas d'Egine, lutteur, vainqueur au concours des *paides*. Dans la première antistrophe Pindare use d'une formule qui montre bien le rôle de la famille dans la production des champions : « Voici qu'Alcimidas nous prouve que la vertu de l'hérédité est pareille aux champs fertiles ». Théon le père d'Alcimidas n'est pas nommé, mais le grand-père Praxidamas, appartenant à cette famille des Bassides, fut vainqueur une fois à Olympie, cinq fois à l'Isthme, trois fois à Némée, « Il n'est aucune autre maison dans toute l'étendue de la Grèce, remarque Pindare, à laquelle le pugilat ait permis de mettre en ses trésors un plus grand nombre de couronnes ». C'est encore un *pais* Sogénès d'Egine qui est vainqueur au pentathle des garçons, nous apprend la VIIe *Néméenne*. Ni son père ni aucun de ses ancêtres n'avaient obtenu de couronne.

En célébrant le lutteur Théaios d'Argos dans la Xe *Néméenne* Pindare ne manque pas de citer ses succès fort nombreux à Delphes, à l'Isthme et à Némée et consacre la troisième triade à évoquer les victoires aux Jeux de sa famille maternelle : quatre fois à l'Isthme, et dans de nombreuses fêtes locales. « Aussi n'est-ce point merveille que cette famille produise héréditairement de bons athlètes. »

De tous ces chants de victoires, il ressort que la gloire acquise aux grands Jeux met en cause non seulement le vainqueur, mais aussi sa famille. On était champion non pas de père en fils, mais en tant que rejeton d'une famille de vainqueurs.

Le poète Bacchylide de Kéos, neveu par sa mère du poète Simonide et contemporain de Pindare, mais plus jeune que lui, aurait vécu de 507 environ à 430 environ.[29] Sur les quatorze épinicies plus ou moins intactes qu'il a composées, six sont consacrées à des enfants vainqueurs aux Jeux. Dans ces textes encore, le regard croisé des pères et des fils les engage à cette émulation qui unit père ou grand-père ou parents dans cet effort pour illustrer la famille par des victoires aux Jeux. Pour Bacchylide, la célébration par une ode triomphale de victoires d'enfants semble un thème de prédilection. Son oncle Simonide de Kéos avait souvent traité ce thème et avait composé tant d'épinicies que les éditeurs alexandrins durent les classer en sept livres, d'après les épreuves des Jeux concernés.

La Ire *Épinicie* très mutilée a été composée pour Argeios de Kéos, enfant vainqueur au pugilat aux Jeux isthmiques. Le poète l'appelle « Argeios au bras fort, avec un cœur de lion », mais le texte est si lacunaire qu'on n'en apprend pas plus. La IIe épinicie réduite à une triade évoque « le combat des bras intrépides » mené par le garçon, et rappelle les soixante-dix victoires aux Jeux antérieures à celle d'Argeios. La VIe *Épinicie*, qui ne comporte que deux strophes, chante la victoire de Lachôn de Kéos,

29 Selon J. Duchemin et L. Bardollet dans Bacchylide, *Dithyrambes, Épinicies, Fragments*, Les Belles Lettres, 1963, pp. x-xi

Champion aux Jeux isthmiques.

enfant (*pais*) à la course du stade aux Jeux olympiques. Ce garçon « au pied rapide comme le vent » s'inscrit dans la longue série des victoires remportées par les Kéens. La VIIe *Épinicie* très mutilée s'adresse au même enfant. Il est possible mais non certain qu'un certain Chairolas cité dans l'ode ait été son grand-père. La XIe *Épinicie* est composée pour Alexidamos de Métaponte, cité de Grande-Grèce voisine de Sybaris. Dans la catégorie des *paides* cet « enfant admirable de Phaïskos », comme dit le poète, a été vainqueur à la lutte aux Jeux pythiques. Il a été honoré par la *phyllobolia*.

« Nombreuses autour d'Alexidamos tombèrent les couronnes de fleurs dans la plaine de Kirrha pour sa puissance à la lutte et sa complète victoire. » Précédemment aux Jeux olympiques cet enfant avait été victime d'un accident, sans doute provoqué par un jaloux qui l'avait frustré de la couronne la plus prestigieuse.

Dans la XIIIe *Épinicie*, nous retrouvons Pythéas d'Egine vainqueur au pancrace, dans la catégorie des imberbes (*agéneioi*) aux Jeux néméens, en l'honneur duquel Pindare avait écrit la Ve *Néméenne*. Évoquant les couronnes de fleurs, les chants de fête, les chœurs de jeunes filles, Bacchylide rappelle que la gloire athlétique fait aussi le contentement d'une fière jeune fille et rejaillit sur toute la famille. Dans l'antistrophe 2, il évoque, notation rare, cette fiancée de Pythéas :

> Ta [renommée] fait aussi le contentement d'une fière jeune fille..., à pas pressés, comme une jeune biche, ignorant la douleur, qui saute, légère, sur les [collines] toutes fleuries, avec les très illustres [compagnes] qui demeurent près d'elle. Et ces vierges couronnant de fleurs pourprées et de roseau la fête du pays, célèbrent par leurs chants [ta gloire], maîtresse d'un [sol] à tous hospitalier.

Ces textes nous rappellent qu'un vainqueur ne triomphe pas seul. C'est toute sa parenté qui se sent galvanisée par sa victoire. La solitude de l'enfant grec est rompue par ces exercices qui sont, « mutantis mutandis », ceux qu'il a appris chez son pédotribe et qu'il met en œuvre pour la joie de tous les siens. La joie des Jeux c'est aussi ce bonheur de la famille. Ce n'est pas la haine de l'adversaire qu'on apprenait aux jeunes, mais le désir d'être le meilleur en ces joutes officielles.

Le pédotribe essayait d'inculquer à ses élèves un idéal, non pas de « vertu », comme on traduit trop souvent le mot *arétè*, mais de « valeur ». Le terme signifie aussi courage, comme le dit Tyrtée, poète spartiate du temps de la seconde guerre de Messénie (env. 650 av. J.-C.) [30] :

> Je ne jugerais pas un homme digne de mémoire ni ne ferais cas de lui pour sa seule valeur dans la course à pied ou la lutte, fût-il grand et fort comme les Cyclopes, plus rapide qu le Thrace Borée, plus beau que Tithon, plus riche que Midas ou Cinyras, plus puissant que le fils de Tantale, le roi Pélops, sa langue fût-elle plus douce que celle d'Adraste, possedât-il toute espèce de gloire, s'il n'a pas la valeur militaire, s'il n'est pas homme à tenir bon dans la bataille... : c'est là la vraie valeur, *arétè*, c'est là le plus haut prix qu'un homme puisse obtenir parmi les hommes ; c'est un bien communautaire utile à la cité et au peuple tout entier que chacun bien campé sur ses deux jambes tienne bon en première ligne chassant de son cœur toute idée de fuite.

30 Tyrtée, *Fragments*, 10, 1-3 ; 12, 1-10 ; 13-8. Cités par H. I. Marrou, *op. cit.*, p. 48, et notes 7-9 p. 514.

À cette valeur guerrière l'éducation grecque a joint un idéal beaucoup plus exigeant communautaire lui aussi mais surtout plus complet, car il tient compte de tous les prestiges qui font la grandeur d'une cité grecque : respect des règles et des lois, adhésion à tout ce qui donne sens à la vie du citoyen, recherche de la perfection et de la performance. Pour ne citer qu'un seul texte, j'évoquerai ici l'épigramme funéraire provenant d'Hermoupolis Magna (Touna el-Gebel) en Égypte[31] où le pédotribe Hermokratès, fils d'Hermaios, rappelle son rôle au gymnase dans l'éducation des jeunes gens « lui qui couronnait bien des éphèbes vainqueurs chaque année ». Ce texte de la fin du IIe siècle ou du début du IIIe siècle apr. J.-C. en un pays étranger traduit l'orgueil du professeur fier d'avoir formé de nombreux élèves et ayant conscience d'avoir mis son talent au service d'un intérêt collectif, celui de la défense et illustration de la civilisation du gymnase. Cet enseignement et cet entraînement aux futures compétitions étaient une leçon de civilisation grecque.

Ainsi s'est transmis, de génération en génération, pour les fils la fierté de prendre exemple sur les pères ou inversement pour les pères la joie de se féliciter du succès de leurs fils. L'union des familles dans la poursuite de la gloire agonistique pesait d'un grand poids. À tel point que les Grecs n'admettaient pas que des Barbares pussent venir concourir même s'il existait dans leur pays une tradition de compétitions sélectives. C'était le cas en Égypte, où Alexandre, plus tard surnommé « le Grand », se vit contester le droit de prendre part aux Jeux. Hérodote nous a raconté cet incident[32] :

> Les descendants de Perdiccas sont-ils des Grecs, comme ils le disent ? Je suis personnellement en mesure de l'affirmer, et je montrerai d'ailleurs plus loin qu'ils sont bien de race grecque. De plus les Hellanodices chargés d'organiser les Jeux Olympiques ont été de cet avis : en effet lorsque Alexandre voulut participer aux Jeux et se présenta dans l'arène, ses concurrents grecs, à l'épreuve de la course, alléguèrent pour l'écarter que seuls les Grecs pouvaient prendre part au concours ; mais Alexandre en prouvant qu'il était Argien se fit reconnaître pour un Grec, prit part à la course du stade et toucha le but en même temps que son rival. Voilà, paraît-il, comment les choses se passèrent.

Hérodote se couvre sous une rumeur, ne voulant pas prendre à son compte l'authenticité de cette anecdote. Il faut dire du reste que le nom Alexandre ne figure pas dans les listes de vainqueurs peut-être parce qu'il était *ex-æquo*. On a là un bel exemple de cette forme de racisme dont les Grecs ne se cachaient pas.[33]

L'entraînement et la participation aux Jeux olympiques et autres étaient donc le fait d'une élite soutenue par l'exemple des pères ou des parents, et réservés aux familles de souche grecque. On voulait bien que s'unissent les générations mais non pas les populations de tous les pays. Ces réticences nous semblent aujourd'hui inconcevables quand on voit la multiplicité d'origine des membres des équipes nationales. Elles nous conduisent à nuancer nos éloges des bienfaits des Jeux dans l'Antiquité.

31 Texte publié et commenté par E. Bernand, *Inscriptions métriques de l'Égypte gréco-romaine*, Les Belles Lettres, Paris, 1969, p. 22.

32 Hérodote, *Histoires* (trad. A. Barguet), La Pléiade, Paris, 1964, V, 22.

33 Voir A. Bernand, *Leçon de civilisation*, Fayard, Paris, 1994.

2

LA PRATIQUE DES JEUX

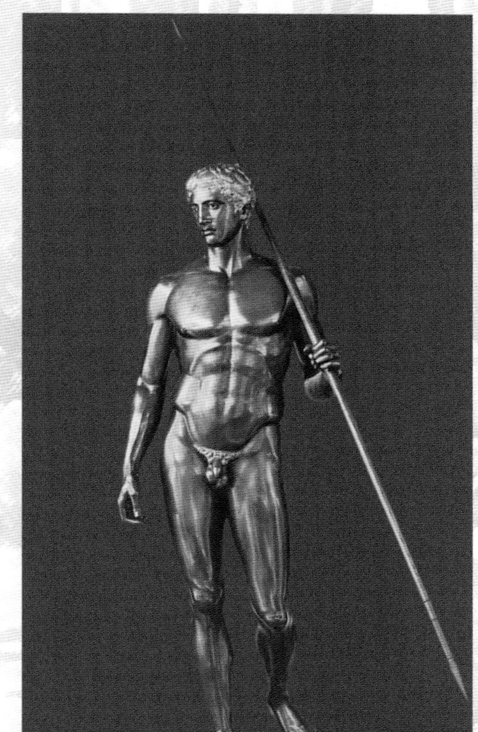

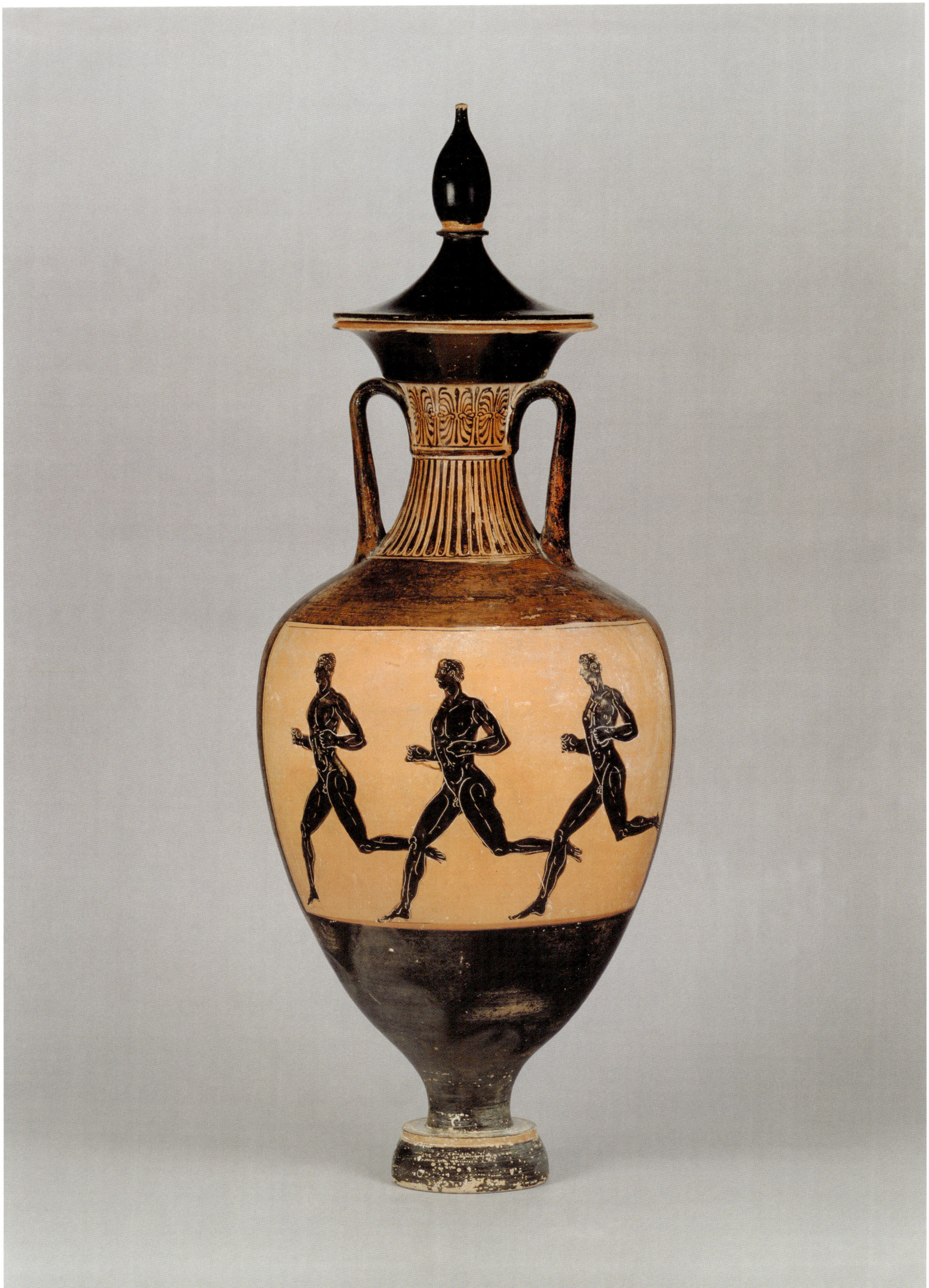

Chapitre VI
Le rituel des Jeux

Le déroulement des Jeux se passait dans une atmosphère sacrée que la conscience moderne a de la peine à imaginer. Participer aux Jeux était une démarche religieuse et il ne faut pas prendre à contresens la déclaration de Thucydide (II, 38) : « Nous avons assuré à l'esprit des délassements : nous avons des concours (*agônès*) et des sacrifices (*thusiai*) toute l'année ».

À la vérité ces manifestations, qu'elle fussent culturelles ou physiques, représentaient des hommages rendus aux dieux. D'abord parce que la destinée de l'homme, ses malheurs comme ses réussites, était considérée comme le résultat de la volonté divine. Ensuite parce que des mythes religieux expliquaient la fondation des sanctuaires et des concours. Ainsi pour ne considérer que les Jeux d'Olympie, les épreuves remontaient à la décision d'Oenomaos, roi de Pise, d'imposer une épreuve de char aux prétendants de sa fille. Le roi en sortait toujours vainqueur grâce aux chevaux divins qui étaient un cadeau de son père Arès. Mais Pélops, un des prétendants, fut vainqueur en cette course grâce à l'amour d'Hippodamie qui, éprise de Pélops, s'assura l'aide du cocher du roi, du nom de Myrtilos. Il sabota l'essieu du char d'Oenomaos, en remplaçant les chevilles des roues du char du roi par des chevilles de cire qui ne tardèrent pas à céder. Débarrassée de son père qui, disait-on, était amoureux d'elle, Hippodamie épousa le beau Pélops qui avait été l'échanson et l'éromène de Poseïdon, ce qui ne l'empêcha pas d'avoir de nombreux enfants d'Hippodamie. Ces mythes édifiants attachent le nom de Pélops à la fondation des Jeux olympiques. Tombés un temps en désuétude ces Jeux auraient été rénovés par Héraklès en souvenir et en l'honneur de Pélops. Héraklès aurait délimité l'enceinte du sanctuaire d'Olympie et refondé les Jeux après avoir nettoyé les écuries d'Augias, roi d'Elide, en détournant le cours du fleuve Alphée.

Pour tous les autres sanctuaires où l'on célébra des Jeux, la mythologie vient associer les dieux à l'institution de ces compétitions. C'est pourquoi la religion tient une telle place dans l'organisation des Jeux. Ce ne sont pas seulement des règles, mais aussi des rites qui définissent les grands moments de la célébration des Jeux.

Le serment olympique

Le serment olympique était une cérémonie particulièrement importante et qui créait un climat de solennité, de sobriété, de sérénité. Sur le serment olympique nous disposons des précisions que donne Pausanias, historien dont l'œuvre a été rédigée dans le troisième quart du second siècle apr. J.-C. Il est donc contemporain des grands empereurs que furent Trajan, Hadrien, Antonin, Marc-Aurèle. Vu la permanence des rituels religieux et compte tenu de certaines variations qui ont pu survenir depuis l'époque classique Pausanias nous permet d'imaginer la cérémonie du serment et les phases de la célébration des Jeux. Il décrit ainsi, dans *Description de la Grèce,* le serment olympique[1] :

1 Pausanias, *Description of Greece* (trad. anglaise de W. H. S. Jones), Heinemann, Londres, 1988, V, 24, 9-11.

Photo page précédente :
Le *doryphoros* (porte-lance). Statue de bronze de Polykleitos, canon du parfait athlète, conservée à l'université de Munich.

Trois coureurs de fond. Vase à figures rouges. Conservé au British Museum.

De toutes les statues qui se trouvent dans la salle du Conseil il en est une qui est faite particulièrement pour épouvanter les hommes injustes : c'est le Zeus surnommé Horkios [du serment] ; il tient un foudre dans chaque main. La coutume veut que ce soit auprès de lui que prêtent serment sur les entrailles d'un sanglier les athlètes, leurs pères, leurs frères et en outre les entraîneurs : qu'ils ne se rendront pas coupables au concours d'Olympie d'aucun méfait. Les athlètes ajoutent encore ceci dans ce serment : pendant dix mois de suite ils ont suivi scrupuleusement la totalité des prescriptions relatives à l'entraînement. Prêtent également serment tous ceux qui jugent de l'appartenance à la classe des enfants, ou bien à celle des poulains parmi les chevaux qui concourent ; ils jurent de porter leur jugement en toute justice sans accepter de présents et de garder secrets les motifs qui ont fait accepter un tel ou l'ont fait refuser. L'emploi que l'on fait du sanglier sur lequel ils prêtent serment, selon la coutume en compagnie des athlètes, il ne m'est pas venu à l'idée de le demander, car c'était une coutume, au moins dans les temps anciens, que la victime sur laquelle on avait prêté serment ne fût plus comestible pour l'homme. Et Homère en témoigne aussi bien (*Iliade* XIX, 266-268). Ainsi le sanglier sur les entrailles duquel Agamemnon a prêté serment pour jurer qu'il n'a pas fait entrer Briséis dans son lit, ce sanglier, le poète l'a fait jeter à la mer par le héraut.

« Il dit et d'un bronze impitoyable, il fend la gorge du sanglier,
puis Taltybios, faisant tournoyer le corps, le jette
au gouffre immense de la blanche mer, où il nourrira les poissons. »

Voilà les coutumes du temps jadis. Devant les jambes de l'Horkios il y a une tablette de bronze, un poème y est inscrit, pour inspirer l'effroi aux parjures.

Ce cérémonial décrit si minutieusement par Pausanias donne la mesure de la solennité de ce serment olympique. Car on le retrouve dans beaucoup d'actes officiels de la cité grecque, comme le remarque Anne Jacquemin.[2] Ce serment sur les *tomia* (littéralement les morceaux) d'un sanglier sacrifié rappelle le serment prêté par Héraklès aux enfants de Nélée (Pausanias, IV, 15, 8), au lieu-dit par la suite le Tombeau du Sanglier près de Sténycléros en Messénie sur les premiers contreforts au nord-est du mont Ithôme. On jurait de la sorte à l'occasion des traités, comme le dit Aristophane, (*Lysistrata* 186, 192), dans les procédures anciennes d'élection (Platon, *Lois,* VI, 753 d), lors de l'entrée en fonction des archontes athéniens (Aristote, *Constitution des Athéniens,* LV, 5) : « Après avoir été admis de cette façon à l'examen, les archontes se rendent à la pierre sur laquelle on place les parts découpées des victimes [*pros ton lithon eph'ou ta tomi' estin*] ».

Anne Jacquemin indique que le même serment sur « les morceaux découpés » était prêté lors des procès pour meurtre à Athènes (Antiphon, *Sur le meurtre d'Hérode,* 88 ; Démosthène, *Contre Aristocratès,* 67-69 ; Eschine, *Sur l'ambassade infidèle,* 87). Il s'agit donc d'un acte solennel exécuté dans des circonstances graves, ce qui donne la mesure de l'importance du serment olympique.

On a épilogué pour bien comprendre ce terme de *tomia :* s'agit-il des *splankhna,*

Remise de décoration. Vase à figures rouges. Un homme barbu (à droite), sans doute l'agonothète, attache un ruban rouge autour de la tête du jeune homme souriant, qui porte un long ruban de laine au bras et à la cuisse gauches. Il tient un rameau d'olivier.

2 A. Jacquemin, *Commentaire à Pausanias,* Collection des universités de France, Paris, 1999, V, 24, 9.

c'est-à-dire des viscères, ou peut-être des parties génitales de l'animal ? Le terme *tomia* est trop vague pour qu'on puisse préciser. Un point est sûr c'est que le serment prononcé sur une victime réduite en morceaux était un acte pieux, ce qui explique cette pratique lors du serment olympique.

La discipline olympique

Elle était assurée par un corps de surveillants chargés de prévenir les brutalités ou les irrégularités. Ces juges aux Jeux olympiques étaient chargés de maintenir l'ordre et de prévenir tout conflit. Leur appellation d'*hellanodices* témoigne bien de leur fonction. Comme le dit Pindare (*Olympiques,* III, 22) l'hellanodice veillait « au jugement intègre des grands Jeux et au bon déroulement de la fête quinquennale, près des coteaux divins de l'Alphée ». Cette fonction de « juge des Grecs » était confiée à un collège de plusieurs membres. Le nombre des hellanodices a varié selon les époques, nous dit Pausanias[3] :

> À la quatre-vingt-quinzième Olympiade on institua neuf hellanodices. Les courses hippiques étaient confiées à trois d'entre eux ; il y en avait un même nombre pour le pentathle, et les autres devaient s'occuper du reste des épreuves. Deux Olympiades après on ajouta un dixième aganothète. À la cent troisième Olympiade comme il y avait douze tribus en Elide on établit un hellanodice par tribu. Mais les Eléens furent écrasés à la guerre par les Arcadiens et perdirent une partie de leur territoire ainsi que tous les habitants des cantons dans la région qui leur avait été enlevée. Mais à la cent huitième Olympiade ils revinrent dans la région qui leur avait été enlevée. Ainsi le nombre des tribus fut ramené à huit, lors de la cent quatrième Olympiade et ils choisirent un nombre d'hellanodices égal à celui des tribus. Mais à la cent huitième Olympiade ils revinrent au nombre de dix ; à partir de cette date il est demeuré tel jusqu'à nous.

Ce texte ne rend peut-être pas compte de certaines modifications de cette charge, mais il permet de comprendre la flexibilité de cette institution et le souci constant qu'avaient les organisateurs d'éviter, en ces jours de fête, toute cause de conflits qui auraient été une offense aux dieux.

Zeus, le dieu d'Olympie, était omniprésent dans le sanctuaire. Pausanias a fait le décompte des statues qui lui étaient consacrées en précisant que c'étaient des offrandes des cités reconnaissantes. La présence du maître des lieux et des Jeux rappelait à tous les participants que leurs compétitions devaient être des offrandes aux dieux.

À vrai dire les représentations sculptées sur les frontons du temple de Zeus nous apparaissent comme des mises en garde contre les violations de ces luttes franches et loyales que devaient être les Jeux. En effet le fronton oriental du temple de Zeus met en scène les préparatifs de la course de chars opposant Oenomaos et Pélops. Ce dernier, comme on l'a vu, ne gagne la course que par une violation de l'idéal olympique, puisque la course est truquée et que le résultat n'est acquis que par un attentat. La figure monumentale de Zeus placée au milieu du fronton donne au dieu

L'enlèvement de Ganymède par Zeus. Statue de terre cuite, au musée d'Olympie.
© Musée d'Olympie

3 Pausanias, *op. cit.*, V, 9, 5-6.

un rôle de juge ou de justicier. Le fronton occidental représente les violences commises par les Centaures ivres qui voulurent enlever les femmes et les jeunes garçons lors des noces de Pirithoos, l'ami de Thésée, et de Deidamie, fille d'Atrax, roi des Lapithes. Comme l'écrivit Mathurin Régnier : « Où les Centaures saouz, au bourg Atracien / Voulurent, chauds de rains, faire noce de chien ». Ici encore c'est la force brutale, débridée, déchaînée qui s'exprime sans retenue, sous les yeux d'Apollon. On est loin de la joie des Jeux.

Les métopes intérieures du temple de Zeus sont aussi une exaltation de la force, puisqu'elles représentent, selon la chronologie légendaire, les douze travaux d'Héraklès : la lutte d'Héraklès et du lion de Némée, son combat contre l'hydre de Lerne, sa chasse contre les oiseaux du lac Stymphale, sa victoire sur le taureau de Crète, sa capture de la biche de Keryneia, son coup de massue vainqueur sur l'Amazone Hippolytè, sa chasse du sanglier d'Erymanthe qu'il rapporte vivant à Eurysthée, son domptage de la jument de Diomède, son meurtre du géant Géryon, sa quête des pommes des Hespérides, sa capture du monstrueux Cerbère, son nettoyage des écuries d'Augias. Tous ces exploits sont des luttes à mort, mais ils illustrent et exaltent la prouesse, l'acceptation du danger, la recherche de la gloire, toutes ces valeurs dont les Jeux ont fait un idéal. C'est pourquoi Héraklès sera avec Hermès un des protecteurs des gymnases, comme de nombreuses inscriptions l'indiquent.

Le calendrier des Jeux

Il obéissait à un ordre rituel cherchant à préserver le rôle de chacun des grands sanctuaires panhélléniques. Les Jeux olympiques, qui étaient les plus prestigieux, avaient lieu tous les quatre ans. La fête était dite *pentaétéride*, parce qu'elle se célébrait après quatre ans révolus, la troisième année de chaque olympiade. Les Jeux pythiques avaient lieu de même tous les quatre ans, la troisième année de l'olympiade, au second mois du calendrier delphique, *Boukatios,* qui correspondait au mois attique *Metageitniôn* (août-septembre), c'est-à-dire en plein été. Les Jeux isthmiques et néméens avaient lieu tous les deux ans, en alternance avec ceux d'Olympie et de Delphes. Ainsi ni Apollon, qui régnait à Delphes, ni Poseïdon maître de l'Isthme, ni le Zeus de Némée ne pouvaient s'offenser, d'autant que la plus grande renommée était attachée aux athlètes vainqueurs dans la *période*, c'est-à-dire à ces quatre Jeux, et portant pour cela le titre de *périodonique.*[4]

Le plus bel exemple de périodonique que l'on puisse citer est celui de Théogénès de Thasos. Jean Pouilloux lui a consacré une longue étude.[5]

Ce personnage est surtout connu par des témoignages de Pausanias. En VI, 6,5 le périégète raconte brièvement les démêlés du Thasien avec son rival Euthymos et les hellanodices. Pausanias conte l'histoire de Théogénès et ses nombreuses victoires.[6] Le texte est long, mais mérite d'être cité en son entier.

> Non loin des rois que je viens de nommer se dresse la statue de Théogénès, fils de Timoxénos de Thasos. Au dire des Thasiens Théogénès n'est pas le fils de Timoxénos, mais Timoxénos était prêtre d'Héraklès Thasien et ce

Héraklès projetant le lion de Némée. Amphore à figures rouges, env. 520 av. J.-C.

4 La liste des périodoniques a été établie par R. Knab, *Die Periodoniken, ein Beitrag zur Geschichte der gymnischen Agone an den 4 griechischen Hauptfesten*, (thèse), Giessen, 1934.

5 J. Pouilloux, *Recherches sur l'histoire et les cultes de Thasos*, De Boccard, Paris, 1954, I, II, pp. 62-105.

6 Pausanias, *op. cit.*, VI, 11, 2-9.

dieu prit la forme de Timoxénos pour s'unir à la mère de Théogénès ; selon la tradition thasienne l'enfant avait neuf ans quand, revenant de classe chez lui, il fut séduit par la statue d'un des dieux qui se trouvaient sur l'agora ; il l'arracha de sa base, la mit sur son épaule et l'emporta avec lui. Cette action souleva la colère publique, mais l'un des notables, homme âgé de surcroît, s'interposa et ne laissa pas condamner l'enfant à mort ; il lui ordonna seulement de rapporter la statue de chez lui à l'agora ; ce qu'il fit. De ce jour grande fut la gloire que lui valut sa force et la Grèce entière avait retenti de son exploit. Les succès les plus notables de Théogénès au concours olympique ont déjà fait l'objet de mon récit : comment il remporta une complète victoire sur le boxeur Euthymos ; comment il fut frappé d'une amende par les Eléens. Cette fois ce fut un homme de Mantinée, un certain Dromeus, qui fut vainqueur au pancrace : le premier à notre connaissance qui triompha, dit-on, sans concurrent [*akoniti*]. Mais à l'Olympiade suivante, Théogénès remporta la victoire au pancrace. Il fut aussi trois fois vainqueur à Delphes – les trois fois à la boxe – neuf fois aux Néméennes, dix fois à l'Isthme, tant au pancrace qu'à la boxe. À Phtia de Thessalie, il délaissa la boxe et le pancrace, mais voulut s'illustrer aussi à la course et battit ses concurrents dans les épreuves de fond. C'était, me semble-t-il, pour rivaliser avec Achille qu'il tint à conquérir un titre de champion de course au pays du plus agile des héros. Il fut en tout couronné mille quatre cent fois. Après sa mort l'un de ceux qui de son vivant l'avaient détesté se rendait chaque nuit près de la statue de Théogénès, et fouettait la forme de bronze, comme s'il eût infligé à Théogénès en personne ces mauvais traitements. Or la statue en tombant mit fin à ces excès et les enfants du mort introduisirent contre elle une action pour meurtre ; les Thasiens la jetèrent à la mer, se conformant en cela au code de Dracon qui, lorsqu'il rédigea les lois criminelles d'Athènes, décréta aussi la peine d'exil pour les êtres inanimés quand dans leur chute, ils ont causé la mort humaine. Or à un moment donné les Thasiens ne récoltaient plus rien ; ils envoient une délégation à Delphes et le Dieu leur répondit de rappeler les exilés. Mais quand en vertu de cet oracle, ceux-ci furent revenus, la stérilité n'en continuait pas moins. On envoie donc une seconde ambassade à la Pythie pour annoncer que malgré l'accomplissement des oracles la colère des Dieux persistait. La Pythie leur répondit alors : « Vous avez laissé dans l'oubli votre grand Théogénès ». Ils étaient fort en peine de savoir comment ils pourraient remonter la statue des eaux, quand, dit-on, des pêcheurs jetèrent leur filet pour prendre des poissons ; ils y accrochèrent la statue et l'amenèrent au rivage. Les Thasiens la remirent à sa place première et depuis célèbrent régulièrement des sacrifices en son honneur, car ils le considèrent comme un dieu. En bien d'autres endroits de la Grèce et jusque chez les barbares je sais que l'on a consacré des statues à Théogénès : il guérit les maladies et reçoit un culte de la part des indigènes. Dans l'Altis il a aussi sa statue, œuvre de Glaukias d'Egine.

Amphore à col à figures rouges. *Hoplitodrome* (coureur en armes) en position de départ. Peintre de Berlin, env. 480-470 av. J.-C. Conservé au musée du Louvre.

Un texte de Plutarque (*Préceptes politiques*) résume la carrière de Théogénès et rapporte que « dans le dîner d'une fête héroïque pour quelque sacrifice funéraire, au moment où, selon la tradition, on avait remis à chacun sa part, il fit un bond et culbuta tous les assistants dans un pancrace général comme si en sa présence personne d'autre

ne devait être proclamé vainqueur». Une épigramme de Poseidippos de Pella, rapportée par Athénée (*Le Banquet des sophistes*, X, 41), signale que le champion se dopait à la viande, comme il l'indique : «Malgré une convention établie, j'ai une fois mangé un bœuf de Méonie. Thasos, la terre de mes pères, n'aurait pu suffire à nourrir Théogénès. Quand j'eus tout mangé, j'en redemandais encore. Voilà pourquoi, statue de bronze, on m'a érigé avec la main tendue». Les inscriptions de Thasos ont permis de compléter la prosopographie de cette *star* du monde antique.

Le déroulement des épreuves

Il se faisait selon un rituel qui ne varia guère. La fête durait six jours, le premier jour étant consacré au serment olympique et à des cérémonies religieuses. Les Jeux gymniques tiraient leur nom du fait que les athlètes étaient nus (*gumnoi*) ce qui faisait la fierté des Grecs, par opposition aux Barbares munis de pagnes. Les épreuves proprement dites étaient au nombre de treize. Dix étaient réservées aux hommes adultes : le stade ou course simple (*stadion*), qui pouvait devenir un double stade (*diaulos*), la course longue (*dolichos*), la course en armes avec casque, jambières et bouclier (*hopliodromos*), la lutte à mains nues (*palè*), la boxe (*pygmè*), le pancrace (*pankration*), le pentathle (*pentathlon*) combinaison de cinq épreuves : saut (*halma*), en fait un double ou triple saut avec ou sans haltères, disque (*diskos*), javelot (*akon*), course, lutte. Trois épreuves concernaient les enfants. Il semble que l'épreuve la plus ancienne est celle de la course à pied simple. Son vainqueur était appelé *Olympionique* et donnait son nom à l'Olympiade.

La clôture des Jeux : les récompenses

Le sixième et dernier jour on remettait comme récompenses aux vainqueurs une couronne d'olivier ornée de bandelettes. Les vainqueurs et les prêtres en procession se rendaient devant les autels. Prières et sacrifices complétaient la cérémonie. Après quoi un grand banquet était offert aux vainqueurs et aux prêtres, dans le Prytanée.[7]

Les couronnes variaient selon les sanctuaires.[8] D'après Pausanias (V, 15) les rameaux d'olivier étaient cueillis sur «l'olivier aux belles couronnes» (*kallistéphanos*) qui se trouvait dans l'Altis derrière le temple de Zeus. À Delphes la couronne était de laurier selon Pausanias (X, 7, 8), à l'Isthme et à Némée, de persil. Les couronnes antiques quelle que fût leur nature présentaient un triple avantage : elles étaient décoratives, diffusaient une agréable odeur, protégeait du soleil. Étant nus, les athlètes n'utilisaient pas la feuille de vigne, qui eut une si belle carrière à l'époque chrétienne. La simplicité de ces cadeaux de la nature s'accordait à l'austérité des Jeux. Toujours selon Pausanias (VIII, 48, 2), les vainqueurs recevaient «partout dans la main droite une palme». Voilà une bien noble origine pour les palmes académiques qu'on décerne aujourd'hui aux bons serviteurs de l'Éducation Nationale. Des récompenses en argent furent parfois accordées. À Athènes un règlement de Solon attribuait cinq cents drachmes à l'olympionique et cent drachmes à l'isthmionique. Mais les Jeux *stéphanitai* (ceux dont le prix était une couronne) étaient plus estimés que les Jeux *thematitai* ou *chrèmatitai* (où les récompenses avaient une valeur matérielle). Le témoignage de Plutarque est éclairant[9] :

7 Nous suivons de très près les indications de L. B. Zaidman et P. Schmitt, *La religion grecque*, Armand Colin, coll. Cursus, Paris, 1989, pp. 85-6.

8 M. Jost, *Aspects de la vie religieuse en Grèce*, SEDES, Paris, 1992, pp. 209-10.

9 Plutarque, *Lycurgue*, dans *Vies* (trad. R. Flacelière et F. Chambry), Les Belles Lettres, Paris, 1958-83, 22, 8.

Ligne de départ de la course à pied, dans le stade.

Vase à figures noires, env. 268 av. J.-C. Quadrige vu de face : l'aurige est debout, en chiton blanc.

> On raconte qu'un des athlètes à qui l'on offrait une grosse somme d'argent aux Jeux Olympiques la refusa et qu'après avoir terrassé son adversaire à la lutte aux prix de grands efforts, comme quelqu'un lui demandait : « Lacédémonien, qu'as-tu gagné de plus par ta victoire ? », il répondit en souriant : « Je serai placé devant le roi au combat ».

La cité qu'honorait le vainqueur lui réservait des récompenses qui variaient selon les villes. À Athènes on leur accordait à vie le droit de manger au Prytanée, aux frais de l'État, et lors des sacrifices ils recevaient double ration de viande ; de là l'expression « couronner de viande » qu'on trouve dans les inscriptions. Théoriquement le vainqueur avait le droit de pénétrer dans la cité par une brèche faite dans la muraille. Le Jeu était dit alors *eisélastikos*. C'était dire qu'une sorte d'entrée triomphale dans la ville était organisée en l'honneur du vainqueur. Celui-ci vêtu de pourpre traversait la ville sur un quadrige et la cité pouvait lui voter le droit d'avoir une statue sur l'agora ou dans le sanctuaire. Il n'y avait ni second ni troisième prix contrairement au *podium* moderne.

Les concours hippiques

Déjà mentionnés par Homère, ils constituent des épreuves physiques d'un genre spécial et posent des questions particulières, comme on le constate d'après les épinicies de Pindare ou de Bacchylide. En effet les propriétaires de chevaux et de chars ne les montent pas ordinairement ni ne les conduisent eux-mêmes. On considère généralement qu'ils faisaient courir, en assurant l'achat et l'entretien des chevaux et des chars. La question n'est pas si simple et, dans sa thèse remarquable, Valérie Visa-Ondarçuhu montre que chez Pindare on a parfois quelque peine à savoir si le propriétaire du char a lui-même conduit son attelage dans l'arène. L'auteur écrit[10] :

> Seules cinq indications précises nous sont fournies sur ce sujet pour les concurrents loués par Pindare. Les scholies nous apprennent que la course de chars dont le succès est attribué à Arcésilas de Cyrène, avait été réalisée par son beau-frère Carrhôtos (*Pyth.* 5 et 6). Dans la sixième *Olympique*, Pindare mentionne le cocher d'Agésias de Syracuse, Phintis, (*Ol.* 6, 22). Dans la deuxième *Isthmique*, en l'honneur de Xénocrate d'Agrigente, il évoque le souvenir d'une victoire antérieure aux Jeux panathénaïques, dont le cocher Nikomaque aurait été le maître d'œuvre (*Isth.* 2, 19-21). De plus, dans la sixième *Pythique*, consacrée à une autre victoire du même Xénocrate, la mention insistante de son fils Thrasybule peut faire supposer qu'il fut à cette occasion cocher pour son père. Pindare indique enfin lui-même qu'Hérodote de Thèbes fut à la fois propriétaire et conducteur de l'attelage vainqueur.

On peut donc conclure que dans la plupart des cas l'éloge concernait le maître d'écurie, mais que parfois de hauts personnages, comme les tyrans de Sicile, ne répugnaient pas à montrer leur savoir-faire dans ces compétitions prestigieuses. Au demeurant seuls les gens fortunés avaient des chevaux et les guerres leur donnaient l'occasion de montrer leur talent de cavalier.

La documentation que nous fournissent les décrets delphiques relatifs à la Pythiade, nous fait connaître en détail les Jeux hippiques. Il y avait pour le cheval de course nommé tout simplement *hippios* sans épithète la course droite (*akamptos)* et la course double (*diaulos*) où l'on faisait le tour de la piste. Sur le cheval de guerre (*hippôi polemistèi)* on faisait une course simple ou une course double. Les textes mentionnent aussi une course sur cheval de guerre avec tout l'équipement de l'homme et du cheval ce qu'indique l'expression *en hoplois* (en armes). Une course qui était particulièrement appréciée consistait à conduire un char de façon à ce qu'un coéquipier, nommé *apobatès,* pût en descendre et y remonter (*armati akbibazôn).* Certains de ces Jeux hippiques étaient dits *ek pantôn* si tout le monde, Athéniens et étrangers, pouvaient s'y présenter. D'autres étaient réservés aux cavaliers et aux officiers de cavalerie (*ek tôn hippeôn, ek tôn phylarchôn).*

Bien entendu ces courses avaient lieu dans l'hippodrome et quand le relief ne le permettait pas dans la plaine la plus proche. C'était le cas pour Delphes, où les courses avaient lieu dans la plaine de Krissa.

10 V. Visa-Ondarçuhu, *L'image de l'athlète*, Les Belles Lettres, Paris, 1999, pp. 113-4.

Les Jeux musicaux

À côté des Jeux gymniques avaient lieu les Jeux qu'on appelait « musicaux », c'est-à-dire mettant en œuvre les disciplines relevant des Muses, non seulement la musique, mais aussi la poésie et les arts dramatiques. Les Jeux pythiques, qui avaient lieu à Delphes, étaient particulièrement riches en épreuves de cette sorte. Apollon, parmi ses multiples attributions, était maître du chant musical, de la poésie et de tous les domaines des Muses. Car il était Conducteur des Muses (*Mousègétès*).

Les Jeux « thyméliques » concernaient la musique proprement dite et portaient le nom de l'autel (*thumélè*) autour duquel tournait le chœur tandis que les Jeux scéniques (*skènikoi*) concernaient les acteurs dramatiques. La musique était celle de la cithare (*kithara*) et de la flûte (*aulos*). L'*aulètès pythikoi* était un musicien jouant « sur le nome pythique », c'est-à-dire un rythme particulier. La lutte d'Apollon et de Python était l'arrière-fond religieux de ces compétitions musicales.

Outre les exercices physiques la Pythiade comportait rituellement des concours de littérature, tragédie, comédie, poésie, musique qui faisaient la joie des acteurs et des spectateurs. C'était surtout le collège des artistes dionysiaques d'Athènes qui organisait ces Jeux « musicaux ». Deux décrets de Delphes nous ont conservé les noms et les mérites de ces artistes. L'un (no 48), après avoir rappelé de façon traditionnelle la piété du collège des artistes envers les dieux et son souci d'augmenter l'éclat des fêtes religieuses, décide de récompenser le collège :

> Plaise à la cité de Delphes d'accorder l'éloge au collège des artistes dionysiaques d'Athènes en raison de son dévouement envers notre cité et de sa piété envers la divinité et de lui décerner la couronne du dieu qui est de coutume à Delphes et de même à ceux des artistes qui ont fait le voyage à leur frais et ont exercé des fonctions publiques, et d'attribuer à eux tous la promantie, l'asylie, qui leur revient comme à leurs ancêtres et tous les autres avantages accordés aux proxènes et bienfaiteurs de notre cité, et de transcrire ces décrets dans le sanctuaire d'Apollon sur le trésor des Athéniens et de l'envoyer à l'Assemblée et au Peuple d'Athènes ainsi qu'au collège des artistes dionysiaques.

Ces récompenses témoignent du prix qu'on attachait aux prestations des artistes. Les artistes ont envoyé des représentants dans la procession : pas de pythaïste, remarque G. Colin, mais un archithéore et plusieurs théores (une fois quatre, une fois sept). Dans l'inscription no 49 G. Colin indique la profession de tous ces délégués : l'archithéore est un poète comique et parmi les théores on relève deux poètes tragiques, deux comédiens, un instructeur adjoint pour les tragédies et deux tragédiens chargés de rôles secondaires. Tous ces membres du cortège offraient des prémices et assistaient aux sacrifices. Les technites chantaient des péans, mais donnaient aussi des concerts, des représentations dramatiques, des récitations de poésies ; Ils dansaient des chœurs autour de l'autel (*thymélè*) alliant la danse et le chant. On constate donc que dans ces Jeux les compétitions « musicales » tenaient autant de place que les confrontations gymniques.

À l'époque hellénistique pour assurer la qualité des chœurs on en confia l'exécution à des artistes professionnels, appelés « technites dionysiaques », groupés en collèges. Ces troupes apparaissent en Grèce vers le temps d'Alexandre le Grand et de nombreuses inscriptions leur rendent hommage. Pour prendre un exemple dans un

Amphore panathénaïque en terre cuite avec couvercle. Attribuée au peintre Marsyas, Athènes 340-339 av. J.-C. L'aurige est en blanc, à sa gauche un homme nu avec casque et bouclier s'apprête à sauter pour continuer la course à pied.

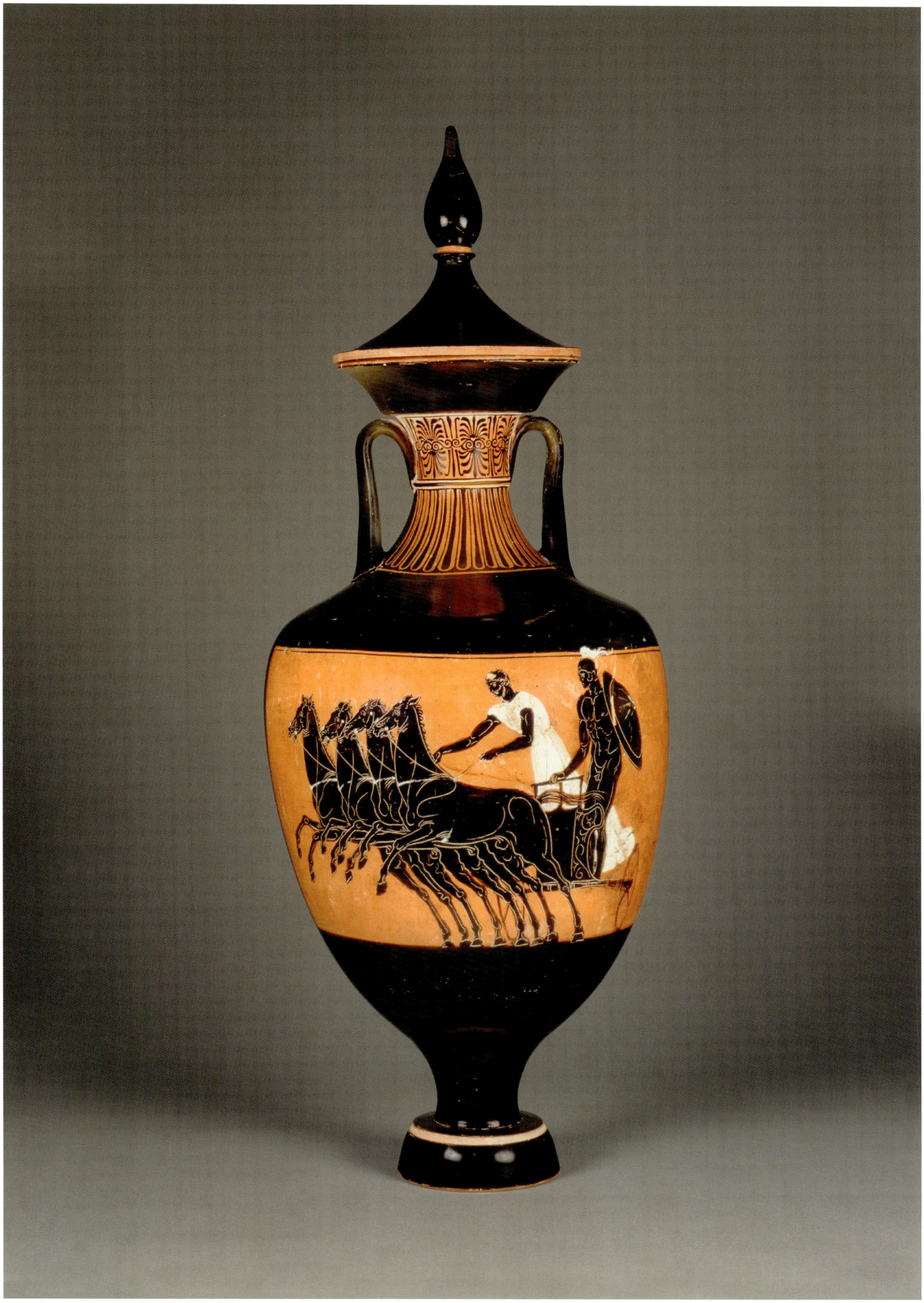

pays que j'ai fréquenté, je peux citer ce décret des artistes de Dionysos, fils de Mousaios, inscription trouvée en Égypte, à Ptolémaïs, et datant de la fin du règne de Ptolémée II Philadelphe, qui régna en Égypte de 285 à 246 av. J.-C.[11] :

> Il a plu aux artistes serviteurs de Dionysos et des Dieux Frères et à ceux qui administrent l'association, de couronner Dionysios fils de Mousaios prytane à vie, d'une couronne de lierre, selon les lois ancestrales, pour son dévouement envers la cité de Ptolémaïs et envers les artistes serviteurs du grand Dionysos et des Dieux Frères, de proclamer cette couronne aux Dionysies, de transcrire ce décret sur une stèle et de l'ériger devant le temple de Dionysos, et que l'argent pour la dépense de la stèle soit donné par l'économe Sosibios.

Ce décret date du règne de Ptolémée II Philadelphe, entre 269 av. J.-C., date de la création du culte des Dieux Frères, et 246 av. J.-C., date de la mort du roi.

De Ptolémaïs également provient un décret des artistes de Dionysos en l'honneur de Lysimachos, fils de Ptolémaios, hipparque et prytane à vie[12] :

> Il a plu aux artistes serviteurs de Dionysos et des Dieux Frères : attendu que Lysimachos fils de Ptolémaios du dème de Sostratos, hipparque et prytane à vie, s'est montré envers le roi et envers ses parents dévoué, non seulement auparavant mais encore mieux maintenant et qu'envers Dionysos et les autres dieux il est plein de piété et de dévotion et qu'envers les artistes il se montre en tout plein de générosité, non seulement pour chacun d'eux en particulier, mais pour tous en général et mettant tout son cœur et son énergie à concourir à l'avancement de la profession, et attendu qu'il est bien de distinguer et d'honorer les hommes de cette sorte des honneurs convenables, plaise la confrérie des artistes dionysiaques dont les noms sont inscrits ci-dessous, de couronner Lysimachos d'une couronne de lierre selon les usages ancestraux le onzième jour du mois Péritios, aux Dionysies, pour sa valeur et sa piété à l'égard du roi Ptolémée, de Dionysos et des autres dieux et pour son dévouement envers le roi, envers ses parents et envers les artistes. À la bonne Fortune, qu'on consacre son portrait peint dans le vestibule du prytanée ; que le secrétaire de la confrérie, Démarchos, transcrive ce décret sur une stèle et l'érige devant le temple de Dionysos et que l'argent pour cette dépense soit donné par l'économe Sôsobios Zôpyros, préposé aux affaires sacrées de la fête triennale et de la fête annuelle, et par ses deux frères.

Suit la liste des membres de la confrérie. On y trouve deux poètes tragiques, deux poètes comiques, un chanteur s'accompagnant à la cithare, un danseur ou joueur de pantomime. Sur la deuxième colonne on énumère les acteurs : un tragédien, six comédiens, quatre seconds rôles, un chef de chœur. À la troisième colonne on complète la liste des musiciens en indiquant un joueur de flûte dans les tragédies, un trompettiste, un costumier ou accessoiriste. Sont mentionnés aussi les protecteurs de

11 A. Bernand, *La prose sur pierre*, CNRS éditions, Paris, 1992, p. 3.

12 *Ibid.*, p. 6.

cette association : cinq proxènes chargés sans doute des *public relations* et six bienfaiteurs des artistes. On a là un tableau presque complet d'une confrérie théâtrale qui avait le mandat religieux et culturel de faire connaître le répertoire grec ce qui lui faisait jouer un rôle politique.

On a peine à imaginer le faste qui pouvait accompagner ces Jeux. Un texte de Xénophon[13] nous en donne une idée :

> Comme les Pythia (les Jeux pythiques) approchaient, Jason de Phères (tyran thessalien) ordonna à ses villes de préparer bœufs, moutons, chèvres et porcs en vue du sacrifice et l'on raconte que, quoiqu'il n'eût imposé chaque ville que d'une manière très modérée, le nombre des bœufs ne fut pas inférieur à mille ; celui des autres bêtes dépassa dix mille. Il fit aussi proclamer qu'on décernerait comme prix une couronne d'or à la ville qui aurait élevé le plus beau bœuf pour marcher en tête du troupeau destiné au dieu. Il ordonna également aux Thessaliens de se préparer comme s'ils devaient faire une expédition à l'époque des fêtes des Pythia ; il se proposait à ce qu'on raconte d'organiser en personne la panégyrie faite en l'honneur du dieu et les concours. Pour les trésors sacrés quelles étaient ses intentions c'est ce qu'on ne sait pas encore maintenant, mais on dit que, comme les Delphiens interrogeaient l'oracle pour savoir ce qu'il fallait faire si Jason s'emparait des trésors du dieu, celui-ci répondit qu'il saurait y veiller lui-même.

Il faut croire que les ambitions et les intentions de Jason n'étaient pas pures, car des jeunes gens vinrent l'égorger sur son trône même. Le dieu l'avait prédit.

Les chants de victoire

Appelés « épinicies » (*epinikia*), ils prolongeaient et amplifiaient la gloire des vainqueurs. Ces odes triomphales étaient chantées dans des banquets et constituèrent un genre littéraire dont les maîtres furent Bacchylide et Pindare. Avant eux Tyrtée, chef de guerre et poète, vivait au temps de la seconde guerre de Messénie, c'est-à-dire dans la deuxième moitié du VIIe siècle av. J.-C. Il a chanté en des poèmes guerriers la vaillance des Spartiates.

Qu'il fût originaire d'Athènes, comme la tradition l'a prétendu, ou un joueur de flûte de Milet, comme l'indique Suidas, il composa des chants militaires dont nous parle Plutarque (*Vie de Lycurgue,* 22, 4-5). Après nous avoir décrit les éphèbes spartiates portant les cheveux longs, brillants et divisés en deux, parce qu'une réflexion de Lycurgue disait qu'une longue chevelure augmentait la beauté et rendait la laideur plus terrible, Plutarque ajoute[14] :

> Quand les éphèbes avaient formé la phalange et se trouvaient en vue des ennemis, le roi immolait une jeune chèvre, ordonnait à tous de se couronner la tête et commandait aux flûtistes de jouer l'air de Castor. En même temps, ils entonnaient le péan de marche et c'était un spectacle à la fois majestueux et effrayant de les voir s'avancer en cadence au son de la flûte, sans disloquer

13 Xénophon, *Helléniques*, VI, 4, 29-38.

14 Plutarque, *Lycurgue, op. cit.*, 22, 4-5.

> les rangs de la cadence, sans éprouver de trouble dans le cœur, et marcher au danger tranquillement et joyeusement au son de la musique.

Ces airs de marche étaient appelés *embatèria* et dans ses *Exhortations (fragm.* 10) le poète rappela aux jeunes gens de se montrer dignes de leur patrie et de « la race invincible d'Héraklès »[15] :

> Ô jeunes gens, combattez serrés les uns contre les autres et ne donnez pas l'exemple de la fuite honteuse, mais faites-vous un cœur grand et vaillant ; ne songez pas à votre vie quand vous abordez l'ennemi. Vos anciens dont les genoux ne sont plus souples, les vieux, ne les abandonnez pas en fuyant, car, s'il est une chose honteuse c'est de voir, tombé au premier rang en avant des jeunes, un ancien à la tête déjà blanchie, à la barbe grise, exhaler dans la poussière son âme courageuse, mais que chacun les jambes bien écartées demeure ferme, rivant au sol ses deux pieds, mordant ses lèvres de ses dents.

Ces chants patriotiques font appel à Héraklès, le dieu du gymnase, ce qui montre le lien entre l'idéal olympique et l'idéal militaire. Terpandre et Pindare, remarque Plutarque (VI, 21, 6), « nous représentent donc les Spartiates passionnés à la fois pour la musique et pour la guerre ». L'éloge du guerrier est le même que celui du champion. L'une et l'autre activités rehaussaient le prestige de la cité et rendaient hommage aux dieux.

Le poète Bacchylide, cadet de Pindare, est né à Ioulis, dans l'île de Kéos, qui était renommée pour le nombre des victoires remportées aux Grands Jeux.[16] On a conjecturé qu'il était né vers 507 av. J.-C. et mort aux environs de 430. Il a célébré Hiéron de Sicile, vainqueur à la course de chars (*Épinicies* III, IV et V), mais aussi des enfants (*Épinicies* I, II, VI, VII, XI, XIII) et son éloge d'Automédès, fils de Timénos de Phlionte cité voisine de Némée,[17] nous fait comprendre ce qu'était le pentathle, compétition où cet athlète remporta trois des cinq épreuves :

> Au pentathle en effet il s'était distingué, comme, la nuit du milieu du mois, la belle clarté de la lune éclipse la lumière des astres. Parmi les Hellènes en un cercle innombrable, tel il fit briller sa stature admirable quand il lança le disque en forme de roue et quand il envoya la branche de sureau au noir feuillage de sa main vers les hauteurs de l'éther il excita les cris de la foule, ou quand il eut mis un terme aux éclats de la lutte. Et telle fut sa force débordante, quand il plaqua au sol des corps aux membres robustes, avant de gagner les bords de l'Asôpos (de Phlionte) aux tourbillons pourprés, dont le renom est allé dans la terre entière, et jusqu'aux confins de la région du Nil.

15 Traduction citée par J. Humbert et H. Berguin, *Histoire illustrée de la littérature grecque*, éditions Didier, Paris, 1947, p. 72.

16 Voir l'introduction de Bacchylide, *Dithyrambes, Épinicies, Fragments*, (éd. J. Irigoin et trad. J. Duchemin et L. Bardollet), Les Belles Lettres, Paris, 1963.

17 Bacchylide, *op. cit.*, IX.

Chapitre VII
Paix, prouesse, perfection

La trêve olympique

Les Jeux devaient se dérouler en une période de paix. Dans la vie des cités grecques, c'était un moment privilégié, nécessaire à l'organisation des Jeux. La trêve (*ekecheiria ; ekechèria* en dorien) était un moment rare, vu la continuité des guerres dans la Grèce antique. Il fallait que pèlerins et participants pussent se rendre sans danger à ces réunions pacifiques et que la bonne foi des cités ne rompît pas cette période de paix. Thucydide[1] prête au Syracusain Hermocratès, fils d'Hermon, un discours faisant valoir les avantages d'une trêve, dans le conflit qui opposait en Sicile la ville de Camarine et celle de Géla, la huitième année de la guerre du Péloponnèse (mars 424-février 423). Cet homme que Thucydide admirait beaucoup et dont il parle souvent sut trouver les mots justes dans un congrès réunissant à Géla toutes les cités de Sicile. Citoyen d'une des plus grandes cités de l'île, il voulait sauver les intérêts de l'île tout entière, d'autant qu'elle était menacée par les projets d'Athènes. Les arguments d'Hermocratès portèrent : « À quoi bon passer en revue tous les maux que la guerre apporte avec elle, puisque les développements qu'on pourrait faire à ce sujet ne vous apprendraient rien ? ». Ou encore : « N'oubliez pas que ce sont les conflits internes qui causent la perte des États ». Ou bien : « Tous les hommes s'accordent à dire que la paix est la chose du monde la plus désirable. Pourquoi alors ne serait-elle pas rétablie entre nous ? ». Ou encore : « La paix ne permet-elle pas, elle aussi, de conquérir des honneurs et de s'illustrer, et cela avec moins de risques ? ».

Il ne suffisait pas d'obtenir une trêve. Encore fallait-il qu'elle ne fût pas violée. Dans son récit de la douzième année de la guerre du Péloponnèse, (mars 420–février 419 av. J.-C.), Thucydide raconte comment, au cours de cet été où, aux Jeux olympiques, l'Arcadien Androsthénès avait remporté sa première victoire au pancrace, les Lacédémoniens se virent interdire par les Eléens l'accès de l'enceinte sacrée et ne purent ni sacrifier ni participer aux Jeux. « Ils n'avaient pas payé l'amende à laquelle, invoquant la loi olympique, les Eléens les avaient condamnés, comme coupables d'avoir attaqué leur fort de Phyrkos. Ils avaient d'autre part envoyé au cours de la trêve olympique un corps d'hoplites à Lépréon. » Les Eléens essayèrent en vain de faire prêter aux Lacédémoniens, sur l'autel de Zeus, le serment de s'acquitter plus tard de l'amende. Sur le refus des Lacédémoniens, la situation se gâta. Ainsi que le raconte Thucydide[2] :

> L'accès du sanctuaire fut donc interdit aux Lacédémoniens et ils durent sacrifier chez eux, tandis que tous les autres Grecs, à l'exception des gens de Lépréon, prenaient part aux Jeux. Cependant craignant qu'ils n'eussent recours à la force pour sacrifier dans le temple, les Eléens tinrent une partie de leurs jeunes gens sous les armes et leur firent monter la garde. Ils furent renforcés par un millier d'Argiens, par un nombre égal de Mantinéens et par

1 Thucydide, *Guerre du Péloponnèse* (trad. D. Roussel), La Pléiade, Paris, 1964, IV, 58-64.

2 *Ibid.*, V, 50-1.

Cleobis et Biton (*Kouroi*). Conservés au musée de Delphes.

> des cavaliers d'Athènes, qui attendaient à Harpina le début des Jeux. Une vive inquiétude s'empara malgré cela des Grecs assemblés, qui craignaient de voir arriver les Lacédémoniens en armes, surtout après que le Spartiate Lichas, fils d'Arkésilaos, eut été frappé sur la piste par les rhabdouques. L'attelage de celui-ci avait en effet remporté la victoire, mais, comme il n'avait pas le droit de concourir, on avait proclamé vainqueur le peuple béotien. Lichas s'était alors avancé sur la piste et avait couronné son cocher pour bien montrer que l'attelage lui appartenait. À la suite de quoi l'inquiétude redoubla parmi les spectateurs, qui s'attendirent à un coup de force. Mais les Lacédémoniens ne bougèrent pas et les Jeux s'achevèrent sans encombre.

L'argument de l'*ékécheiria* était parfois avancé pour ne pas prendre part à une expédition. Ainsi à la bataille de Némée, explique Xénophon,[3] les gens de Phlious refusèrent de marcher avec les Lacédémoniens, en déclarant qu'ils avaient une trêve.

Il arriva que des concours athlétiques fussent institués comme une ruse de guerre, pour vider une ville de sa garnison. Racontant la quatorzième année de la guerre du Péloponnèse (mars 418-février 417 av. J.-C.), Thucydide nous apprend[4] que le général athénien Démosthénès, fils d'Alkisthénès, à la demande des Argiens, fit sortir la garnison d'Epidaure, en organisant des concours athlétiques, ce qui lui servit de prétexte pour faire sortir le reste de la garnison, puis il fit refermer les portes.

Une trêve, comme un traité, était toujours aléatoire. Xénophon dans les *Helléniques*[5] raconte que, lors de l'expédition du Spartiate Agésipolis contre la ville de Mantinée, en 385 av. J.-C., les Spartiates ne respectèrent pas la trêve qui avait été signée dans l'hiver 418 - 417. Ces violations de la parole donnée étaient monnaie courante.

L'idée de la trêve olympique (*è Olympiakè ekecheiria*) selon Plutarque ne pouvait venir que d'un homme doux et pacifique, qualité que le sophiste Hippias refusait à Lycurgue, mais que Démétrios de Phalères – philosophe péripatéticien qui gouverna Athènes de 317 à 307 av. J.-C. et qui avait écrit un ouvrage *Sur la paix* – reconnaissait au législateur. L'institution de la trêve olympique aurait été le résultat d'une inspiration divine[6] :

> S'étant rendu pour un autre motif à Olympie [écrit Plutarque] et se trouvant assister aux Jeux, Lycurgue avait entendu une voix, comme celle d'un homme qui le blâmait et s'étonnait de ce qu'il n'engageât pas ses concitoyens à participer à la panégyrie ; il se retourna alors et ne voyant nulle part celui qui lui avait parlé il pensa que c'était un avertissement divin. Aussi alla-t-il trouver Iphitos pour réorganiser la fête de concert avec lui et lui donner plus d'éclat et de stabilité.

On imagine mal la gloire qui était attachée aux victoires olympiques. Une anecdote racontée par Hérodote nous éclaire sur ce point[7] : Solon rappelle le souvenir de Cléobis et Biton, deux jeunes gens argiens qui tous deux avaient été vainqueurs

3 Xénophon, *Helléniques* (trad. J. Hatzfeld), Les Belles Lettres, Paris, 1936-39, IV, 2, 16.

4 Thucydide, *op. cit.*, V, V, 80.

5 Xénophon, *Helléniques, op. cit.*, V, 2, 2.

6 Plutarque, *Lycurgue*, dans *Vies* (trad. R. Flacelière et E. Chambry), Les Belles Lettres, Paris, 1958-83, 23, 3-4.

7 Hérodote, *Histoires* (trad. A. Barguet), La Pléiade, Paris, 1964, I, 31.

aux Grands Jeux. Leur force physique était telle que, lors d'une fête en l'honneur d'Héra, leur mère devant être transportée au temple sur un chariot et les bœufs pour la conduire n'arrivant pas, les deux jeunes gens se mirent sous le joug et tirèrent le chariot sur quarante-cinq stades (soit 8 km).

Tout le monde vint les féliciter de leur exploit et glorifier leur force. La foule se pressant devant la statue d'Héra, leur mère demanda à la déesse de leur accorder le plus grand bonheur que pût obtenir un mortel. Après avoir sacrifié et pris part au banquet, les deux gens s'endormirent dans le sanctuaire même et ne se réveillèrent plus.

Tel était le prestige de la force physique : vaincre, puis mourir, aurait pu être la devise des champions. On retrouva à Delphes les deux statues que les Delphiens leur élevèrent dans le sanctuaire, statues d'éphèbes de type archaïque, hautes de 2,35 m.[8]

Les champions olympiques n'aspiraient pas tous à une paix si radicale. La trêve olympique fournissait une période de tranquillité propre à l'accomplissement des performances. Cette trêve est évoquée dans des textes épigraphiques. La paix était nécessaire à l'accomplissement des prouesses demandées aux participants aux Jeux.

Les prouesses

Les performances ne pouvaient être qu'individuelles. Les victoires par équipes n'existaient pas dans l'Antiquité. D'autre part certaines épreuves reconnues aujourd'hui, comme la course d'obstacle, le cross-country, la course relais, avec passage du témoin, les épreuves de nage ou de plongeon, et bien entendu les Jeux d'hiver ou les compétitions nautiques n'existaient pas de façon générale. Pausanias (II, *Corinth.* 35, 1) nous apprend qu'un concours de nage ou de plongeon *(kolymbos)* avait lieu au sanctuaire de Dionysos près du lieu-dit d'Hermione en Argolide. On sait que des régates avaient lieu aux Panathénées, à Corcyre, à Nicopolis, à partir d'Auguste. Les éphèbes d'Athènes ont parfois disputé des courses de canots dans les eaux de Salamine et de Mounychie.[9] C'étaient là des concours locaux et ces épreuves n'entraient pas dans les grands Jeux panhelléniques.

Il n'est pas interdit de penser que ces épreuves hors du commun fussent organisées à l'image de concours étrangers. Ainsi Hérodote raconte-t-il qu'à Abydos, Xerxès prit plaisir à une course nautique organisée en son honneur[10] :

> Quand on fut à Abydos Xerxès voulut voir l'ensemble de son armée. On avait préparé pour lui à l'avance sur un tertre, emplacement choisi à dessein, une loggia de marbre blanc [c'étaient les Abydéniens qui l'avaient construite, sur un ordre reçu auparavant du Roi] : lorsqu'il fut assis là Xerxès portant d'en haut ses regards sur le rivage, contempla troupes de terre et vaisseaux. Pendant qu'il les contemplait le désir lui vint de voir une course nautique ; la course eut lieu où les vainqueurs furent des Phéniciens de Sidon ; et Xerxès fut ravi du spectacle que lui offraient cette course et l'armée.

8 A. Barguet renvoie à Charles Picard, *Manuel d'Archéologie grecque*, Paris, 1973 I, p. 495 et à l'article de B. A. Van Groningen, « L'exploit de Cléobis et Biton et la véracité d'Hérodote », collection *Mnémosyne* (vol. XII), pp. 34-43.

9 Voir V. Vanoyeke, *La naissance des Jeux olympiques et le sport dans l'Antiquité*, Les Belles Lettres, Paris, 1992, pp. 51-2.

10 Hérodote, *op. cit.*, VII, 44.

Jeu de balle haute, « les rois et les ânes ». Vase à figures noires. Un adulte assis sur un pliant s'apprête à lancer la balle. Trois jeunes gens, assis sur les épaules de trois autres, tendent les mains vers l'entraîneur. Ceux qui manquent la balle servent de montures à ceux qui l'ont attrapée.
Le vase est conservé au British Museum.

Pierre Briant[11] rapproche un autre texte d'Hérodote[12] pour définir cette revue et sa signification. Il rappelle qu'à Doriskos, en Thrace, Xerxès organisa une nouvelle revue à l'issue du dénombrement de l'armée :

> Quand l'ensemble des troupes eut été dénombré et classé, Xerxès fut pris du désir d'en avoir le spectacle en les passant lui-même en revue. Et il donna suite à ce désir : monté sur un char, il parcourut l'armée ; en passant devant le contingent de chaque peuple, il questionnait, et ses secrétaires consignaient par écrit les réponses, jusqu'à ce qu'il fût arrivé d'un bout à l'autre du front de la cavalerie et de l'infanterie. Puis cela fait et les vaisseaux tirés en mer, Xerxès passa de son char sur un vaisseau sidonien, où il s'assit sous une tente dorée et il vogua le long des proues des navires, posant à chacun des questions comme il l'avait fait pour les troupes de l'armée de terre et faisant consigner par écrit les réponses. Les capitaines avaient conduit leurs vaisseaux au large, à une distance de quatre plèthes du rivage, ils les avaient mis à l'ancre en ligne, toutes les proues tournées vers la terre, et ils avaient fait prendre les armes aux épibates (fantassins de marine) comme pour une action militaire. Xerxès regardait en passant entre la ligne des proues et le rivage.

P. Briant note avec raison que « Xerxès prend connaissance non pas de ses forces militaires, mais de la diversité ethnique et culturelle des peuples de son empire ; plus que d'une revue des troupes, il s'agit d'une revue de l'empire ». Le rapprochement des textes nous fait comprendre que l'organisation de joutes nautiques n'était qu'une façon de donner à ces Jeux une coloration hellène, avec le prestige qui s'y attachait dans le monde grec. Nous verrons qu'à l'époque hellénistique la description des processions des champions et de leurs trophées fut surtout une revue des troupes pour affirmer leur supériorité sur celle des royaumes voisins.

Sur terre, une chose est sûre, c'est que la balle ou le ballon n'ont pas envahi les terrains des Jeux. Le grec utilise le terme de *sphaira* pour désigner ces objets ronds (d'où notre mot sphère). Il existait pour l'entraînement des athlètes des jeux de balles[13] : la balle au mur (*aporraksis*), par exemple, ancêtre de la pelote, mais se jouant à main nue ; la balle au ciel (*ourania) ;* le *harpaston* où certains ont voulu voir une ressemblance avec le rugby, car les joueurs utilisaient une petite balle très dure qu'il fallait intercepter en usant de feintes. Athénée de Naucratis,[14] écrivain de la première moitié du IIIe siècle apr. J.-C., nous apprend que ce jeu de balle était appelé *phaininda* et qu'il en était un fervent pratiquant. Jouer à la balle n'était pas interdit aux jeunes filles, comme on le voit dans l'*Odyssée,* où Nausicaa et ses compagnes se divertissaient de la sorte, après s'être baignées dans la mer et s'être frottées d'huile[15] :

> *L'appétit une fois calmé, servantes et maîtresse*
> *Jouèrent au ballon après avoir ôté leurs voiles.*
> *C'est Nausicaa aux bras blancs qui conduisait le jeu.*

11 P. Briant, *Histoire de l'Empire perse de Cyrus à Alexandre*, Fayard, Paris, 1996, pp. 209-10.

12 Hérodote, *op. cit.*, VII, 100.

13 Voir E. Norman Gardiner, *Athletics of the ancient world*, Clarendon Press, Oxford, 1930, pp. 230-8.

14 Athénée, *Le Banquet des sophistes* (trad. Burton Gulik), Harvard University Press, Cambridge MA, 1928, I, 14.

15 Homère, *Odyssée* (trad. F. Muegler), éditions de la Différence, Paris, 1961, VI, 99-100, 115-6.

Comme par hasard la balle lancée à l'une de femmes dévia et les cris des joueuses réveillèrent Ulysse.

Ce n'est pas avec un ballon ni par équipe que les athlètes apportaient la victoire à leurs pères et à leurs cités. Ils étaient mûs par un sentiment et une ambition qui caractérisent un idéal typiquement hellène : le goût de l'émulation. Depuis Homère, l'objectif d'une âme bien née est de se dépasser sans cesse en rivalisant avec ses pairs. C'est le moyen de vivre dans la mémoire des hommes en donnant un exemple qui ne périra pas. Le désir de l'exploit ne fait qu'un avec celui de la gloire. Cette attitude mentale ne disparaîtra pas avec l'avènement du christianisme. Dans son très beau livre sur saint Paul, Marie-Françoise Baslez[16] remarque que, dans les écrits pauliniens comme dans les éloges du temps, les comparaisons font souvent référence à l'effort, à la course, à la couronne que remporte le vainqueur, au prix du combat. Ce thème revient souvent également chez Philon d'Alexandrie et chez beaucoup de Pères de l'Église.

Hymnes à la gloire

Les chants de victoire, c'est-à-dire les épinicies, célèbrent à satiété la gloire qu'apportent les compétitions, qu'elles soient athlétiques ou artistiques. C'est là le *leit-motiv* des odes de Pindare ou de Bacchylide dont nous avons vu qu'ils célébrèrent les enfants et jeunes gens.

Une partie des odes *Olympiques* est consacrée à la gloire des tyrans de Sicile, vainqueurs à la course de chars, Hiéron de Syracuse (*Ol.* I) et Théron d'Agrigente (*Ol.* II et III), mais aussi à des vainqueurs de moindre importance, comme Psaumis de Camarine, vainqueur à la course à l'attelage de mules (*apènè*) (*Ol.* IV et V), le Syracusain Agésias, vainqueur aussi à l'*apènè* (*Ol.* VI), le Rhodien Diagoras, pugiliste (*Ol.* VII), l'Eginète Alkimédonn, enfant lutteur (*Ol.* VIII), le lutteur Epharmostos, Locrien d'Oponte, lutteur ainsi que deux de ses compatriotes (*Ol.* VIII, IX, X, XI), un Sicilien d'Himère, Ergostélès, vainqueur au *dolique* (*Ol.* XII), un riche Corinthien Xénophon, vainqueur à la fois au stade et au penthathle (*Ol.* XIII), enfin un enfant d'Orchomène, vainqueur au stade, (*Ol.* XIV). Tous ces textes exaltent l'amour de la gloire, nourrie par quelques grands représentants de riches familles et leur éloge est fait par un poète à leur dévotion. Cela nous explique que le poète passe sous silence les brutalités et souvent les cruautés de ces personnages.

Pindare lui-même se déclare le chantre de Hiéron[17] :

> Un dieu veille sur tes desseins. Hiéron ; il se donne cette tâche ! S'il ne cesse pas bientôt de te favoriser, j'espère que plus douce encore à ton cœur sera la victoire que remportera ton char agile ; j'irai près de la colline lumineuse de Cronos trouver la voie des louanges digne de la célébrer. Oui, pour moi la Muse tient en réserve des traits tout puissants. Il est des grandeurs de plusieurs ordres : c'est pour les rois que se dresse la plus sublime. Ne porte pas tes regards plus loin. Puisse ton pied toujours fouler les cimes, tandis qu'aussi longtemps, associé aux triomphateurs, je ferai connaître mon génie parmi les Grecs en tous lieux.

Amphore à figures rouges. Peintre de Douris, env. 490 av. J.-C.

16 M.-F. Baslez, *Saint Paul*, Fayard, Paris, 1991, p. 42.

17 Pindare, *Olympiques* (trad. A. Puech), Les Belles Lettres, Paris, 1970, I, 171-88.

Même refrain dans la IIe *Olympique*[18] :

> Hymnes, rois de la lyre, quel Dieu, quel héros, quel homme allons-nous chanter ? Le souverain de Pise est Zeus ; c'est Héraklès qui a institué la fête olympique, prémices de sa victoire ; et c'est Théron aussi que nous devons célébrer pour le succès de son quadrige ; Théron observateur religieux de l'hospitalité, rempart d'Agrigente, fleur issue d'une illustre lignée pour le salut de la cité.

La victoire à Olympie assurait une célébrité éternelle, comme le dit Pindare[19] : « Allons, enceinte sacrée de Pise, rives de l'Alphée, ombragées de beaux arbres, accueillez cette procession triomphale ! Grande est éternellement la célébrité de qui reçoit votre éclatante récompense ».

La victoire à Delphes n'était pas moins glorieuse selon Pindare chantant Hiéron d'Etna, vainqueur à Delphes à la course des chars[20] : « Concluons donc en cette occurrence que cette ville sans doute sera glorieuse à l'avenir par les couronnes que gagneront ses chevaux et fameuse par les beaux chants dont retentiront ses festins ».

Dans la IVe *Pythique* pour Arcésilas de Cyrène vainqueur à la course de chars, Pindare rappelle[21] la fondation de Cyrène par des colons originaires de l'île de Théra. Ceux-ci, dit Pindare, « échangeront les dauphins aux ailes courtes contre les cavales agiles, les rames contre les rênes et guideront des chars rapides comme l'ouragan », c'est-à-dire que d'insulaires et de marins qu'ils étaient, ils devaient devenir en Libye des continentaux et des agriculteurs. L'exploit à Delphes d'Arcésilas de Cyrène ne fait que perpétuer l'audacieuse entreprise de Battos « colonisateur de la féconde Libye ».

La perfection

Le geste parfait, le corps resplendissant de force et de beauté étaient une obligation pour les athlètes ou les artistes afin que leurs prestations fussent à la hauteur de la gloire qu'ils ambitionnaient. Ainsi les joueurs de flûte ne devaient pas se déformer le visage en soufflant dans leurs instruments. Notons au passage que la flûte était un instrument important qui à Sparte rythmait la marche à l'attaque comme le biniou fut employé par l'armée anglaise lors de la dernière guerre. L'*aulos* servait aussi pour faire ramer les marins en cadence, le *trièraulès* rythmant l'effort des rameurs.[22] Dans les banquets les flûtistes étaient des femmes qui joignaient à leur talent des charmes aussi attrayants, mais moins prisés dans ces compagnies d'hommes que ceux des jeunes gens. Les peintures de la tombe du plongeur, conservées au musée de Paestum, représentent des scènes où la beauté masculine est mise en valeur. Sur une paroi courte on voit un homme mûr, vêtu d'un manteau et s'appuyant sur un bâton suivre un jeune homme nu qui tend le bras vers une joueuse de flûte le précédant. Sur les parois longues on voit des couples d'*érastes* et d'*éromènes*. Les premiers barbus, les seconds imberbes, tous portant des couronnes de feuillage, couchés deux par deux sur un même lit de banquet (*klinè),* se courtisent en toute liberté. Ici un homme l'œil brillant et la bouche

18 Pindare, *Olympiques, op. cit.*, II, 1-14.

19 *Ibid.*, VIII, 12-5.

20 Pindare, *Pythiques* (trad. A. Puech), Les Belles Lettres, Paris, 1966, I, 69-72.

21 *Ibid.*, IV, 1-41.

22 Démosthène, *Sur la couronne* (trad. G. Mathieu), Les Belles Lettres, Paris, 1947, ligne 129, cite le « flûtiste de trière », qui aurait tiré la mère d'Eschine de son métier de prostituée.

gourmande attire vers lui un éphèbe qui tient une cithare ; là un couple masculin joue au cottabe, et couché sur le même lit, un homme jouant de la double flûte tourne le dos à un homme barbu qui rajuste sa couronne.[23]

Parmi bien d'autres Pindare a célébré ces beaux adolescents en composant une ode pour Xénocrate d'Agrigente, vainqueur à la course des chars[24] :

> Au vieux temps, ô Thrasybule, les mortels qui montaient sur le char des Muses au bandeau d'or, pour prendre en main la noble phorminx, ne tardaient point à lancer leurs hymnes doux comme le miel en l'honneur des beaux adolescents, dont l'aimable jeunesse fait rêver d'Aphrodite la déesse au trône brillant.

Platon a décrit comment le désir (*himeros)* naissait de ces contacts corporels qui avaient lieu dans le gymnase[25] :

23 M. Cipriani et G. Avagliano, *Art et Histoire de Paestum*, Casa editrice Bonechi, Florence, 1999, pp. 62-5.

24 Pindare, *Isthmiques* (trad. A. Puech), Les Belles Lettres, Paris, 1961, I.

25 Platon, *Phèdre*, dans *Œuvres complètes*, t.4 (trad. P. Vicaire) Les Belles Lettres, Paris, 1985, 255.

Les amants au banquet. Fresque décorant la paroi d'un sarcophage, env. 480. Tombe dite « du Plongeur » à Paestum. La peinture se trouve sur la paroi intérieure du sarcophage, en sorte que seul le défunt était admis à contempler ce beau souvenir.

> Rien que par la marche du temps l'âge aussi bien que la nécessité ont amené cet aimé au point d'admettre l'amoureux dans sa familiarité : car jamais le sort n'a voulu qu'un méchant fût ami d'un méchant, pas davantage qu'un bon ne fût pas ami d'un bon ! Une fois cependant qu'il a été admis, une fois acceptées ses conversations et sa familiarité, du fait de ce rapprochement les sentiments bienveillants de l'amoureux jettent l'aimé dans un trouble profond : il se rend compte que tous les autres ensemble, amis, parents ne sont pour lui dispensateurs d'aucune amitié qui puisse se comparer à celle de l'homme possédé d'un dieu. Quand il continue assez longtemps à agir ainsi et que leur rapprochement s'est accompagné des contacts auxquels donnent lieu les gymnases et les autres lieux de réunion, dès ce moment le flux du susdit courant auquel Zeus amoureux de Ganymède a donné le nom de *himéros*, désir brûlant, ce flux s'étant en abondance porté dans la direction de l'amant s'enfonce en lui.

Platon décrit alors les conséquences de cet amour chez l'aimé [26] :

> Le nom que de bonne foi (l'aimé) donne (à ce sentiment) ce n'est pas amour c'est plutôt amitié ; mais il y a chez lui quoique moins fort que chez l'amant un désir presque pareil de voir, de toucher, d'embrasser, de s'étendre contre ; et c'est alors ce que selon toute vraisemblance il ne tarde pas à faire par la suite ! Or quand ils sont ensemble pour dormir, le cheval indiscipliné de l'amoureux a beaucoup de choses à dire au cocher, ces habitués du gymnase se produisant dans tout leur lustre, et il fait valoir son droit à de petites compensations pour toutes ses souffrances. Quant à celui du bien-aimé, il ne sait absolument quoi dire ; mais tout gonflé d'un désir auquel il ne trouve pas d'objet il entoure l'amant de ses bras, il lui témoigne par des baisers son affection, comme à l'égard de quelqu'un de très bien disposé à son égard ; quand il leur arrive d'être étendus côte à côte, il est capable pour sa part de ne pas refuser éventuellement de céder aux vœux de celui qui l'aime s'il en est prié par celui-ci.

Ces rencontres évidemment étaient facilitées « si ces habitués du gymnase se produisaient dans tout leur lustre ». Mais comment devenait-on beau ? Bien entendu, en pratiquant l'entraînement nécessaire à l'athlète comme à l'artiste. Mais pour atteindre l'*aglaia,* c'est-à-dire l'éclat, il existait des rehauts que les jeunes hommes n'ignoraient pas.

L'huile en ce pays de l'olivier était non seulement un moyen d'échapper aux prises de l'adversaire ou de résister aux ardeurs du soleil, mais surtout elle donnait aux corps une brillance sans pareille. D'autre part l'huile facilitait les massages avant ou après l'effort, assouplissant les muscles et luttant contre la fatigue. Les gymnasiarques dépensaient de grosses sommes pour répondre à ces besoins. Les vases nous montrent souvent le petit flacon d'huile que le jeune athlète avait à sa disposition.

La stèle funéraire d'un certain Diodoros, fils de Théophile, gymnasiarque qui mourut à cinquante-trois ans, indique l'équipement de ce personnage : en dessous de

Coupe attique à figures rouges : médaillon homme et jeune garçon. Peintre de Briseis, env. 480 av. J.-C. Un adulte barbu, vêtu d'un long manteau, embrasse sur la bouche un jeune garçon, lui aussi vêtu, qui laisse l'homme attirer de sa main la tête de l'enfant qui se redresse et se laisse faire. La coupe est conservée au musée du Louvre (inv. G 278).

26 Platon, *Phèdre, op. cit.,* 255–6.

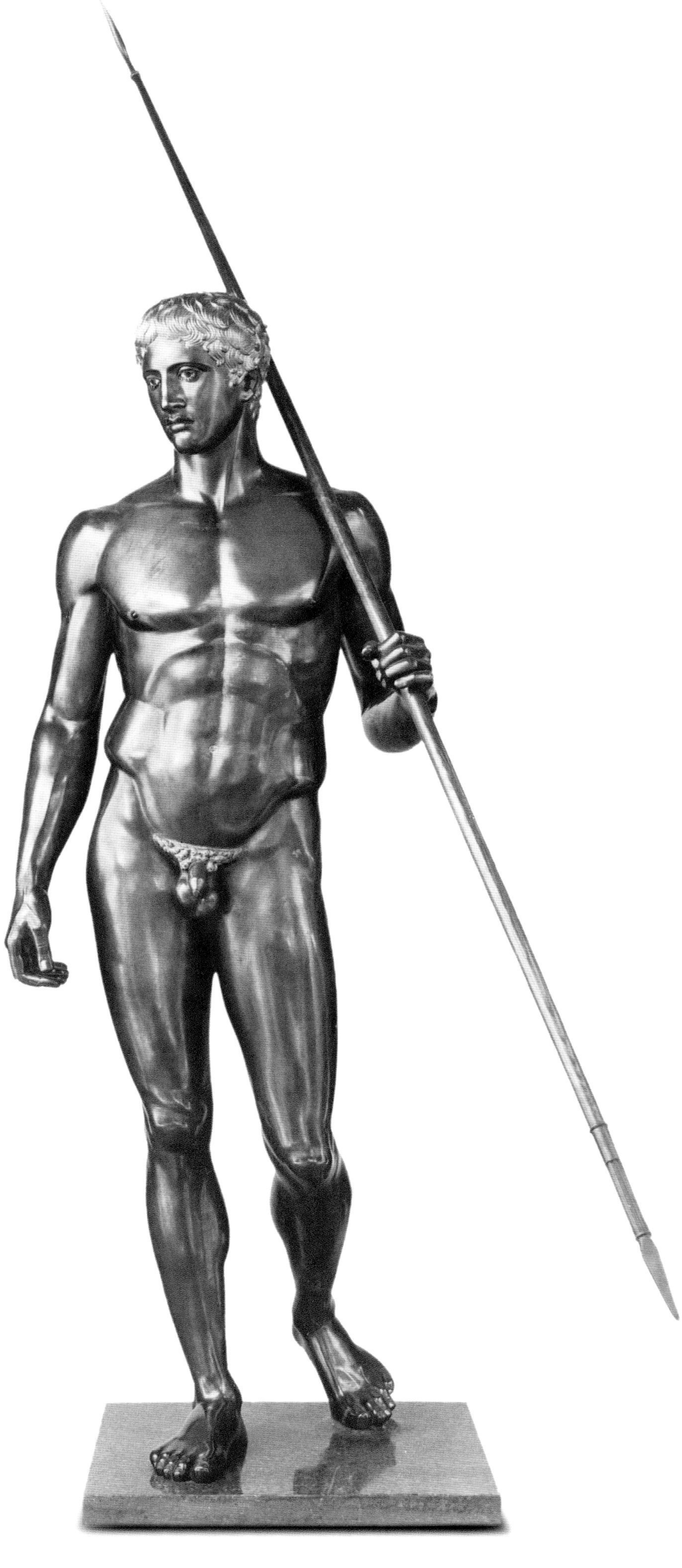

l'épitaphe on distingue de gauche à droite une couronne, trois tablettes, chacune contenant un portrait, un bonnet conique, une hache, trois strigiles, deux palmes flanquant un grand réservoir d'huile, orné et portant trois louches pour la distribution d'huile. Ce document a été trouvé à Pruse, en Asie Mineure, et date de l'époque romaine. Il nous fait connaître toute la panoplie du gymnasiarque.[27]

Les monnaies agonistiques nous indiquent de quelle fête il s'agit, en présentant une couronne monumentale surmontée de deux palmes. On a souvent cru qu'il s'agissait d'une urne agonistique, mais sur des monnaies on voit un athlète se coiffant avec cet objet. Dans *La clef des songes* d'Artémidore, il est parlé d'un athlète rêvant qu'il se lavait les pieds dans cette couronne monumentale prise pour un baquet.

Une autre façon de s'embellir et de montrer qu'on était en fête c'était de se coiffer d'une couronne. C'est un ornement de fête qui se porte dans les banquets et qui, en plein air a l'avantage de protéger des ardeurs du soleil. De plus étant en feuillage *(thallou stéphanos),* la couronne était non seulement ornementale mais encore odoriférante. La couronne d'olivier *(elaias stéphanos)* était la plus fréquente, mais la couronne de lierre (*kissou stéphanos)* était portée par les artistes dionysiaques. La couronne de chêne (*dryos stéphanos)* était rare ainsi que la couronne de peuplier blanc (*leukès stéphanos).* La couronne de myrte (*myrtou stéphanos)* était en usage dans les cérémonies en l'honneur d'Aphrodite. La couronne de laurier (*daphnès stéphanos)* la plus fréquente était portée en l'honneur d'Apollon.

C'est la statuaire qui nous fait le mieux connaître la perfection corporelle atteinte par les athlètes grecs. Le nu athlétique mettait sous les yeux des spectateurs les corps harmonieux des participants aux Jeux. Cela faisait naître une admiration qui n'était pas seulement intellectuelle. La beauté virile était un sujet inlassablement traité par les sculpteurs grecs. La plupart des statues ne nous sont connues que par des répliques d'époque romaine, qui nous permettent d'apprécier les talents d'un Polykleitos, par exemple, sculpteur du Ve siècle, originaire d'Argos. L'apogée de sa carrière, rappelle François Chamoux,[28] se place dans la 90e Olympiade, soit en 420-417 av. J.-C.

Contemporain de Phidias auprès de qui les Anciens le plaçaient au premier rang il fut vainqueur au concours d'Ephèse qui l'opposait à Phidias. Ses chefs-d'œuvre les plus connus sont le *Doryphore* (porteur de lance de la garde des tyrans) et le *Diadumène.*[29] Cette statue en marbre est une copie d'un original grec daté de 440-430 av. J.-C. Elle représente un jeune homme nu, se couronnant d'un bandeau qui témoigne de sa victoire (c'est le sens de *diaidoumenos*). L'harmonie, la souplesse de cette représentation ont suscité de nombreuses répliques et donné le *canon* de cette perfection. Polykleitos, en sculptant le Doryphore, a réussi à représenter un homme en marche, fort différent des statues archaïques, telles que celles de Cléobis et Biton, figées dans une attitude hiératique.

Pindare s'est vanté, dans la Ve *Néméenne*[30] consacrée à Pythéas d'Egine, imberbe, vainqueur au pancrace, de ne pas « être statuaire, de ne pas faire des figures dressées immobiles sur leur base ». De fait il souhaite que la première embarcation en partance dans le port d'Egine aille publier la victoire néméenne du jeune homme. Ainsi relie-t-il les légendes locales aux récits légendaires et à leur transcription plastique. Quand

27 M. I. Finley et H. W. Pleket, *The Olympic games: the first thousand years*, The Viking Press, New York, 1976, p. 89.
28 Fr. Chamou, *La Civilisation grecque*, Arthaud, Paris, 1963, pp. 429-30.
29 Reproduction dans J. R. Mertens, *The Metropolitan Museum of Art: Greece and Rome*, New York, 1987, pp. 64-5.
30 Pindare, *Néméennes* (trad. A. Puech), Les Belles Lettres, Paris, 1967, V, 1.

Le *doryphoros* (porte–lance). Statue de bronze de Polykleitos, canon du parfait athlète. Conservée à l'université de Munich.

Pages précédentes.
À gauche :
Discobolus. Le discobole de Myron, sculpteur du Ve siècle av. J.-C. Statue de marbre, conservée à Rome, Museo Nazionale Romano (Palazzo Massimo alle Terme).

À droite :
Hermès au repos. Statue de bronze provenant de la villa des Papyri, à Herculanum. Conservée au musée de Naples.

il chante des héros de légende, il n'oublie pas qu'ils furent des hommes aussi héroïques que les vainqueurs aux Jeux.

Les femmes n'ayant pas accès aux Jeux n'avaient pas à baisser les yeux devant les avantages anatomiques qu'exhibaient les athlètes. Ces derniers au demeurant portaient *chlamyde* ou *himation* quand ils se promenaient en ville. Si la nudité était la loi de la gymnastique dans le stade ou la palestre où elle était de rigueur, dans la rue elle serait devenue exhibitionnisme. C'est un regard furtif que porte Socrate sur le jeune et beau Charmide, « apercevant, dit-il, dans l'ouverture de son manteau une beauté qui m'enflamma, et je perdis la tête ».[31] N'oublions pas cependant que, comme l'a écrit Fr. Chamoux[32] : « L'Hellène garde un contact direct et permanent avec la nature, même quand elle est rude, ce qui arrive parfois en Grèce. La nudité n'est jamais loin, au moins chez l'homme ».

La *chlamyde*, pièce de tissu rectangulaire, assez courte, attachée généralement sur l'épaule droite, était à l'origine le manteau des cavaliers thessaliens. C'est dire qu'elle laissait la liberté des mouvements. Elle pouvait se porter ajustée, ou bien rejetée comme un châle, ou bien réduite en écharpe, dévoilant le corps.[33] Elle était portée par les cavaliers et les jeunes gens. L'*himation* au contraire était un manteau long et enveloppant, porté par tout le monde. La différence entre ces deux vêtements apparaît à plein, si l'on peut dire, dans l'anecdote que, d'après Hiéronymos de Rhodes, raconte Athénée, dans *Le Banquet des sophistes* (XIII, 604) : Sophocle octogénaire entraîna hors les murs un jeune et beau garçon qui étendit sur l'herbe son himation de jouvenceau et qui « l'affaire terminée » s'enfuit en s'emparant de la *chlamyde* du poète, vêtement plus prestigieux.

Les statues d'athlètes nous montrent des hommes jeunes et nus. Ce thème de la statuaire a été traité par les plus grands sculpteurs ce qui nous permet d'admirer tous ces participants aux Jeux dans la perfection de leurs corps.

Myron d'Eleuthère, sculpteur du Ve siècle, nous a laissé l'admirable Discobole, représenté en pleine action. Praxitèle, sculpteur athénien du IVe siècle av. J.-C., dont l'apogée est placée par Pline dans la 104e Olympiade, nous a laissé un Hermès dont la grâce équivoque est pleine de sensualité. L'Hermès de Marathon, bronze original repêché dans la baie de Marathon, montre un jeune homme nu, un peu gracile mais gracieux, ravi d'avoir trouvé une tortue.[34] Si les chefs-d'œuvre de Polykleitos sont le Doryphore et le Diadumène, admirables représentations de jeunes hommes au repos à la musculature puissante et aux charmes troublants, l'athlète de Westmacott est une copie en marbre romain[35] d'une statue de bronze faite par Polykleitos. Lysippe de Sicyone, qui travailla de 368 à 318 av. J.-C., fut un des maîtres du bronze et de la représentation du mouvement, comme en témoigne entre autres la statuette d'Alexandre en cavalier, datée de 300-250 av. J.-C., conservée à Rome au musée national de la Villa Giulia[36] ou bien le bronze représentant un athlète vainqueur, conservé au musée Getty de Malibu[37] ou bien la statuette équestre d'Alexandre,

Cinq coureurs du stade. Amphore panathénaïque attique à figures noires, env. 530 av. J.-C, attribué au peintre d'Euphiletos.

31 Platon, *Charmide*, dans *Œuvres complètes*, t.2 (trad. A. Croiset), Les Belles Lettres, Paris, 1921, 155.
32 Fr. Chamoux, préface au livre de G. Losfeld, *Essai sur le costume grec*, éditions De Boccard, Paris, 1991, p. 7.
33 Voir le tableau dessiné par G. Losfeld, *ibid.*, p.178.
34 Statue conservée au musée national d'Athènes. Reproduction dans Fr. Chamoux, *op. cit.*, fig. 227.
35 Reproduite dans L. Burn, *The British Museum Book of Greek and Roman Art*, Thames and Hudson, Londres, 1992, p. 59.
36 Représentée dans P. Moreno, *Vita e Arte di Lisippo*, Milano, 1987, pp. 65-7.
37 *Ibid.*, pp. 71-3.

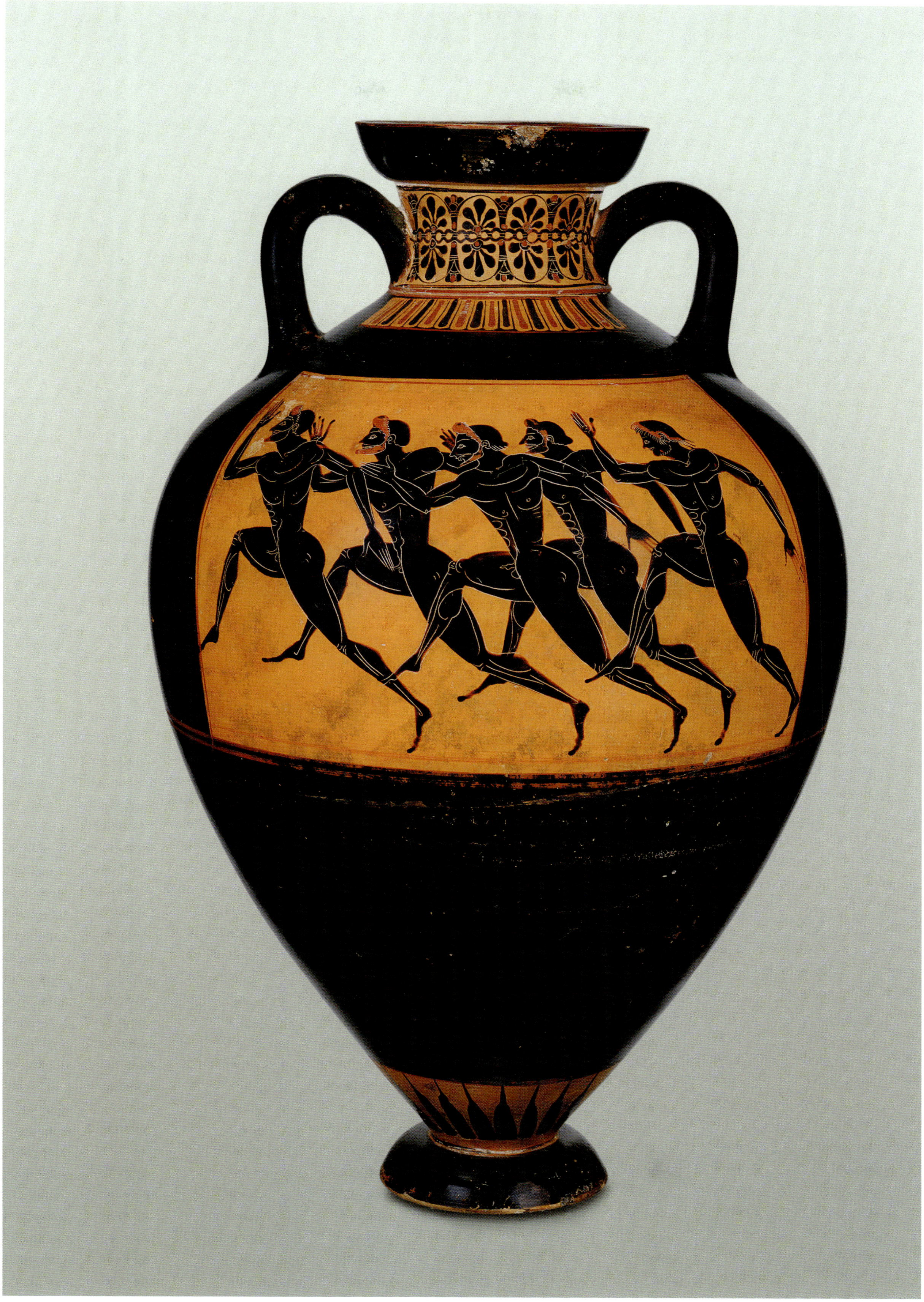

Vase à figures rouges conservé au Berlin-Charlottenburg Antikenmuseum (inv. F 2180). Trois athlètes, Hippomédon, Hésias et Lykon dont les noms sont indiqués, se préparent avant l'exercice. Hippomédon est massé par le jeune Tranion, Lykon, enlevant sa *chlamyde*, est aidé par un jeune assistant. Hippomédon et Tranion sont couronnés de lierre, Lykon porte une couronne d'olivier.

conservée au musée de Naples[38] ou encore le jeune athlète du musée de Berlin en marbre pentélique daté du Ier siècle apr. J.-C.[39]

Le culte de la beauté virile s'est exprimé dans les dessins ornant les vases et dans les peintures, hélas, trop rares, vu leur fragilité. Ne retenons que quelques exemples typiques. Une amphore dans le style de Fikellura (Anatolie égéenne) datant du troisième quart du VIe siècle et conservée au British Museum (inv. A 1311) nous montre un coureur nu dans toute la perfection de son effort.[40] Cinq coureurs nus en pleine action, sont figurés par le peintre d'Euphilétos sur une amphore attique de type panathénaïque (env. 530 av. J.-C.), conservée à New York au Metropolitan Museum of Art (voir p. 139).[41] Le peintre d'Andokidès, sur une amphore attique env. 525 av. J.-C., conservée au Berlin-Charlottenburg Antikenmuseum nous montre ces étreintes de lutteurs, l'un barbu, l'autre imberbe que les spectateurs des Jeux avaient sous les yeux (voir p. 235).[42] C'est un garçon nu, légèrement éméché, qui place à hauteur de ses cuisses une lyre, donneuse d'ivresse, qu'a peint Skythès sur une coupe attique, env. 510-500 av. J.-C. (Rome, Villa Giulia inv. 20760).[43] Le peintre Euphronios, sur un cratère en calice attique, env. 505 av. J.-C., représente de dos, dénudé, le bel Hippomédon s'appuyant sur la tête d'un jeune garçon, Tranion, portant lui aussi une couronne et massant le pied de son maître (photos ci-dessus et ci-contre).

38 P. Moreno, *op. cit.*, p. 153.
39 *Ibid.*, p. 226.
40 A. Metzge, H. Metzge et J. P. Sicre, *La Beauté nue*, Phébus, Paris, 1984, planche p. 10.
41 *Ibid.*, p. 31.
42 *Ibid.*, pp. 126-7.
43 *Ibid.*, pp. 128-9.

Détail du vase à gauche : Hippomédon est massé par le jeune Tranion.

Comme le disent les auteurs : « Une tendre complicité les unit. À Athènes comme ailleurs du massage à la caresse la distance est parfois vite franchie ».[44] D. Pralon rappelle une épigramme de Straton (*Anthologie palatine,* XII, 192) qui traduit bien l'atmosphère de la palestre :

Ce ne sont pas les cheveux qui me plaisent,
ni les boucles superflues,
Artificielles, et qui ne montrent pas les œuvres de nature ;
Mais la crasse sableuse d'un garçon à la palestre
Et la couleur que donne à ses membres la chair huilée.

44 A. Metzge, H. Metzge et J. P. Sicre, *op. cit.,* pp. 140-1.

Peintre de Brygos. Détail d'une coupe attique à figures rouges, env. 480 av. J.-C., conservée au Ashmolean Museum (inv. 1967/304).

Les peintres grecs et plus particulièrement les Athéniens se sont plu à peindre ces éphèbes qui n'étaient plus enfants, ni encore adultes, âgés de douze à treize ans pour les plus jeunes, dix-sept à dix-huit ans pour les plus âgés. La grâce de la jeunesse fait le charme de cette toilette d'éphèbes, sur le cratère d'Euphronios.[45] Le peintre de Berlin, sur un cratère en cloche attique, env. 480 (musée du Louvre, inv. G. 175) saisit dans sa perfection le corps nu de Ganymède jouant au cerceau et brandissant de l'autre main un coq, cadeau qu'offrait l'amoureux, qui n'est autre que Zeus représenté sur l'autre face du vase.[46] D. Pralon rappelle le texte de Théognis (*Poémes élégiaques*, II, 1345-1350) :

45 A. Metzge, H. Metzge et J. P. Sicre, *op. cit.*, p. 45.
46 *Ibid.*, pp. 152-3.

Zeus enlevant Ganymède. Pélike à figures rouges.
Phocide env. 470 av. J.-C.

Aimer un jeune garçon est un plaisir,
car jadis aussi Ganymède,
Le Croniden roi des Immortels l'a aimé ;
Il l'a conduit sur l'Olympe ; il en a fait
Un dieu, avec la fleur désirable de la jeunesse.
Aussi ne t'étonnes pas, Simonide, parce que moi aussi
Je me suis exhibé, dominé par l'amour
d'un jeune et beau garçon.

Le peintre de Brygos, sur une coupe attique, env. 480 (photo ci-contre), montre une scène de palestre qui devait être fréquente. Un athlète barbu, ayant déposé bâton, éponge et strigile et rejeté son himation pour montrer son corps porte la main vers le pubis d'un jeune garçon dévêtu qui peut voir l'état où il met son éraste et qui déjà consentant, caresse la nuque qui se penche vers lui reconnaissant du sac d'osselets que lui a offert son éraste.[47] Le lièvre était aussi un cadeau fait à un gamin pour s'en attirer les faveurs. Onésimos, sur une coupe attique du début du Ve siècle (British Museum, inv. E 46) représente un éphèbe nu courant après un lièvre et, sans doute après une aventure moins cynégétique. Sur une coupe attique, env. 460 av. J.-C. (Bibliothèque Nationale, inv. 820), un homme barbu, ayant rejeté son himation mais n'affichant pas encore son intention, attire vers lui un jeune joueur de lyre qui fait mine de se refuser, mais qui a déjà perdu sa *chlamyde* pour montrer ses avantages.[48]

On pourrait multiplier les exemples de ce goût de la perfection charnelle qui a inspiré les artistes et qui donnait un sens aux Jeux athlétiques et à l'entraînement des athlètes. Il n'y a rien de graveleux dans ces représentations qui n'ont rien à voir avec les scènes érotiques et pornographiques du genre de ce que représente la coupe attique du peintre de Pedicus, au musée du Louvre.[49]

La beauté, la jeunesse étaient des gages d'espoir de vaincre la mort inexorable, comme le dit joliment Pindare à la fin de l'épode de la dixième Olympique[50] :

> J'ai loué le fils aimable d'Archestratos, que j'ai vu, de ses bras vigoureux, vaincre près de l'autel d'Olympie. Ce jour-là, dans l'éclat de cette beauté, dans la fleur de cette jeunesse qui, contre la mort inexorable, avec la faveur de Cypris, ont protégé Ganymède.

Un homme offre un lièvre, symbole érotique, à un jeune garçon. Pélike à figures rouges. Provenance Atalante, Locride, env. 460 av. J.-C. L'homme barbu est vêtu d'un manteau drapé en biais, découvrant une épaule. Il est appuyé sur un bâton et regarde l'enfant d'un œil concupiscent. L'enfant, imberbe, est enveloppé de son manteau jusqu'au cou. Le regard modeste, il tient une lyre, revenant peut-être de sa leçon de musique.

47 A. Metzge, H. Metzge et J. P. Sicre, *op. cit.*, pp.164-5.

48 *Ibid.*, pp.210-1.

49 P. Quignard, *Le sexe et l'effroi*, Gallimard, Paris, 1994, pp.18-9.

50 Pindare, *Olympiques*, *op. cit.*, X, 120-5.

Chapitre VIII
Jeux locaux

Si les grands Jeux c'est-à-dire ceux appartenant à la « période » (Jeux d'Olympie, de Delphes, de l'Isthme et de Némée) étaient les plus prestigieux et conféraient la gloire la plus éclatante, il existait dans les cités des jeux où les talents pouvaient se manifester et faire bien augurer d'une carrière panhellénique. Selon l'importance de la cité où ils avaient lieu ces jeux attribuaient plus ou moins d'honneur. Ils n'en demeuraient pas moins des jeux locaux. C'était le cas de la fête des Panathénées, à Athènes.

Les Panathénées

Cette fête en l'honneur d'Athéna, comportait deux sortes de manifestations. Les Petites Panathénées étaient une fête annuelle, qui avait lieu le mois *Hécatombaiôn*, premier mois du calendrier attique, qui s'étendait durant la deuxième moitié de notre mois de juillet et la première moitié de notre mois d'août, période la plus chaude de l'année. L'importance de ce mois est révélée par son nom même qui signifiait qu'on y sacrifiait cent *(hékaton)* bœufs ou animaux divers, ce chiffre, du reste, ne devant pas être pris au pied de la lettre. Le prestige d'Athènes était tel qu'à partir de 566-565 av. J.-C., on célébra les Grandes Panathénées qui devinrent la grande fête civique d'Athéna. Le fait que ces Panathénées étaient célébrées tous les quatre ans c'est-à-dire étaient *pentaétérides* comme on disait en grec montre que les jeux qui s'y déroulaient avaient en quelque sorte l'éclat des Grands Jeux bien qu'il s'agît d'une fête locale.

Cette fête comportait des concours hippiques et athlétiques, dont les vainqueurs recevaient comme prix chacun une *amphore panthénaïque,* pleine de l'huile produite par les oliviers sacrés. Ces jeux duraient quatre jours pleins, comportant aussi la nuit une course aux flambeaux (*lampadédromie*), préfigurant peut-être ce qui devint à l'époque moderne le transport de la flamme olympique.

En fait ces réjouissances, auxquelles prenaient part citoyens, femmes, jeunes gens et jeunes filles, prêtres, magistrats, cavaliers et chars, victimes destinées aux sacrifices, commençaient par une immense procession (*pompè)* qu'on peut imaginer d'après les sculptures de la frise ionique du Parthénon. Le motif de la fête était l'offrande faite à « Athéna Polias » (c'est-à-dire protectrice de la ville) d'un *péplos* que des femmes et des jeunes filles d'Athènes qu'on appelait les *Ergastines* (ouvrières) avaient tissé durant neuf mois. Sur ce vêtement sacré étaient représentés les épisodes de la Gigantomachie où Athéna avait joué un rôle capital. La présence de la déesse était matérialisée sur les frontons du Parthénon. Celui de l'est représentait la naissance d'Athéna, figurée en armes, incarnant le courage lucide qui veillait sur la ville. Le fronton ouest représentait la dispute d'Athéna et de Poseïdon pour la possession de l'Attique. Le rôle civilisateur et pacifique de la déesse était souligné par le don de l'olivier, symbole de paix et producteur de l'huile indispensable à l'alimentation mais aussi au gymnase.

Nous pouvons imaginer cette procession des Panathénées grâce à la frise ionique montrant les préparatifs et le déroulement de la procession. Ces métopes ont été malheureusement dispersées dans différents musées. L'ordonnance de cette procession commençait à l'angle sud-ouest, l'angle droit de la façade vue depuis les propylées. On voyait deux théories de personnages défilant sur chacun des quatre côtés du

Athéna : la déesse est en armes, portant casque et bouclier. Amphore panathénaïque, signée par le potier Nikias. Attique env. 560 av. J.-C. Figure noire sur fond rouge.

bâtiment pour converger vers le milieu du côté est. La frise ouest fait assister aux préparatifs du départ de la procession. On voit le rassemblement des cavaliers, un magistrat et un prêtre réglant la marche du cortège. Sur les côtés nord on assistait au défilé de la troupe des cavaliers, puis des chars, des porteurs de rameaux d'olivier (*thallophores*), femmes ou vieillards, puis des sacrificateurs conduisant des génisses, ou des magistrats, des musiciens, des jeunes filles portant des corbeilles avec des offrandes (*canéphores*). Le cortège devenait plus calme à mesure que l'on s'approchait de la face est. La procession s'achevait dans une scène où dieux et héros, répartis en deux groupes, accueillaient les deux branches du cortège.

Dans aucun texte antique nous n'avons une description si précise de ce cérémonial, mais seulement des indications assez succinctes. Ainsi Hérodote (env. 484-425 av. J.-C.) nous raconte le songe qu'Hipparque avait eu la nuit qui précédait les Panathénées. Cet Hipparque fils de Pisistrate et frère du tyran Hippias devait être tué par Aristogiton et Harmodios. C'est une leçon de modestie devant la destinée que nous donne cet épisode[1] :

> Voici encore le songe qu'Hipparque avait eu : la nuit qui précédait les Panathénées, il crut voir près de lui un homme grand et beau, qui lui disait ces paroles obscures :
>
> « Supporte, lion, un sort insupportable, d'un cœur prêt à tout supporter :
> Nul homme ne commettra le mal sans en porter la peine ».
>
> Le jour venu il consulta ouvertement les interprètes des songes sur sa vision, puis il n'en tint pas compte et il alla diriger la procession, celle dans laquelle justement il trouva la mort.

Cette relativité du pouvoir vis-à-vis du destin fut un des thèmes préférés de Pindare et de Bacchylide.

La cérémonie des Panathénées selon Andocide (468-391 av. J.-C.) donna lieu à des tractations peu édifiantes[2] :

> Le peuple décida que les initiés réunis dans le tribunal des Thesmothètes entendraient les dénonciations et statueraient. Leur vote attribua la plus forte récompense à Andromachos, la seconde à Teucros, et à la fête des Panathénées l'un reçut dix mille drachmes, l'autre mille.

Le témoignage de Thucydide (env. 460-env. 395 av. J.-C.) raconte la douzième année de la guerre du Péloponnèse (mars 420-février 419) et mentionne la conclusion du traité d'alliance entre Athènes d'une part, Argos, Elis et Mantinée d'autre part. La date des Grandes Panathénées est donnée comme le *terminus ante quem* de ces négociations[3] :

> Les serments seront renouvelés par les Athéniens, qui se rendront à Elis, à Mantinée et à Argos, trente jours avant les Jeux olympiques ; par les Argiens, les Mantinéens et les Eléens qui se rendront à Athènes dix jours avant les

Amphore attique panathénaïque avec son couvercle, offerte en prix. Attribuée au peintre de la Procession nuptiale et signée par le potier Nikodemos. Cette terre cuite grecque (Athènes) 363-362 av. J.-C. est décorée avec une Athéna armée et est identifiée comme « un des prix provenant d'Athènes ».

1 Hérodote, *Histoires* (trad. A. Barguet), La Pléiade, Paris, 1964, V, 56.
2 Andocide, « Sur les Mystères », dans *Discours* (trad. et éd. G. Dalmeyda), Les Belles Lettres, Paris, 1930, 28.
3 Thucydide, *Guerre du Péloponnèse* (trad. D. Roussel), La Pléiade, Paris, 1964, V, 47.

Vase à figures rouges, conservé au British Museum, montrant une course au flambeau dans un rituel religieux. Le porteur de torche, adulte barbu, membre de l'équipe victorieuse, porte une couronne à pointes. Derrière l'autel se tient debout un prêtre et une victoire ailée s'approche du porteur de torche. Deux jeunes gens imberbes coiffés de couronnes à pointes encadrent la scène, à droite et à gauche.

> Grandes Panathénées. Les conventions relatives au traité, aux serments et à l'alliance seront gravées sur des stèles de marbre qui seront érigées à Athènes sur l'Acropole, à Argos dans le temple d'Apollon, sur l'agora à Mantinée, dans le temple de Zeus sur l'agora. Les cités contractantes érigeront en commun une stèle de bronze à Olympie, au cours des prochains Jeux olympiques.

Lysias (440-380 av. J.-C.) nous donne une idée des frais qui pouvaient être engagés pour ces compétitions[4] :

> J'ai subi l'examen de majorité sous l'archontat de Théopompe (411-410) ; nommé chorège pour le concours de tragédie je dépensai trente mines et deux mille drachmes deux mois après, aux Thargélies où je remportai le prix à un chœur d'hommes, puis sous l'archontat de Glaukippos (410-409), aux Grandes Panathénées, huit cents drachmes pour des danseurs de pyrrhique. De plus je fus vainqueur aux Dionysies sous le même archonte avec un chœur

4 Lysias, « Défense d'un anonyme », dans *Discours* (trad. L. Gernet et M. Bizos), Les Belles Lettres, Paris, 1926, I-2.

> d'hommes et je dépensai, en comptant la consécration du trépied, cinq mille drachmes ; plus trois cents pour un chœur cyclique, aux Petites Panathénées, sous l'archontat de Dioclès (409-408). Dans le même temps pendant sept années j'ai été triérarque, et j'ai, de ce fait, déboursé six talents.

Isocrate (436-338 av. J.-C.) mentionne la date des Grandes Panathénées pour indiquer qu'il fut alors en butte aux dénigrements de ses adversaires au moment de la grande fête civique d'Athènes[5] :

> Certes aussi longtemps qu'ils ont abîmé mes discours en les lisant à côté des leurs aussi mal que possible, en les divisant incorrectement, en les déchiquetant, en les dénigrant de toutes les manières, je ne me suis préoccupé de rien de ce qui m'était rapporté ; j'ai conservé ma sérénité. Mais peu avant les Grandes Panathénées j'ai souffert de leur fait.

C'était en effet lors de ces grandes fête qu'avaient lieu les lectures publiques des grands orateurs. Les Panathénées étaient le moment où les talents pouvaient se faire connaître qu'ils fussent intellectuels ou athlétiques.

Par Xénophon (env. 430-355 av. J.-C.), nous savons que des courses de chevaux avaient lieu aux Grandes Panathénées. *Le Banquet* de Xénophon nous le dit expressément[6] :

> C'était lors de course de chevaux des Grandes Panathénées ; Callias, fils d'Hipponicos, avait conduit à ce spectacle le jeune Autolycos, dont il était épris, qui venait de remporter le prix du pancrace. La course terminée, il se rendait à sa maison du Pirée, avec Autolycos et le père de ce jeune garçon, en compagnie de Nicératos.

Aristophane (445-env. 385 av. J.-C.) nous parle des danses qui étaient exécutées aux Panathénées. En effet, le Raisonnement Juste reproche au Raisonnement Injuste d'obliger les danseurs à porter des manteaux et à cacher leur sexe avec leur bouclier. C'était faire injure à Athéna Tritogénie, qui s'accommodait fort bien de la nudité athlétique[7] :

> Mais toi tu enseignes à ceux d'aujourd'hui à être de bonne heure enveloppés dans des manteaux ; et je suffoque quand, aux Panathénées, j'en vois qui, obligés de danser, tiennent leur bouclier devant leur sexe, sans égard pour Tritogénie.

Il va sans dire que cette danse était la *pyrrhique,* où les exécutants portaient leurs armes. Certes le bouclier était un rempart plus efficace que la feuille de vigne qui fut en usage à l'époque chrétienne.

Dans *Les Grenouilles*[8] Aristophane nous fait connaître la course aux flambeaux en

5 Isocrate, « Panathénaïque », dans *Discours*, t.4 (trad. G. Mathieu), Les Belles Lettres, Paris, 2e tirage, 1972, XII, 17.

6 Xénophon, *Le Banquet* (trad. F. Olier), Les Belles Lettres, Paris, 1961, I, 2.

7 Aristophane, *Les Nuées*, dans *Théâtre complet* (trad. et éd. V. H. Debidour), Gallimard, Paris, 1965, 987-9.

8 Aristophane, *Les Grenouilles*, dans *Théâtre complet, op. cit.*, 129-34.

imaginant un dialogue comique entre Héraklès et Dionysos. Le premier conseille au second de descendre au Céramique, de monter sur la tour dite de Timon (le misanthrope), puis quand les spectateurs crieraient « lancés » de se précipiter en bas. La course partait de l'Académie, à l'endroit où se dressait cette tour et arrivait, à six stades de là (1100 m) à la Double Porte (*Dipylon*) qui séparait le Céramique intérieur du Céramique extérieur.

Le témoignage tardif de Plutarque (env. 46-120 apr. J.-C.) attribue à Thésée la création des Panathénées. Le héros aurait procédé à l'unification de l'Attique en réunissant tous les bourgs qui étaient dispersés en une ville qui prit le nom d'Athènes. C'est alors qu'il aurait institué un sacrifice commun (*thusian koinèn*) celui des Panathénées. Il aurait aussi créé le seize du mois Hécatombaïon la fête des *métoikia*, que Thucydide (II, 15) nomme les *Synoikia* et qui tombait douze jours avant le début des Panathénées.[9]

Non seulement les jeux d'Athènes, mais des jeux célébrés dans des villes diverses, sont mentionnés dans les *Épinicies* de Pindare (518-446 av. J.-C.) ou de Bacchylide (env. 507-430 av. J.-C.).

Les jeux locaux dans les épinicies

Ces chants de triomphe ne célèbrent pas seulement les vainqueurs dans les Grands Jeux. Des victoires dans des jeux locaux sont souvent mentionnées dans ces odes qu'on croit souvent, à tort, composées seulement pour les vainqueurs des Jeux de la « période ».

Ainsi dans la VIIe *Olympique*, pour Diagoras de Rhodes, pugiliste, *périodonice* (c'est-à-dire vainqueur aux quatre Grands Jeux), Pindare n'hésite pas à signaler que ce grand champion fut aussi honoré dans des fêtes locales. Ce vainqueur appartenait à une famille de champions, le *génos* des *Eratides*, qui occupait un rang élevé dans la ville d'Ialysos, à Rhodes. Ce Diagoras fils de Damagétos était haut de 2 m, si l'on croit la scholie 28a. Son fils aîné un autre Damagétos gagna le prix du pancrace à Olympie. Un autre de ses fils Dorieus fut trois fois vainqueur à Olympie. Son troisième fils Acousilaos fut vainqueur à Olympie, au pugilat, comme son père. Ses petits-fils Euclès et Peisirhodos triomphèrent aussi à Olympie et à Delphes. Pausanias (VI, 7) nous apprend qu'on voyait à Olympie les statues de Diagoras et de ses descendants, dont les bases ont été retrouvées à Olympie. Le jour des victoires à Olympie d'Acousilaos et Damagétos, Diagoras, olympionique père de deux olympioniques, fut porté en triomphe.

Sa fille Callipateira se fit octroyer le droit, d'ordinaire refusé aux femmes, d'assister aux Jeux, parce qu'elle était la mère, la fille, la sœur ou la tante de six olympioniques.[10] Pindare signale les jeux locaux où ce champion se distingua[11] :

> Il a vaincu aussi dans la rocheuse Athènes. L'airain d'Argos le connaît. Ils le connaissent, les prix qu'on distribue en Arcadie et à Thèbes, et les fêtes nationales des Béotiens ; Pellène et Egine l'ont vu vaincre six fois ; à Mégare les tables de pierre ne tiennent pas un autre langage. Ô Zeus qui veille sur la croupe de l'Atabyre,[12] sois propice à cet hymne dû selon le rite au vainqueur olympique.

9 Plutarque, *Thésée*, dans *Vies* (trad. R. Flacelière et E. Chambry), Les Belles Lettres, Paris, 1958-83, 24, 3-4.

10 Pindare, *Olympiques*, (trad. A. Puech), Les Belles Lettres, Paris, 1970, VII. Voir commentaire de A. Puech, pp. 87-8.

11 *Ibid.*, 151-62.

12 *Ibid.*, Ce mont est au centre de la chaîne qui traverse l'île de Rhodes.

Dans la IXe *Olympique* Pindare célèbre Epharmostos d'Oponte, vainqueur à la lutte, qui avait été couronné à Olympie, à Delphes, à l'Isthme et à Némée (plusieurs fois). Mais le poète n'omet pas de dire que ce champion avait triomphé dans des jeux locaux[13] :

> Argos l'a vu triompher des hommes comme Athènes l'avait vu triompher des enfants. Et quel combat il soutint à Marathon pour la conquête des coupes d'argent, contre des rivaux plus âgés, lorsque le temps l'eut ravi à la classe des imberbes ! Son adresse preste, qui savait éviter la chute, vint à bout de ses adversaires : aussi quelles acclamations l'accompagnèrent quand il traversa l'arène, dans la beauté de sa jeunesse, dans la gloire de son triomphe !
>
> Du peuple Parrhasien (en Arcadie) aussi il se fit admirer à la grande fête de Zeus Lycéen, non moins qu'à Pellène,[14] quand il conquit le chaud remède qui protège contre les brises glacées. Et le tombeau d'Iolaos, comme la marine Eleusis furent témoins de ses succès.[15]

Le texte nous apprend que la distinction entre les classes d'âge n'était pas rigoureuse ; un certain flou entourait le passage des imberbes à la classe des adultes. Ce fait est corroboré par un texte plus explicite de Pausanias (VI, 14,1). Je traduis d'après le texte de W. H. S. Jones :

> Pherias d'Egine, dont la statue se dresse à côté de l'Athénien Aristôn, à la soixante-dixième Olympiade fut considéré comme jeune et, non admis à lutter, il fut exclu de la compétition, mais à la fête suivante, il fut admis alors dans la catégorie des enfants et fut vainqueur à la lutte. Ce qui arriva à ce Phérias fut différent et en fait le contraire de ce qui arriva, à Olympie, à Nikasulos de Rhodes. En effet, alors qu'il avait dix-huit ans et non admis par les Eléens à lutter dans la catégorie des enfants, il fut admis chez les adultes et fut vainqueur. Plus tard il fut proclamé vainqueur à Némée et à l'Isthme. Mais, quand il eut vingt ans, il subit l'arrêt du destin avant de retourner chez lui à Rhodes.

Dans la XIIIe *Olympique* en l'honneur de Xénophon de Corinthe vainqueur au stade et au pancrace, Pindare évoque la famille des Oligaithides trois fois olympioniques. À la fin de l'ode il rappelle les victoires locales où ces champions s'étaient illustrés[16] :

> Dirai-je leurs victoires sur le mont sourcilleux du Parnasse, toutes celles qu'ils ont gagnées à Argos et à Thèbes, toutes celles (dans les vallons) d'Arcadie, l'autel de Zeus peut l'attester ? Pellène et Sicyone, et Mégare et le sanctuaire splendide des Eacides, Eleusis, et la grande plaine de Marathon, et les villes opulentes sises sous la crête sublime de l'Etna, et l'Eubée et la Grèce

13 Pindare, *Olympiques, op. cit.*, IX, 132-51.

14 Pellène était une ville d'Achaïe, dont les ruines se trouvent aujourd'hui près de Trikkala. Les prix consistaient en manteaux de laine.

15 Les jeux auprès du tombeau d'Iolaos sont des jeux thébains ; ceux d'Eleusis, des *Démétria*, jeux en l'honneur de Déméter.

16 Pindare, *Olympiques, op. cit.*, XIII, 150-63.

> entière, si vous la parcourez, vous en offriront plus que le regard n'en peut embrasser.

Dans la Ire *Isthmique,* Pindare compose son ode pour Hérodote de Thèbes, vainqueur à l'épreuve des chars à l'Isthme. Il rappelle que ce vainqueur a remporté la victoire dans des jeux locaux, à Orchomène, à Eleusis, en Eubée, à Phylacé en Achaïe[17] :

> À nous il convient de célébrer avec reconnaissance le Dieu qui ébranle la terre (Poseïdon) le fils de Cronos, notre voisin, protecteur bienveillant des chars, qui veille sur l'arène, et d'invoquer tes enfants, Amphitryon, et la vallée de Minyas (Orchomène) ainsi que le sanctuaire fameux de Déméter, Eleusis, et l'Eubée, tous ces lieux où s'ouvre aux concurrents la courbe des hippodromes, et j'y ajoute encore, Protésilas,[18] l'enceinte où les hommes d'Achaïe t'honorent à Phylacé. Énumérer tous les succès qu'Hermès, patron des jeux, a octroyé aux coursiers d'Hérodote, les courtes limites où l'hymne doit se renfermer me l'interdisent.

Dans la IVe *Isthmique* Pindare évoque le célèbre Mélissos de Thèbes, vainqueur au pancrace. Il rappelle que les Cléonymides de Thèbes, ancêtres de ce vainqueur, gentilshommes fort riches et estimés, n'ont été récompensés que par des couronnes gagnées en des concours d'importance secondaire, c'est-à-dire dans des jeux locaux[19] :

> Dans les campagnes d'Athènes et dans les jeux qu'Adraste institua à Sicyone, (leur renommée) avait fait proclamer la victoire de leur char, et leur avait mérité tant de guirlandes de chants qu'ils reçurent des poètes d'autrefois. Ils n'avaient pas négligé non plus d'envoyer leur quadrige au siège courbe dans les grandes panégyries et ils se complaisaient aux dépenses qu'exigeaient d'eux leurs chevaux, pour lutter avec les peuples de toute l'Hellade. À ceux qui ne veulent point tenter la chance revient le silence et l'oubli.
>
> Mais ceux mêmes qui prennent part à la lutte peuvent être condamnés par la Fortune à rester dans l'obscurité avant d'atteindre le but suprême. Car c'est elle qui donne succès ou revers et souvent la ruse d'un plus faible a surpris et fait échouer le plus fort.

Ce thème des caprices de la Fortune est cher à Pindare, qui considère le succès comme le résultat du mérite, mais aussi comme un effet de la bienveillance des dieux. L'échec ne doit pas décourager, mais le succès ne doit pas engendrer l'*hybris* (la démesure).

La VIIIe *Isthmique* chante l'exploit de Cléandre d'Egine, vainqueur au pancrace et rappelle d'anciennes victoires de ce champion à des jeux moins illustres, ceux de Mégare et d'Epidaure. Il signale aussi que son cousin, Nicoclès, qui avait lui aussi gagné le prix du pancrace à l'Isthme, avait fait preuve de son talent dans les jeux d'alentour[20] :

17 Pindare, *Isthmiques* (trad. et éd. A. Puech), Les Belles Lettres, Paris, 1961, I, 76-89.

18 Prôtesilaos était le chef thessalien, le premier des Grecs tombé au rivage de Troie.

19 Pindare, *Isthmiques, op. cit.,* IV, 42-56.

20 *Ibid.,* VIII, 133-52.

Quadrige au galop, avec aurige âgé. Amphore attique de type panathénaïque, env. 400 av. J.-C., à figures noires, l'aurige en blanc. Conservée au British Museum (inv. B606).

> Il convient de s'en souvenir aujourd'hui, et voici que le char des Muses a pris son essor pour célébrer la mémoire de Nicoclès le pugiliste. Honorez-le : car, dans la plaine de l'Isthme, il a conquis l'ache dorienne, après avoir jadis, en faisant tournoyer son poing inévitable, triomphé de ses rivaux dans les jeux d'alentour. Le fils de l'homme d'élite qui fut le frère de son père ne lui fait point honte ; que ses camarades tressent une jolie couronne de myrte pour Cléandre, vainqueur au pancrace, puisque déjà les jeux d'Alcathoos, déjà la jeunesse d'Epidaure l'ont reçu pour le voir triompher ! Il n'a point laissé son adolescence s'éteindre en un gîte, sans tenter de beaux exploits.

La IXe *Néméenne*, célébrant Chromios d'Etna, le lieutenant de Hiéron, vainqueur à la course des chars, rappelle que ce vainqueur avait gagné à des jeux mineurs, les jeux pythiens de Sicyône[21] :

> Éveillons donc la *phorminx* sonore, éveillons la flûte, pour fêter le plus haut des prix équestres que, pour Phoibos, Adraste institua, sur les rives de l'Asôpos ;[22]

21 Pindare, *Néméennes* (trad. et éd. A. Puech), Les Belles Lettres, Paris, 1967, IX, 22-9.
22 Il s'agit ici du fleuve qui passe près de Phlionte et de Sicyône.

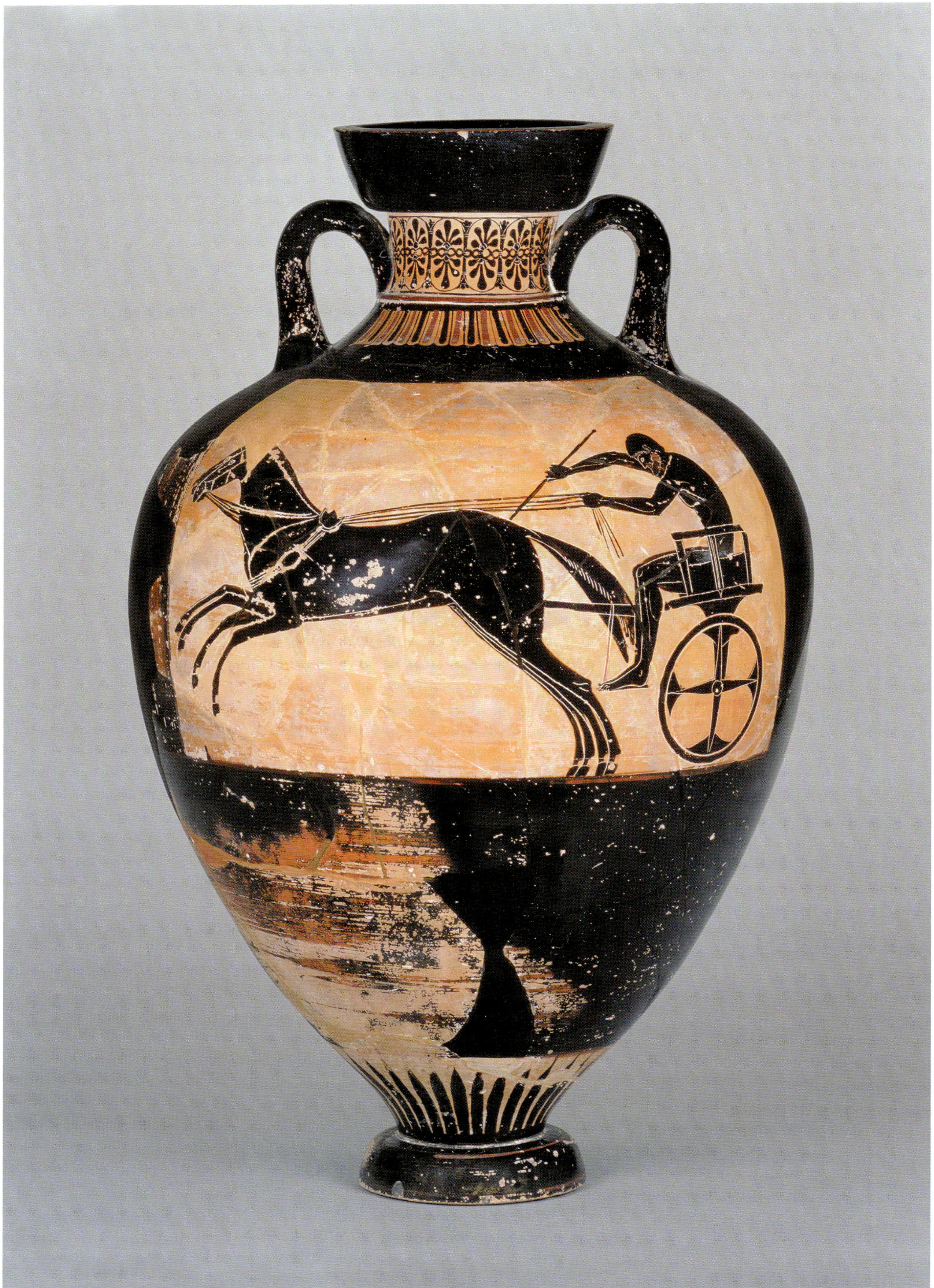

> je veux les rappeler pour rendre un illustre hommage au héros qui régnait alors en ce pays et, par des fêtes nouvelles, par des concours où les hommes luttent de vigueur et où rivalisent les chars élégants, faisait connaître et illustrait la ville.

La Xe *Néméenne*, pour Théaios d'Argos, lutteur, nous apprend qu'avant de triompher aux Jeux olympiques, Théaios avait été vainqueur aux Panathénées et avait été récompensé à Athènes par le don d'amphores panathénaïques pleines d'huile et décorées de figures[23] :

> Deux fois déjà, heureux prélude ! les Athéniens, dans leurs fêtes solennelles, l'ont accompagné de leurs douces acclamations, et il a rapporté au valeureux peuple d'Héra [Argos] le fruit de l'olivier, dans le flanc des vases richement décorés, terre que la flamme a durcie.

Dans la Xe *Néméenne*, pour le lutteur Théaios d'Argos, la troisième triade est consacrée à la famille maternelle de Théaios, notamment à deux de ses membres, Thrasylos et Antias. Il indique qu'ils furent vainqueurs à la course des chars et il cite les couronnes qu'eux-mêmes ou d'autres membres de la famille remportèrent à l'Isthme, à Némée et dans d'autres concours de rang inférieur, c'est-à-dire dans des jeux locaux[24] :

> De Sicyône, ils sont revenus couverts d'argent, avec les phiales où l'on boit du vin ; de Pellène, le dos revêtu de molles étoffes, et l'on ne peut faire le compte des innombrables objets d'airain – il y faudrait trop de loisir ! – que Clitor et Tégée et les hautes villes des Achéens et le Lycée, sur l'hippodrome de Zeus, ont exposés, pour devenir le prix que la force de leur bras et l'agilité de leurs jambes font triompher.

Ils n'ont pas reçu de l'argent, mais des coupes en argent. À Pellène on offrait des manteaux de laine aux vainqueurs des jeux en l'honneur d'Hermès. Les jeux de la ville de Clitor avaient lieu en Arcadie et étaient célébrés en l'honneur de Corè ; ceux de Tégée étaient donnés en l'honneur d'*Athéna Aléa* (Protectrice). On ignore quelles sont les villes d'Achaïe ici mentionnées.

La XIe *Néméenne,* pour Aristagoras, de Ténédos, prytane, n'est pas une ode triomphale, mais fait état de la modestie de ce personnage, qui n'osa pas affronter les Grands Jeux, se contentant de vaincre dans des jeux locaux[25] :

> Il faut qu'il soit loué par la voix bienveillante de ses concitoyens, et qu'il soit célébré avec art par les chants doux comme le miel. Seize victoires brillantes, gagnées dans les fêtes d'alentour, à la lutte et au pancrace glorieux, ont couronné Aristagoras et sa race fameuse. Trop timides dans leurs espoirs ses parents ont empêché que leur enfant essayât sa force dans les Jeux de Pythô et d'Olympie. Par le Dieu du Serment (Horcos) j'imagine que s'il était allé à Castalie et à la colline boisée de Cronos il en serait revenu avec plus d'honneur que ses adversaires ; il aurait fêté sa victoire à la solennité

23 Pindare, *Néméennes*, *op. cit.*, X, 61-68.

24 *Ibid.*, 79-90.

25 *Ibid.*, XI, 22-43.

Vase à figures noires. Bige tiré par deux mules, l'aurige, adulte barbu, est assis.

> quinquennale instituée par Héraklès et aurait couronné sa chevelure de rameaux magnifiques. Mais parmi les mortels il en est qu'une vanité présomptueuse a rejetés du succès; il en est d'autres qui injustes envers leur propre force se sont vus empêchés d'atteindre la gloire qui leur revenait par un cœur trop craintif qui les retenait en arrière.

Pindare fait des considérations sur l'alternance habituelle, dans une même race, de générations talentueuses et d'autres moins douées. Mais il ne critique pas Aristagoras pour son manque d'ambition, mettant du reste à la charge de ses parents cette trop grande modestie. Entre ceux qui s'illusionnent sur leurs possibilités et ceux qui se sous-estiment, il ne tranche pas. L'excès et le manque d'ambition nous renvoient à notre condition mortelle et à notre soumission à la volonté de Zeus, seul comptable de nos espérances.

Les odes triomphales de Bacchylide évoquent aussi ces victoires qui ne furent pas toutes obtenues dans les Grands Jeux, mais dans des jeux locaux. Ainsi dans la première *Épinicie* célébrant Argeios de Kéos, enfant vainqueur au pugilat aux Jeux isthmiques, le poète signale que « le Kronide au siège sublime lui mit dans son lot d'autres brillantes couronnes ».

Dans l'*Épinicie* X, pour un Athénien vainqueur deux fois à la course aux Jeux isthmiques, Bacchylide indique que d'autres villes accueillirent le vainqueur[26] :

> Et il fut (vainqueur) deux fois à Némée, près de l'autel sacré de Zeus, fils de Kronos ! Et la fameuse Thèbé l'accueillit, ainsi qu'Argos aux larges places et Sicyone, selon les règles ; les habitants de Pelléné aussi, la population de l'Eubée couverte de champs de blé et ceux de l'île sainte d'Egine ! Chacun s'efforce de trouver la route dont le trajet lui obtiendra une réputation insigne. Il est multiple, le savoir humain.

L'*Épinicie* XI est faite pour Alexandros de Métaponte, enfant vainqueur à la lutte aux Jeux pythiques. Sa victoire lui vaut les cortèges et les fêtes des jeunes gens qui viennent célébrer son exemple à Métaponte.[27]

L'*Épinicie* XIV pour Cléoptolémos de Thessalie vainqueur à la course de chars ne s'est pas passée dans un des Grands Jeux, mais dans les jeux de Thessalie qui étaient célébrés en l'honneur de Poseïdon, mais qui n'avaient qu'une renommée locale[28] : « Pour être utile à Cléoptolémos il nous faut maintenant célébrer le sanctuaire de Poseïdon Pétréen ainsi que le champion des courses de chars, le fils fameux de Pyrrichos ».

Ces jeux locaux faisaient appel à des particularités qui ne sont pas toujours aisées à comprendre. C'est le cas de cette épithète « Pétréen » appliquée à Poseïdon. Les éditeurs signalent que la plus ancienne mention de cette épiclèse est due à Pindare (*Pythiques* IV, 138). Le scholiaste explique ce terme par le mythe de l'ouverture de la vallée de Tempé pour laisser passer le Pénée le tremblement de terre qui provoqua cette percée étant du domaine de Poseïdon. D'autres explications ont été données, peu convaincantes.

26 Bacchylide, *Épinicie* (trad. J. Irigoin, J. Duchemin et L. Bardollet), Les Belles Lettres, Paris, 1963, I, 2.

27 *Ibid.*, XI, 11-14.

28 *Ibid.*, XIV, 19-22.

Théâtre de Dionysos sur l'Acropole d'Athènes.

Pour résumer l'importance qu'avaient ces jeux locaux on peut dire qu'ils étaient à la fois une préparation et une répétition des Grands Jeux. Ces derniers mobilisaient des foules venues de toutes les parties du monde grec tandis que les jeux locaux permettaient, dans le cadre de compétitions beaucoup plus modestes de faire naître ou d'entretenir dans chaque cité un intérêt permanent pour les exercices gymniques notamment. Les vainqueurs aux Grands Jeux montraient à ceux qui n'avaient pu assister à ces grandes manifestations, qu'ils n'oubliaient pas les populations n'ayant pu se déplacer. La solidarité des cités se trouvait ainsi renforcée démocratiquement. D'autre part les jeunes des cités en admirant les grands champions venus se produire dans leurs villes pouvaient rêver de devenir un jour olympioniques, et découvraient les performances qu'il leur faudrait accomplir.

Jeux grecs, jeux d'ailleurs

Une étude comparative des jeux pratiqués en d'autres temps et à d'autres époques serait la bienvenue. Par exemple les jeux usités en Égypte tels qu'on peut les voir sur les peintures murales des tombes de Béni-Hassan[29] donnent des points de

29 Voir P. Newberry, *Beni Hassan (Part 1) Archaeological Survey of Egypt*, Egypt Exploration Fund, Londres, 1893, II, pl. V, VIII, XIII, XV, ou J. G. Wilkinson, *Manners and Customs of the Ancient Egyptians*, Scribner & Welford, New York, 1879, II, p. 54.

comparaison avec les corps à corps, les sauts, les jeux de balle en usage en Grèce. D'humbles documents font réfléchir sur les façons de pratiquer tel ou tel exercice. Je songe à l'*ostracon* du musée du Caire, montrant des lutteurs ou bien à l'*ostracon* du musée de Turin présentant une danseuse acrobatique.[30] De même l'art étrusque permet des rapprochements intéressants. La scène de danse qui orne le vase en bronze de Bizentio, conservé à Rome au musée de Villa Giulia, daté de la seconde moitié du VIIIe siècle av. J.-C., nous donne une version de la *pyrrhique*.[31] Les jeux athlétiques représentés dans la tombe des Olympiades, à Tarquinies, datée du VIe siècle av. J.-C., préfigurent ce que nous montrent les vases grecs.[32] On pourrait multiplier les exemples de cette sorte.

Plus profondément, le sens des Jeux grecs nous apparaît à plein quand on songe aux jeux pratiqués en Amérique centrale et représentés dans de nombreux sites mexicains ou guatémaltèques qui comportent des jeux de balle. N'oublions pas que les anciens Mexicains disposaient du caoutchouc, ignoré des Grecs. Tous les site nahua (aztèques) ou maya, du Yucatan, du Guatemala, du Honduras, du Costa Rica avaient un ou plusieurs jeux de pelote où s'affrontaient des joueurs animés par un idéal bien différent de celui des jeux grecs.

Christian Duverger dans son livre remarquable, *La Méso-Amérique, Art et anthropologie* (Paris, Flammarion, 1999, pp. 66-7), étudie le jeu de balle pratiqué dans l'Amérique centrale durant des millénaires. Ce jeu s'achevait en sacrifice et tout sacrifice était précédé de ce jeu. La langue nahuatl, dit-il, ne possède qu'un même mot (*ollin*) pour désigner le caoutchouc et la notion de mouvement. « C'est évidemment la capacité de rebond du caoutchouc qui a fasciné les Méso-Américains et leur a suggéré la parenté symbolique avec le mouvement cosmique ; quant à la forme sphérique de la balle, elle évoque, bien sûr, l'astre héliaque … Pour les Mayas, le sang et le caoutchouc ne faisaient qu'un ; ils l'appelaient du même mot : *kik* ».

De même que les jeux grecs se pratiquaient dans des lieux spécifiques : gymnase, stade, palestre, hippodrome, de même le jeu de pelote ou *tlachtli* se déroulait dans un espace en forme de « I » majuscule, l'aire de jeu étant de dimensions variables.[33] Elle était flanquée de chaque côté d'un talus incliné, prolongé en sa partie inférieure par une banquette haute de 1 m environ, qui permettait à la balle de rebondir à hauteur de la ceinture.

En principe les joueurs ne devaient toucher la balle qu'avec les hanches ou les fesses. Le terrain de jeu portait des anneaux de pierre fichés dans la partie médiane de l'allée de jeu qui constituaient des buts. Les joueurs répartis en deux équipes s'efforçaient de faire passer la balle de caoutchouc à travers l'orifice de ces disques. Le ou les vainqueurs étaient sacrifiés à l'issue de la partie. Avec un couteau sacrificiel, en obsidienne, on arrachait le cœur palpitant.

« Sahagun », précise Duverger, qui évoque un sacrifice perpétré sur le *teotlachco*, le « terrain de jeu divin » localisé au pied du temple de Quetzalcoatl, au cœur du centre cérémoniel de Tenochtitlan, indique que les victimes étaient au nombre de quatre. « Et

30 A. Lhote, *Les chefs-d'œuvre de la peinture égyptienne*, Hachette, Paris, 1954, p. 230, fig. 10 et 11.

31 P. Parlavecchia, *Les Etrusques et l'Europe*, Réunion des musées nationaux, Paris, 1992, p. 81.

32 *Ibid.*, p. 98-9.

33 Nous reprenons les indications de C. Duverger, *La fleur létale, économie du sacrifice aztèque*, éditions du Seuil, Paris, 1979, pp. 138-42. On peut consulter aussi, du même auteur, *L'esprit du jeu chez les Aztèques*, éditions du Seuil, Paris, 1978.

quand ils avaient été tués, on traîna leur corps sur tout le terrain et c'était comme si l'on peignât le sol de leur sang. »

Le sport dans cette civilisation n'avait pas pour but la victoire d'une équipe sur une autre, mais la bonne marche du monde par la perpétuation du mouvement. On est aux antipodes des Jeux grecs qui visaient et valorisaient le développement des capacités individuelles, le dépassement de soi, le désir de gloire. Hermès et Héraklès, les dieux du gymnase ne demandaient que l'effort, non la mort.

Chapitre IX
Jeux prestigieux

Les Jeux panhelléniques

Aux concours locaux pouvaient prendre part, selon la nature de ces compétitions, les athlètes et les artistes qui se sentaient capables d'être vainqueurs. Bien entendu ils étaient classés par catégories d'âge, selon qu'ils étaient comptés parmi les enfants (*paides*), parmi les imberbes, (*ageneioi*), ou parmi les hommes (*andres*), ces classements n'étant pas toujours rigoureux, ce qui permettait à certains de concourir dans des catégories différentes avec des fortunes diverses. Les concours locaux devenaient beaucoup plus prestigieux s'ils étaient qualifiés de sacrés (*agônes ieroi*), si l'on décidait d'y décerner des couronnes (*agônes stephanitai*) ou si on les déclarait égaux en honneurs aux Jeux olympiques (*agônes isolympioi*) ou aux Jeux pythiques (*agônes isoputhioi*). Les fêtes locales faisaient alors accourir des concurrents venant de toutes les parties du monde grec. Ils devenaient panhelléniques.[1]

Louis Robert a bien défini la nature de ces compétitions prestigieuses qu'étaient les Jeux panhelléniques. Ses remarques méritent d'être citées en entier :

> Nous appelons les concours du genre des Sôteria (de Delphes) des concours « panhelléniques », et il n'y a aucun inconvénient à leur donner ce nom, à une condition : c'est de ne pas oublier qu'il leur est donné par les érudits modernes, et non par les documents anciens; car ceux-ci les appellent « *agones ieroi* », « *stephanitai* », « *isolympioi* », « *isoputhioi* ». Il ne faut pas, les ayant baptisés « panhelléniques », en conclure qu'ils sont réglés de telle ou telle façon qui répond au contenu du mot « panhellénique ». Or c'est l'erreur – lourde de conséquences – que commet W. Kolbe. Où W. Kolbe a-t-il pris que la transformation d'un concours en concours stephanitês devait changer quoi que ce soit aux épreuves des concours et à l'origine des concurrents ? Ces deux choses sont entièrement indépendantes du caractère *stephanitês* du concours. Dans un concours musical *thematitês*, comme dans un concours *stephanitês*, il y a nécessairement des *aulètes*, des *citharèdes*, etc. et divisés en *andres* et en *paides* pour certaines de ces catégories. À un concours *thematitês*, à un concours *talantiaios* peuvent venir en foule des artistes de tous les points du monde grec ; les exemples en sont très nombreux... Lorsqu'un concours est *stephanitês* « panhellénique » il est, les inscriptions des Sôteria nous le répètent, *isopithios* ou *isonemeos* etc, par deux choses : « *tais timais kai tais êlikiais : tais êlikiais* », c'est-à-dire que le classement dans la catégorie des « *andres* » ou des « *paides* » (ou des « *ageneioi* » dans certains concours athlétiques) a lieu suivant les règles appliquées à Delphes ou à Némée, ils auront des « *timai isolympioi* », etc., et qui sont différentes en ces divers endroits (d'où la catégorie de « *paides puthikoi* », « *isthmikoi* », « *aktiakoi* » etc.) ; « *tais timais* », c'est-à-dire que les

1 L. Robert, *Opera Minora Selecta*, Hakkert, Amsterdam, 1969-90, II, pp. 768-86. Dans son article « Recherches épigraphiques II : Smyrne et les Sôteria de Delphes » il s'est exprimé très clairement sur ce sujet. On peut lire cet article dans la *Revue des Études Anciennes*, 1929, 13-20, 225-6.

> vainqueurs jouiront, et au lieu de la fête et dans leur patrie, des honneurs accordés aux vainqueurs de Delphes ou de Némée, ou d'Olympie, etc. Or les catalogues de vainqueurs ne nous indiquent ni les règles qui ont présidé au classement en catégories d'âge, ni les honneurs décernés ; on nous dit qu'un tel a été vainqueur au jeu de la cithare : la mention sera la même, qu'il s'agisse d'un concours « *stephanitês* » ou d'un concours « *thematitês* ».

On reconnaît là ce particularisme qui caractérise la vie des cités grecques, la répugnance à uniformiser, à généraliser les règles des institutions.

Les récompenses accordées aux vainqueurs pouvaient être l'attribution du droit de cité et même du droit de participer aux assemblées. Il va sans dire que la cité d'origine et la cité d'adoption organisaient des fêtes et donnaient des cadeaux aux vainqueurs de ces jeux prestigieux.

Un athlète milésien

Les épreuves étaient les mêmes que celles des Grands Jeux. Référons-nous, par exemple au décret honorant « un athlète milésien », publié et commenté par L. Robert,[2] qui a laissé au lecteur le soin de traduire le texte, mais qui a restitué et expliqué ce document, connu par trois fragments. Il explique comment il a procédé :

> Nous connaissons maintenant toute la carrière de ce coureur milésien jusqu'au moment où ces statues furent érigées. L'inscription A (l. 1-15) nous donne le début; C (l. 1-19), qui comporte en ses quatre premières lignes la fin de A, nous donne toute la fin de l'énumération des victoires; d'autre part B (l. 11-11) donne une version mutilée des dernières lignes, que nous combinons avec C (l. 13-19) pour avoir un texte complet ou peu s'en faut.

L'éditeur restitue une partie du patronyme, d'après une inscription d'Olympie qu'il a rapprochée. Le texte est daté de la 190e Olympiade, c'est-à-dire de 20 av. J.-C. Il nous indique toutes les victoires remportées par ce coureur milésien lors des concours qui se multiplièrent, à l'époque hellénistique et romaine, quand les cités organisèrent des jeux attirant à ces fêtes tous les athlètes ou artistes du monde grec. Nous traduisons, d'après le texte proposé :

> [Un tel, fils de …, Milésien, ayant vaincu aux Olympia, à la double course] à la 190e Olympiade, et aux Pythia, catégorie hommes, au stade, à la double course, à la course armée, le même jour, et aux Néméa, catégorie hommes, au stade, à la double course, à la course armée, successivement dans la même année, étant le premier de tous, et aux Eleuthéria instituées à Platées par la Confédération des Hellènes, dans la catégorie hommes au stade et à la course en armes depuis le trophée, et ayant été proclamé « le meilleur des Hellènes, le premier et le seul » de tous ceux originaires d'Asie, et aux grandes Aktia Kaisareia, dans la catégorie hommes, au stade, à la double course, à la course armée, dans le même jour, « le premier de tous » et aux Némea de nouveau, à

2 L. Robert, *Hellenica,* Maisonneuve, Paris, 1949, VII, pp. 117-25.

Théâtre de Dionysos sur l'Acropole d'Athènes.
Espace archéologique.

> la double course et à la course armée, et aux Sebasta Romaia institués par la Confédération d'Asie, à la course armée, « le premier des Ioniens » et aux Isthmia à la course armée, « le premier des Ioniens » et aux Pythia pour la seconde fois, au stade et à la course armée, « le premier des Ioniens » et de nouveau au stade, à la double course, à la course armée et à la course en armes à partir du trophée et ayant été proclamé pour la deuxième fois « le meilleur des Hellènes, le premier et le seul » et ayant été honoré par la Confédération des Hellènes, d'une couronne d'or, récompense de la valeur, et aux Isthmia, pour la deuxième fois à la course armée et aux Grandes Dionysies qu'institue le peuple d'Athènes, à la double course et à la course armée, et ayant été honoré par le peuple d'Athènes du droit de cité, d'une statue et d'une couronne de feuillage, en raison de son courage et au concours des Sebasta Romaia institué par la confédération d'Asie, à la course armée, « le premier des Ioniens » et aux Isthmia à la course armée « le premier des Milésiens », et aux Pythia de nouveau, au stade et à la course armée, « le premier des Ioniens », et au concours institué par les hiéroniques et les stéphanites de toute la terre habitée, au stade, à la course double, à la course armée, « le premier de tous », et aux Heraia d'Argos, au stade, « le premier des Milésiens » et à la course armée, et aux Nemeia, de nouveau au stade, à la course double, à la course armée, « le premier des Ioniens », et aux Halieia de Rhodes, au stade et à la course armée, et aux Eleutheria de Platées, institués par la Confédération des Hellènes, de nouveau au stade, à la double course, à la course armée et à la course en armes à partir du trophée, et ayant été proclamé pour la deuxième fois « le meilleur des Hellènes, le premier et le seul » et ayant été honoré par la Confédération des Hellènes d'une couronne d'or, prix du courage, et aux Isthmia pour la deuxième fois, au stade, à la course armée, et aux Grandes Dionysies instituées par le peuple des Athéniens, à la course double et à la course armée et ayant été honoré par le peuple des Athéniens du droit de cité, d'une statue et d'une couronne de feuillage en raison de son courage.

Ce texte témoigne, parmi beaucoup d'autres,[3] de la permanence des Jeux grecs, même quand apparurent les royaumes à l'époque hellénistique et impériale. On sait qu'après la défaite des Athéniens et des Thébains, en 338 av. J.-C., à Chéronée en Béotie, où Philippe II de Macédoine remporta la victoire, les cités grecques ne disparurent pas, certes, mais durent tenir compte de leurs vainqueurs. Or le rêve d'Alexandre le Grand était d'enrichir et d'unifier les cités dans le grand ensemble que dût former son royaume.

En organisant des Jeux prestigieux dans tout le monde grec, aussi bien en Grèce propre qu'en Asie ou en Égypte, les cités, au lieu de se déchirer comme à l'époque classique, pouvaient montrer qu'elles relevaient d'un idéal commun, prouvaient

3 Les nombreux articles de L. Robert sur les jeux – qu'il appelait « concours » – sont recensés dans les rubriques de l'index du *Bulletin épigraphique*. Ce répertoire inventorie les innombrables articles des savants de tous pays qui ont étudié ces jeux, qui ne sont pas l'apanage d'un seul auteur : T. F. Scanlon, *Greek and Roman Athletics, a bibliography*, Ares Publishers, Chicago, 1984 : p. 44, no 140 ; p. 67, no 519 ; p. 73, no 619-26 ; p. 76, no 682 ; p. 83, no 834 ; p. 84, no 861 ; p. 85, no 882 ; p. 103, no1172-3 ; p. 105, no1215 ; p. 114, no 1377 et 1378 ; pp. 117-8, no 1451-68 ; p. 125, no 1572.

qu'elles appartenaient à une civilisation commune.[4] Ce n'était pas par obéissance à la volonté du vainqueur, mais par obédience – c'est-à-dire à la reconnaissance de l'autorité spirituelle et morale de l'ancienne Grèce – que les cités multiplièrent les jeux à l'image de ceux de l'époque classique. Sous la domination romaine, dans la province d'Asie où la langue officielle était le grec, la vitalité, ou plutôt la reviviscence des Jeux anciens, montrait que les mêmes valeurs étaient toujours respectées et qu'il n'y avait pas rupture avec le passé et ses prestiges.

L'éloge du coureur milésien nous montre bien, commente L. Robert, que les cités qui avaient institué des Jeux ont voulu respecter l'ordre hiérarchique des Grands Jeux. L'ordre des victoires remportées respecte à la fois la chronologie et la dignité des victoires. En premier lieu sont citées les victoires à Olympie (*Olympia*), à Delphes (*Pythia*), à Némée (*Nemea*). Puis celles remportées à Platées (*Eleutheria*), à Nikopôlis (*Aktia Kaisareia*), à Némée une seconde fois, aux jeux institués par la province d'Asie (*Sebasta Romaia*), à l'Isthme (*Isthmia*), à Delphes (*Pythia*) pour la seconde fois, à la panégyrie des hiéroniques, sans doute dans la province d'Asie, à Argos (Heraia), à Némée pour la seconde fois, à Rhodes (aux *Halieia*), de nouveau aux *Eleutheria* de Platées, aux *Isthmia* pour la seconde fois, à Athènes (*Eleusinia*).

L'ordre des victoires

Comme dans les Grands Jeux le vainqueur est célébré pour avoir remporté le prix plusieurs fois : aux *Pythia*, aux *Nemea*, aux *Isthmia*. On ne manque pas de préciser ses performances, dans les trois sortes de courses (stade, double course ou diaule, course armée, course en armes à partir du trophée). On signale qu'il a été vainqueur le même jour à plusieurs épreuves : aux *Pythia* au stade, à la diaule, à la course armée ; de même aux *Aktia Kaisareia*. De même qu'on détaillait le nombre ou la succession des victoires des périodoniques (c'est-à-dire des vainqueurs aux quatre Grands Concours), de même on précise pour le coureur milésien le nombre et la qualité de ses victoires. Son plus grand titre de gloire est d'avoir remporté une triple victoire et aux *Pythia* et aux *Nemea* de la même année.

Il est notable qu'on a conservé les types de courses traditionnels : course de vitesse (stade), course d'endurance (double stade), course avec charge (course armée et course en armes à partir d'un trophée, c'est-à-dire d'une longueur accrue). Une marque du style hyperbolique propre aux inscriptions hellénistiques et impériales est l'usage de ces titres ronflants : comme « le meilleur des Hellènes » (*Aristos Hellènôn*),[5] dont L. Robert a montré que ce titre était décerné au vainqueur à la course armée des *Eleutheria* de Platées. Le coureur de Milet reçoit lui aussi des titres flamboyants, comme « le meilleur des Hellènes, le premier et le seul de tous ceux d'Asie », « le meilleur des Hellènes, le premier et le seul », « le premier des Ioniens », « le premier des Milésiens ».

L'octroi du droit de cité

L'octroi du droit de cité tissait entre les villes des rapports qui les associaient à une communauté solidaire. C'était une conséquence heureuse de cette prolifération de fêtes et de jeux. Reportons-nous, par exemple à une « inscription agonistique de Smyrne » publiée et commentée, mais non traduite, par L. Robert. L'éditeur précise que l'inscription est postérieure à Hadrien et la date de 160-180 apr. J.-C. Cet athlète

4 Voir A. Bernand, *Leçon de civilisation*, Fayard, Paris, 1994, pp. 161-84.

5 L. Robert, *Opera Minora Selecta*, *op. cit.*, II, pp. 758-67.

avait reçu le droit de cité en bien des villes, explique l'éditeur, ainsi que la dignité de membre du Conseil, notamment à Athènes, Ephèse, Pergame, Cyzique, Sardes, Milet et Lacédémone. Le texte déclare[6] :

> *Markos Aurelios Antonios Loukios, citoyen de Smyrne et*
> *d'Athènes, d'Ephèse, de Pergame,*
> *de Cyzique, de Sardes,*
> *de Milet, de Lacédémone,*
> *et d'autres cités, et membre du Conseil,*
> *ayant été vainqueur aux jeux*
> *indiqués ci-dessous, « seul et premier des*
> *hommes » : à Smyrne aux grands*
> *Hadriana Olympia, catégories enfants et hommes,*
> *trois fois de suite, à Athènes aux Olympia, catégorie*
> *enfants, au concours d'Argos et aux Nemea,*
> *à Smyrne au concours de la province d'Asie, catégories enfants*
> *et hommes, ayant arrêté ses adversaires*
> *après le second tirage au sort, à Ephèse aux Balbilleia, catégories enfants et*
> *imberbes, aux Aktia, aux Panellenia catégories enfants et*
> *hommes à la suite, « le seul et le premier », à Cyzique catégorie imberbes,*
> *et le lendemain, étant passé chez les hommes,*
> *à Rome, catégories enfants, imberbes et hommes…*

Le commentaire de Louis Robert élucide ces formules qui font partie du vocabulaire agonistique, mais à première vue sont énigmatiques vu leur raccourci, leur technicité et les problèmes historiques qu'elles posent.

Songeons à la difficulté que l'on peut éprouver aujourd'hui à lire ou à entendre un commentaire sportif. Des expressions techniques telles que « botter en touche », « réussir un *drop* », « marquer un essai » etc. en ce qui concerne le rugby, ou pour le football « dégager », « dribbler », « marquer », « jouer un *corner* », un « *penalty* », « être hors jeu », « recevoir un carton jaune ou rouge », « faire une passe » etc. ne sont pas immédiatement compréhensibles pour les non-initiés, d'autant plus que des expressions argotiques (« faire un taque », « mettre dans la cage », « doubler la mise », etc.) compliquent encore ce langage ésotérique et que des abréviations ne sont pas immédiatement compréhensibles (la coupe de l'UEFA, l'OM, la D1 ou la D2 etc.).

Il en est de même dans les textes épigraphiques, qui sont la grande source où l'on puise les expressions techniques utilisées dans les Jeux et les indications permettant de suivre l'évolution de cette institution. Dans l'inscription agonistique de Smyrne, L. Robert, du nom même de l'athlète, Mar (kos) Aur (elios) Antonios Loukios, tire l'indication de la date approximative du texte, la carrière du personnage ne pouvant pas être antérieure au règne de Marc-Aurèle, ce qui la situe env. 160-180 de notre ère. Il explique la nature des honneurs prestigieux que ses victoires avaient valu au personnage, son ethnique (*Smynaios*) étant suivi de l'indication du droit de cité qu'il avait reçu en plusieurs villes et de la dignité de membre du Conseil (*poleitês kai bouleutês)*, à Athènes, Ephèse, Pergame, Cyzique, Sardes, Milet et Lacédémone. Ce qui lui a valu le titre de

6 L. Robert, *Hellenica, op. cit.*, VII, pp. 105-13.

« seul et premier des hommes » *(monos kai prôtos anthrôpôn)* indiquant qu'aucun autre athlète ne peut produire autant de victoires et d'honneurs.

Le lecteur non-spécialiste d'épigraphie ne peut lire l'œuvre immense de L. Robert, mais il doit au moins prendre connaissance de sa méthode et des résultats de ce maître incontesté dans sa discipline. Prenons, par exemple, les inscriptions honorifiques de Sparte d'époque impériale, qui viennent corroborer l'étude du titre *Aristos Ellênôn*.[7]

Le meilleur des Grecs

L'éditeur transcrit deux inscriptions honorant deux citoyens de Sparte, le père et le fils, qui ont vécu à la fin du IIe et au début du IIIe siècle de notre ère. L'un des textes, celui du fils, déclare :

La ville (de Sparte a honoré)
Po (plios) Ailios Damakratidas
fils d'Alkandridas, archiprêtre
de l'Empereur et de ses divins
ancêtres, qui aime
César et qui aime son pays,
agoronome à vie,
vainqueur extraordinaire en de nombreux
concours, et le meilleur des Grecs.

Le texte du père déclare :

La cité (de Sparte a honoré)
Po (plios) Ailios Alkandridas, fils
de Damocratidas, archiprêtre de l'Empereur,
qui aime César et qui aime son pays,
deux fois périodonique, le meilleur
des Grecs, ancien,
fonctionnaire préposé aux éphèbes etc.

Deux nouveaux fragments de la base d'Alkandridas ont été retrouvés par M. Woodward en sorte que la base est aujourd'hui reconstituée au musée de Sparte.[8] On ne peut donner aux lecteurs profanes plus bel exemple de la sagacité épigraphique.

On pourrait citer beaucoup d'articles de L. Robert qui illustrent sa maîtrise de la documentation et de l'interprétation notamment des textes d'Asie Mineure de l'époque impériale. Ses commentaires donnent généralement les clés de la compréhension. Nous persistons à regretter que ces textes n'aient pas été traduits.

Prenons par exemple son étude de la base de statue trouvée dans les fouilles anglaises d'Ephèse et donnant la liste des victoires remportées par un pugiliste nommé Photion.[9] Un hélléniste non familier des textes épigraphiques ne comprend pas

7 L. Robert, « Recherches épigraphiques », *Opera Minora Selecta, op. cit.*, II, p. 758.

8 L. Robert, *Opera Minora Selecta, op. cit.*, II, addendum pp. 766-7.

9 *Ibid.*, pp. 1138-41.

d'emblée un tel texte. Voici la traduction que nous en donnons, porté par les explications de l'auteur :

Photion, fils de Karpion, pugiliste extraordinaire,
citoyen de Laodicée et d'Ephèse, vainqueur aux
grands Epheséa, concours sacrés, solennnels, catégorie hommes, au pugilat,
aux Didymeia à Milet, catégorie imberbes, au pugilat,
aux Deia Sebasta,ouverts à tous, à Laodicée, catégorie imberbes, au pugilat,
aux jeux communs d'Asie, à Ephèse, catégorie imberbes, au pugilat,
aux jeux communs d'Asie, à Laodicée, catégorie imberbes, au pugilat,
aux Epineikia, à Ephèse, catégorie imberbes, au pugilat,
aux Traïanea Deiphileia, à Pergame, catégorie hommes, au pugilat,
*aux grands Epheséa, à la 517*e *Ephéséide, catégorie hommes, au pugilat,*
aux Deia Sebasta, ouverts à tous, à Laodicée, catégorie hommes, au pugilat,
aux Eusebeia, à Pouzzoles, catégorie hommes, au pugilat,
aux Sebasta de Naples, catégorie hommes, au pugilat,
à la colline d'Argos, catégorie hommes, au pugilat,
aux Artemeisia, à Ephèse, catégorie hommes, au pugilat,
et aux concours rapportant un talent et rémunérés
quand était agonothète Tiberius Julius Reginus, archiprêtre
Pour la seconde fois des temples d'Ephèse.

Les commentaires de L. Robert permettent de comprendre que les *Epheséa* sont les jeux célébrés à Ephèse, les *Didumeia* les Jeux célébrés à Didymes, les *Deia Sebasta* les Jeux en l'honneur de Zeus et de l'empereur, les *Epineikia* les Jeux en l'honneur d'une victoire de l'empereur (à savoir, ici, la victoire de Marc Aurèle et Lucius Verus sur les Parthes), les *Traïana Deiphileia* les Jeux célébrés en l'honneur de Trajan et de Zeus Philios, les *Sebasta* les Jeux en l'honneur de l'empereur, que la colline d'Argos fait allusion à la colline, en forme de bouclier, qui domine la plaine d'Argos (L. Robert n'explique pas l'expression), que les *Artemeisia* sont les Jeux en l'honneur d'Artémis, à Ephése.

Chapitre X
La musique dans la fête

Pour comprendre l'institution et l'importance des Jeux musicaux, il est bon de rappeler le rôle que les anciens Grecs, poètes ou philosophes, ont attribué à la musique.

Le divertissement des dieux

Selon les poètes la musique est le privilège des dieux. Ainsi Homère, ou l'Homéride nommé de la sorte, raconte la marche d'Apollon jouant de la *phorminx*[1] et gagnant le site de Delphes, puis l'Olympe, où les Immortels jouent de la *cithare*[2] et chantent à l'unisson. Les Muses, les Grâces, les Heures, avec Harmonie, Jeunesse et Aphrodite font une ronde où viennent chanter et danser Arès, Hermès et Apollon lui-même. Dès sa naissance, Apollon déclara aux Immortels[3] : « Qu'on me donne *ma lyre* et *mon* arc recourbé : je révélerai aussi dans mes oracles les desseins infaillibles de Zeus ». Dans le tableau que le poète fait de l'assemblée des dieux, le chant, la musique et la danse triomphent[4] :

> Il s'avance en jouant sur sa phorminx creuse, le fils de la glorieuse Létô ; portant des vêtements divins tout parfumés d'odeurs, il marche vers la rocheuse Pythô ; sous le plectre d'or sa phorminx rend d'aimables accords. Puis rapide comme la pensée il laisse la terre pour l'Olympe et marche vers le séjour de Zeus, afin d'y rejoindre les autres Dieux assemblés. Aussitôt les Immortels ne songent plus qu'à la cithare et aux chants. Les Muses qui, toutes, lui répondent de leur belle voix, chantent les immortels privilèges des Dieux et le sort misérable des hommes, tout ce que les dieux imposent à ces êtres qui vivent dans l'égarement et ne sont même pas capables, en leur impuissance, d'inventer un remède à la mort ou un recours contre la vieillesse ! Or les Grâces aux belles tresses et les Heures bienveillantes, Harmonie, Jeunesse et Aphrodite, filles de Zeus, dansent en se tenant l'une l'autre par le poignet ; on voit chanter au milieu d'elles – loin d'être laide ou petite, elle frappe les regards par sa taille et sa beauté admirables – l'Archère Artémis, qui fut nourrie avec Apollon, Arès et Argéïphontès à l'œil perçant (Hermès), dansent avec elles ; Phoibos Apollon joue, lui, de la cithare et exécute un beau pas relevé ; il est environné de lumière, des éclairs jaillissent de ses pieds et de sa fine tunique. Létô aux tresses d'or et le prudent Zeus sont heureux dans leur noble cœur, en voyant leur fils jouer avec les Dieux immortels.

1 La *phorminx* était une petite harpe primitive, de trois, quatre et plus tard sept cordes. Voir les références données par A. Bailly, *Dictionnaire grec-français*, Hachette Éducation, 2000 et A. Bélis, *Les musiciens dans l'Antiquité*, Hachette Littératures, Paris, 1999, p. 181.

2 La *cithare* était une sorte de luth ou de lyre. Voir A. Bélis, *op. cit.* planches 1, 2, 3, 5, 6.

3 Homère, *Hymne à Apollon*, dans *Hymnes* (trad. J. Humber), Les Belles Lettres, Paris, 1936, 131-2.

4 *Ibid.*, 182-202.

Théognis de Megara, poète du VIe siècle av. J.-C., dont l'âge mûr doit se placer en 550-540, fait une prière à Phoibos[5] :

> Pour que les peuples en liesse accompagnent vers toi au retour du printemps d'insignes hécatombes, dans l'enchantement d'une fête où résonnera la cithare, où l'on dansera le péan et poussera des clameurs autour de ton autel.

L'expression, « les peuples en liesse » désigne-t-elle tous les peuples que réunit la fête commémorative de la naissance du dieu autour de son sanctuaire délien, soit la seule population de Mégare, s'interroge J. Carrière. En tout cas il doit s'agir des Thargélies qui avaient lieu les 6 et 7 mai.

La musique comme méthode pédagogique

Aristophane a décrit la mâle éducation musicale telle qu'elle se pratiquait jadis et avait su former les combattants de Marathon.[6] Platon a affirmé lui aussi le rôle éducateur de la musique. Par exemple, dans *Les Lois,* il fait ainsi parler l'Athénien[7] :

> À nous, les dieux dont nous avons dit qu'ils nous avaient été donnés pour partager nos fêtes, ces mêmes dieux nous ont donné un sens du rythme et de l'harmonie accompagné de plaisir, par lequel ils nous mettent en branle en se faisant nos chorèges, en nous entrelaçant les uns aux autres pour des chants et des danses ; et ils ont appelé cela des chœurs, du nom de la joie qu'on y ressent. Devons-nous tout d'abord accepter ce principe et mettre en fait que la première éducation est l'œuvre des Muses et d'Apollon, ou non ?...
>
> Puisque l'art de la chorée (danse et chant) consiste à imiter les caractères par des représentations qui comportent des actions et des circonstances de toute espèce, où les exécutants mettent en œuvre leurs mœurs et leur pouvoir d'imitation, ceux chez qui les paroles, les mélodies ou encore les danses, de quelque genre qu'elles soient, flattent le caractère qu'ils tiennent de la nature ou de l'habitude, ou de l'une et l'autre, ceux-là se plaisent nécessairement à ces exhibitions ; ils les louent et les nomment belles.

Le sophiste Protagoras, décrivant l'éducation que recevaient les enfants athéniens, souligne le rôle que jouait la musique, plus précisément par le rythme et l'harmonie, pour civiliser et équilibrer les jeunes gens.[8]

La musique comme art d'agrément

Disciple de Platon, Aristote restreint le rôle de la musique. Selon les âges des jeunes, il déclare[9] que quatre matières leur étaient successivement enseignées : les lettres, la gymnastique, la musique et le dessin. Selon lui[10] :

5 Théognis, *Poèmes élégiaques* (trad. J-C. Carrière), Les Belles Lettres, Paris, 1948, I, 775-9.

6 Aristophane, *Les Nuées*, dans *Théâtre complet*, t. I (trad. et éd. V. H. Debidour), Gallimard, Paris, 1965, 961-72. La pièce a été écrite en 423 av. J.-C.

7 Platon, *Les Lois*, dans *Œuvres complètes*, t. 11 et 12 (trad. A. Diès et E. des Places), Les Belles Lettres, Paris, 1968, 654.

8 Platon, *Protagoras*, dans *Œuvres complètes*, t. 3 (trad. A. Croiset), Les Belles Lettres, Paris, 1923, 325.

9 Aristote, *Politique* (trad. et éd. J. Aubonnet), Les Belles Lettres, Paris, 1960, VIII, 3, 1, 1337.

10 *Ibid.*, 2, 3, 1337.

Détail d'un vase grec classique à figures rouges. Scène d'une leçon de danse par le peintre de Cambridge.

> Il y a une grande différence selon la fin poursuivie dans l'action et dans l'étude : si l'on agit dans l'intérêt de soi-même ou de ses amis ou par vertu, ce n'est pas indigne d'un homme libre ; mais celui qui ferait exactement la même action pour d'autres motifs paraîtrait souvent agir en mercenaire ou en esclave.

En effet, si la musique devient un métier, elle s'apparente à une occupation manuelle, le musicien devenant un ouvrier, un artisan *(banausos)* et l'on sait que les Grecs jugeaient cette classe vulgaire, pour ne pas dire servile. Aristote précise sa pensée[11] :

> Les Anciens classèrent la musique dans l'éducation, non pas comme une chose indispensable (de fait elle n'a rien de tel), ni utile non plus, comme l'est la grammaire pour traiter des affaires, tenir sa maison, s'instruire et se livrer à de multiples activités politiques – le dessin étant, semble-t-il, utile pour mieux juger les œuvres des artistes ; ni non plus comme la gymnastique l'est pour la santé et la vigueur corporelle (car nous ne voyons ni l'une ni l'autre naître de la musique). Il reste donc son utilité comme moyen de passer noblement le temps dans le loisir ; on la classe parmi ce qu'on estime être le noble passe-temps des hommes libres. C'est justement pourquoi Homère dit dans son poème (*Odyssée*, XVII, 382-385) « mais qu'on l'invite seul au plus beau des festins » ; et présente de même d'autres hôtes, « qui invitèrent l'aède », dit-il, « qui les charmera tous ». Et ailleurs Ulysse dit que la plus noble façon de passer le temps, c'est lorsque les hommes sont dans la joie et que « festoyant au palais, ils écoutent l'aède, assis selon leur rang » (*Odyssée*, IX, 7-8).

L'engouement des Grecs pour la musique se révèle aussi dans les chansons grecques qui scandaient les différents moments de la vie et de la journée. Dans *Les Guêpes*, Aristophane se fait l'écho de cet amour. Bdélycléon rétorque au serviteur que les vieillards amis de son père se lèvent tard parce qu'ils ont passé la nuit à fredonner[12] :

> Songe que c'est toujours dès le milieu de la nuit qu'ils passent, en fredonnant de vieux « airs sidoniens, doux comme le miel, de Phrynichos ». C'est ainsi qu'ils l'appellent dehors.

Le coryphée, des vieillards, passant devant la maison de Philocléon déclare aussi[13] :

> Qu'est-il donc arrivé à notre collègue, habitant de ce logis, qu'il ne paraît pas ici pour se joindre à notre troupe ? Certes jusqu'ici il ne se faisait pas traîner à la remorque, mais il marchait à notre tête en chantant du Phrynichos ; car notre homme est amateur de chant. Eh bien, m'est avis que nous nous arrêtions ici, mes gens, et que nous l'appelions en chantant. Peut-être qu'en entendant nos accents, de plaisir il sortira.

Gérard Lambin, dans son très beau livre sur *La chanson grecque dans l'Antiquité*[14]

11 Aristote, *Politique*, *op. cit.*, VIII, 2, 6, 1338.
12 Aristophane, *Les Guêpes*, dans *Théâtre complet* (trad. et éd. V. H. Debidour), Gallimard, Paris, 1965, 218-1.
13 *Ibid.*, 266-72.
14 G. Lambin, *La chanson grecque dans l'Antiquité*, CNRS Littérature, Paris, 1992, pp. 8-9.

Apollon, figure centrale du fronton ouest du grand temple de Zeus. Marbre.

cite, parmi d'autres textes, des remarques de Lucien[15] sur l'engouement des Abdéritains pour Euripide, sous le règne de Lysimaque (306-281 av. J.-C.) : « Tous se prirent d'une folle passion pour la tragédie. Ils déclamaient des vers iambiques et les criaient très fort, mais surtout ils chantaient des airs de l'*Andromède* d'Euripide et récitaient en mesure la tirade de Persée ».

Dans un autre texte Lucien[16] évoque ces artistes efféminés qui jouaient des mimes aux chansons licencieuses parlant de « femmes amoureuses, les plus dévergondées de l'Antiquité, des Phèdre, des Parthénopè, des Rhodopè, et tout cela avec accompagnement d'instruments, de fredons et de battements de pieds ».

Chansons d'amour, *hyménée* lors des mariages, lamentations et chants funèbres, *alètis* lors de la fête des balançoires, *lityersès* lors des moissons, *linos* lors des vendanges ou du foulage, chants des bergers, chants des rameurs, *péan* des guerriers, chansons profanes, chants à caractère religieux, chansons de quête[17] montrent que les Grecs savaient mettre en musique tous les événements de la vie.

Ce fait culturel explique que la musique ait été introduite dans les compétitions où les Grecs rivalisaient de talents, pour conquérir cette gloire qui rejaillissait sur leurs pères et sur leurs cités. Les Jeux musicaux n'existèrent pas à Olympie, sauf en l'an 66 apr. J.-C. quand Néron, voulant faire admirer son talent de citharète, y organisa un *agôn* pour musiciens. C'est Delphes qui s'imposa comme cadre des Jeux musicaux. Les *Pythia* de Delphes revenaient tous les quatre ans dans la troisième année de l'Olympiade. Ces Jeux avaient lieu au mois de *Boukatios,* c'est-à-dire en août / septembre, six mois après que les *spondophores* – c'est-à-dire les hérauts qui, pendant la célébration des Jeux, à Olympie et ailleurs, proclamaient la trêve sacrée appelée « hiéroménie pythique » – avaient ainsi annoncé « la plus solennelle des fêtes apolliniennes ».[18]

On peut s'interroger légitimement sur le fait que les Jeux d'Olympie ne comportaient pas de compétitions musicales et sur le fait que Delphes a été choisi comme le lieu privilégiant les Jeux musicaux.

L'absence de Jeux musicaux à Olympie témoigne peut-être du souci de privilégier les exercices gymniques, destinés à fournir à la cité de bons soldats susceptibles de défendre la cité contre les envahisseurs éventuels. On retrouverait là cet univers de batailles qui devait animer des combattants pour la défense de la patrie, en des temps où les guerres offraient des occasions permanentes de faire preuve de patriotisme. On peut aussi invoquer ce modèle de lutteur et de sauveur qu'incarnait Héraklès, exemple de courage et d'endurance, protecteur, avec Hermès, des gymnases, où se forgeaient les défenseurs de la patrie

Pourquoi le site de Delphes a-t-il été choisi pour célébrer des Jeux musicaux ? On peut répondre que, si Olympie était le domaine d'Héraklès, Delphes était celui d'Apollon. C'est comme dieu de la musique et de la poésie qu'Apollon séjournait sur le mont Parnasse où il présidait aux Jeux des Muses. À Delphes Apollon, à la fois archer, aède, devin, médecin et pasteur avait tué de ses flèches le dragon appelé tantôt Python tantôt Delphiné, chargé de protéger un vieil oracle de Thémis, mais qui se

15 Lucien, *Comment il faut écrire l'histoire,* dans Œuvres, t. 1 (trad. J. Bompaire), Les Belles Lettres, Paris, 1993, t. 2, 1998, 1.

16 Lucien, *Sur la danse*, 2. Le texte est cité aussi par G. Lambin, *op. cit.*

17 Nous reprenons ici la liste des chansons étudiées remarquablement par G. Lambin.

18 A. Bélis, *op. cit.*, qui donne ces précisions, pp. 128-9, renvoie à G. Roux, *Delphes, son oracle et ses dieux*, Les Belles Lettres, Paris, 1976, p. 171.

Epictétos, peintre et potier : un jeune homme nu, la *chlamyde* rejetée sur l'épaule, joue de la flûte pour faire danser une jeune femme court-vêtue d'une peau de panthère qui ne cache pas ses appâts. Coupe attique, à figures rouges, dernier quart du VIe siècle. Conservée au British Museum (inv. E 38).

Théâtre en plein air à Delphes.

livrait à toutes sortes de déprédations, troublant les sources et les ruisseaux enlevant les troupeaux et les villageois, ravageant le plaine de Crissa et épouvantant les Nymphes. C'est en l'honneur de cet exploit contre Python, qu'Apollon fonda les Jeux pythiques célébrés à Delphes.[19]

Désormais le domaine du dieu devint le centre de la sagesse de la terre. Nul site ne pouvait mieux convenir à l'installation du dieu des Muses. C'est l'un des plus beaux paysages de Grèce. Le théâtre, suspendu au-dessus du temple d'Apollon, se prêtait magnifiquement au drame sacré célébrant la lutte d'Apollon contre Python ; le concours de musique faisait retentir sur les pentes de la montagne les cithares, flûtes et chants et les péans chantés en l'honneur du dieu. Au pied des falaises Phaedriades resplendissantes sous le soleil, la gorge profonde du Pleistos débouche sur la plaine de Cirrha, couverte d'oliviers jusqu'à la mer. Décidément nul site ne pouvait mieux convenir au protecteur des Muses.

Évidemment les femmes ne pouvaient concourir aux Jeux pythiques, pas plus qu'aux Jeux olympiques. La présence des femmes jouant de la flûte était destinée à donner de la joie aux concurrents. Le talent de ces femmes flûtistes, représentées

19 Voir les nouvelles notices de mythologie et religion par L. Séchan dans A. Bailly, *op. cit.*, pp. 2205-9.

court-vêtues sur les vases antiques, n'était pas seulement musical : sortes de geishas, elles étaient là pour l'agrément des participants à ces réunions artistiques.

Dans les grandes familles, on donnait aux fils une éducation musicale.[20] Plutarque rappelle[21] cependant que Thémistocle n'était guère porté sur cet art d'agrément : « Quand on lui voulait faire apprendre aucune chose servant seulement à réformer et civiliser les mœurs, ou bien de celles que l'on étudie pour plaisir et honnête passe-temps, il les apprenait lâchement et froidement ». Inversement Périclès avait été le disciple de Damon, le grand théoricien de la musique,[22] ce qui n'était pas sans danger :

> Or, quant à la musique, la plupart des auteurs écrivent que Damon fut celui qui la lui enseigna, le nom duquel, comme l'on dit, se doit prononcer la première syllabe brève ; mais toutefois Aristote dit qu'il apprit la musique chez Pythoclide. Comment que ce soit, il est certain que cettui Damon était homme fort entendu et rusé en matière de gouvernement, qui, pour dissimuler et cacher au peuple sa suffisance en cela, se couvrait du nom de musicien, et hantait autour de Périclès comme un maître de lutte ou d'escrime, qui lui enseignait comme il devait se conduire dans les affaires d'état ; toutefois à la fin il ne put si bien dissimuler, que le peuple ne connût qu'il se servait de sa lyre et de la musique pour couverture, et comme homme remuant, entreprenant, et favorisant la tyrannie, fut banni pour dix ans.

Ne pas aimer la musique était un signe de barbarie. Plutarque[23] – à propos du roi des Scythes A(n)téas, env. 340 av. J.-C., qui affirmait préférer le hennissement de son cheval aux récitals du meilleur des aulètes grecs, Isménias, son prisonnier – déclarait que cet individu « logeait son âme dans les écuries ».

Inversement, comme le rappelle encore Annie Bélis, « au temps de la puissance de Thèbes, on considérait comme normal qu'un général ou un dirigeant politique sache parfaitement chanter, jouer d'un instrument et même danser ».

Tous les instruments n'étaient pas appréciés de la même façon dans les concours musicaux. À l'époque impériale seulement on utilisait les grandes trompettes courbes pour l'accompagnement musical des gladiateurs, précise Annie Bélis. À Pompéi, comme en Allemagne, on a retrouvé de ces instruments : longs tuyaux de bronze, enroulés en spirale. Dans le défilé des *Ptolemaia* d'Alexandrie c'était des trompettes plus modestes qui étaient utilisées. C'est un Silène, personnage de petit rang, qui porte une trompette.

L'orgue non plus ne figurait qu'occasionnellement dans les Jeux musicaux. Dans notre *Alexandrie la Grande* nous avons reproduit (p. 201, fig. 23) une lampe hellénistique provenant du Fayoum, conservée au musée du Louvre et représentant une femme jouant de l'orgue, tandis qu'à ses côtés un nain assis, pourvu d'un énorme phallus tombant jusqu'à terre, souffle dans une longue trompette droite. Un décret de Delphes[24] cite un cas qui était très rare : en 90 av. J.-C., les archontes invitèrent à Delphes un certain Antipatros d'Eleuthernes pour qu'il donnât des récitals aux

20 Sur cette éducation musicale, voir A. Bélis, *op. cit.*, pp. 207-41, qui nous renvoie aux principaux textes.

21 Plutarque, *Thémistocle*, dans *Vies* (trad. R. Flacelière et E. Chambry), Les Belles Lettres, Paris, 1958-83, II, 3-5.

22 Plutarque, *Périclès*, dans *Vies*, *op. cit.*, IV.

23 Plutarque, *La Fortune ou la vertu d'Alexandre*, II, 334 B. Texte évoqué par A. Bélis, *op. cit.* p. 209.

24 Dittenberger, W., *Sylloge Inscriptionum Graecarum*, 3, 737. Signalé par A. Bélis, *op. cit.*, p. 205 et p. 282, note 70. L'auteur rappelle que J. Perrot s'est mépris sur le sens d'*agonizein*.

moments des *Pythia*. Le personnage ne « concourait » pas, mais « donnait un récital », ce qu'exprime le verbe *agonizein,* souvent mal compris.

Le plus bel instrument du monde, la voix humaine, était cultivée dans l'Antiquité grecque, car non seulement les chœurs d'enfants, mais aussi les chœurs d'adultes étaient indispensables. C'est ce que l'Athénien explique à son interlocuteur, Clinias, dans *Les Lois* de Platon[25] :

> Je prétends que tous les chœurs, au nombre de trois, doivent adresser leurs incantations aux âmes des enfants tandis qu'elles sont jeunes et tendres, en tenant tous les autres beaux discours que nous avons exposés et exposerons encore, mais en insistant sur ce qui en est l'essentiel : nous affirmerons qu'au jugement des dieux, la vie la plus agréable est aussi la vie la meilleure, et ainsi tout ensemble nous dirons la vérité pure et mieux que par toute autre façon de l'exprimer nous en persuaderons ceux que nous voulons persuader.
>
> Clinias. – Il faut souscrire à tes paroles.
>
> L'Athénien. – Tout d'abord le chœur des enfants, consacré aux Muses, pourra très bien s'avancer afin de chanter en public ces maximes, en toute solennité et pour la cité tout entière ; après lui, celui des moins de trente ans invoquera (Apollon) Péan pour le prendre à témoin de la vérité de ces principes et appellera sur les jeunes sa faveur et sa force persuasive. Il faut aussi qu'en troisième lieu, les hommes de trente à soixante ans chantent à leur tour, et que ceux qui ont passé cet âge, incapables désormais de supporter le poids du chant, restent pour raconter des fables inspirées d'en haut sur les hommes de vertueux caractères.

Selon Platon ces chœurs étaient dirigés par Apollon, par les Muses et par Dionysos. Ces chants impliquaient non seulement une éducation de la voix, mais encore une diététique et une hygiène de vie, contraignantes mais nécessaires. On recourait donc au « professeur de voix » qui portait le nom de *phonaskos*, métier qui, selon Annie Bélis,[26] n'est pas apparu avant la fin de l'époque hellénistique et surtout à l'époque impériale.

L'utilisation de la musique était, avant l'époque hellénistique ou romaine, une pratique perse.[27] Un texte de Plutarque déclare :

> Quand les rois de Perse prennent leur dîner, leurs femmes légitimes sont assises à leur côté et participent au festin ; mais, s'ils veulent se livrer aux amusements et aux beuveries, ils les renvoient et font venir des musiciennes et des concubines ; ils n'agissent pas mal ainsi, vu qu'ainsi ils n'associent pas leurs épouses à leurs débauches et à leurs inconvenances d'ivrognes.

Un texte d'Athénée nous apprend que Straton de Sidon faisait venir d'Ionie et de toute la Grèce de nombreuses *pallakai* qui égayaient ses banquets. C'étaient des chanteuses et des musiciennes très réputées à la cour royale.

25 Platon, *Les Lois*, *op. cit.*, II, 664.

26 A. Bélis, *op. cit.*, p. 186.

27 P. Briant donne de nombreux exemples que nous lui empruntons ci-dessus : *Histoire de l'Empire perse : de Cyrus à Alexandre*, Fayard, Paris, 1996, pp. 289-90, 294, 296, 305-6, 341, 947.

Musiciens par le peintre Nikias.

Hérakleidès écrivait dans ses *Persika* : « Trois cents femmes veillent sur le Grand Roi ; elles dorment toute la journée en sorte de rester éveillées pendant la nuit ; alors elles chantent et jouent de la harpe en permanence, tandis que les lampes brûlent ».

Dans sa description du dîner royal Hérakleidès précise : « Tout au long du repas, les concubines royales chantent et jouent de la lyre ; l'une d'entre elles est soliste, les autres forment un chœur ».

Grâce à Athénée on sait qu'au fameux banquet de Suse, qui dura cinq jours et où les soldats grecs durent s'unir à des femmes perses, Alexandre et ses invités applaudirent les jongleurs indiens, mais également des rhapsodes, harpistes, flûtistes, chanteurs et danseurs grecs. Athénée rappelle encore que « dans les temps anciens » la musique jouait un rôle central, en particulier chez les Spartiates.

Associée à la joie la musique tout naturellement créait lors des Jeux musicaux une atmosphère de fête, qui explique son importance lors de ces manifestations à la fois religieuses et culturelles. Dans le circuit (*periodos*) qui consacrait le *periodonique,* vainqueur aux quatre compétitions majeures, les Jeux musicaux étaient une étape importante et difficile. Il fallait que le concurrent se fît enregistrer dans l'épreuve choisie, par la procédure de l'*apographè*. Annie Bélis se réfère à un texte de Plutarque qui signale qu'aux *Pythia* de Delphes, Callistratos, son ami, qui était *épimélète* des

Amphictions, c'est à dire un magistrat du sanctuaire, disqualifia un aulode qui était à la fois son compatriote et son ami, mais qui n'avait pu arriver à temps.[28]

Les rois ou généraux férus de musique ne manquent pas. Le dernier roi d'Égypte, Ptolémée XII Néos Dionysos, était surnommé « le flûtiste » *Aulètès,* vu la passion qu'il professait pour cet instrument, comme nous le dit Strabon[29] :

> Ptolémée, fils de Lagos, succéda à Alexandre, puis vinrent successivement Philadelphe, Évergète, Philopatôr le fils d'Agathoclée, Epiphane, puis Philomètôr, le fils succédant toujours à son père. Seul Philomètôr eut pour successeur son frère, le second Évergète, dit aussi « l'Enflé ». Vint ensuite Ptolémée surnommé « Pois chiche » et après lui, de nos jours, « le Flûtiste » qui fut le père de Cléopâtre. Tous les rois qui se succédèrent après le troisième des Ptolémées, corrompus par une vie licencieuse, gouvernèrent fort mal, mais les pires de tous furent le quatrième, le septième et le dernier « le Flûtiste ». Celui-ci, outre ses mœurs dissolues, accompagnait les chœurs à la flûte et en tirait un tel orgueil qu'il n'hésitait pas à organiser dans le palais royal des concours, lors desquels il se produisait pour rivaliser avec des concurrents. Il finit par être chassé par les Alexandrins, mais comme il avait trois filles, dont l'une, la plus âgée, était légitime, ils la proclamèrent reine. Quant à ses deux fils, encore en bas âge, ils furent, pour lors, totalement écartés des affaires du gouvernement.

Les Jeux musicaux s'étendirent à d'autres villes que Delphes. Ainsi à l'époque romaine à Naples, selon Strabon,[30] les Jeux gymniques et musicaux institués par Auguste en 2 av. J.-C. étaient particulièrement brillants :

> De très nombreux vestiges de la vie grecque se sont d'ailleurs conservés à Néapolis, par exemple les gymnases, les places de jeu des éphèbes, les phratries et même des noms grecs, alors que la population est romaine. Actuellement ont lieu tous les cinq ans, dans cette ville, des jeux sacrés qui durent plusieurs jours et comprennent des concours de musique et de gymnastique dignes de rivaliser avec les fêtes les plus célèbres de la Grèce.

La musique pouvait se prévaloir du rôle que lui assignaient les philosophes, et de ses origines exotiques. Strabon[31] rappelle que Platon et les Pythagoriciens avant lui considéraient la musique comme essentielle :

> Platon et les Pythagoriciens avant lui ont appelé musique la philosophie en professant que l'univers entier est composé selon les lois de l'harmonie et que toute forme d'harmonie – tel est leur point de départ – est l'œuvre des dieux. En vertu de ce raisonnement les Muses sont divines, Apollon est à juste titre leur chef, le Musagète, et toute œuvre poétique, eu égard à sa beauté, est aussi assimilable à un hymne religieux. Et ce même raisonnement leur fait

Un musicien étrusque peint sur la Tombe des léopards, Tarquinia.

28 A. Bélis, *op. cit.*, p. 133 ; Plutarque, *Propos de table*, VII, 5.
29 Strabon, *Géographie*, Les Belles Lettres, Paris, 1966-89, XVII, 1, 11.
30 *Ibid.*, V, 4, 7.
31 *Ibid.*, X, 3, 10.

> aussi assigner à la musique le soin de l'éducation et la formation du caractère, étant admis que tout ce qui sert à redresser l'esprit touche de près aux dieux.
>
> La plupart des Grecs ont donc placé sous l'autorité de Dionysos, d'Apollon, d'Hécate, des Muses et même, par Zeus !, sous celle de Déméter toutes les manifestations de caractère orgiastique ou relevant du délire des Bacchantes, ainsi que toutes les danses et les rites propres à la célébration des mystères initiatiques. Ils donnent le nom d'Iacchos à la fois à Dionysos et au fondateur des mystères, qui est une divinité de l'entourage de Déméter, et les dendrophories, les chorées, les rites d'initiation sont communs à ces deux divinités. Les Muses président aux chœurs, Apollon aux chœurs et aux arts divinatoires, ce qui fait qu'on considère comme desservants des Muses tous les hommes cultivés et particulièrement les musiciens, et comme desservants de celui d'Apollon, outre cette catégorie, les devins de toutes sortes.

L'ouverture de la Grèce aux apports de l'extérieur, se marque par l'accueil qu'elle réserva aux cultures et aux cultes étrangers, aux rites et aux rythmes venant d'ailleurs. Strabon l'a bien noté[32] :

> En raison de ses mélodies, de ses rythmes et de ses instruments, on a pu considérer toute la musique comme originaire de Thrace et d'Asie Mineure. Mais cette parenté découle avec évidence aussi des lieux dévolus au culte des Muses. La Piérie, l'Olympe, le Pimpla, le Leibéthron, sont des régions et des montagnes qui ont appartenu dans les temps anciens à la Thrace avant de passer aux Macédoniens qui les occupent aujourd'hui. L'Hélicon fut consacré aux Muses par les Thraces qui s'étaient établis en Béotie et ce furent les mêmes qui vouèrent aux Nymphes Leibéthriades la grotte qui porte leur nom. Les promoteurs de la musique antique passent pour avoir été des Thraces : Orphée, Musée, Thamyris ; le nom d'Eumolpos viendrait également de ce pays. Quant à ceux qui ont voulu consacrer à Dionysos l'Asie entière jusqu'aux Indes, ils font aussi passer de Thrace en Asie la plus grande partie des événements musicaux. Ainsi l'un d'entre eux dit-il : « D'un coup faisant vibrer la cithare asiatique ». Un autre appelle les flûtes « Bérécyntiennes » et « Phrygiennes ». Certains instruments ne sont connus que sous leur nom barbare, par exemple le nablas, la sambyché, le barbiton, la magadis et plusieurs autres.

On constate donc que l'essor de la musique antique était fondé sur le respect qui entourait cette discipline, sur la variété des instruments et sur la capacité d'adaptation ou d'adoption des instruments les plus divers. Annie Bélis a classé les instruments de musique les plus prisés dans l'Antiquité.[33] Elle montre que le chant était lié à l'accompagnement musical. L'*aède* homérique s'accompagnait lui-même de sa *phorminx,* forme ancienne de la cithare. Le *rhapsode* récitait en étant soutenu par un *aulode* soufflant dans une double flûte. Athénée (*Le Banquet des sophistes*, XIV, 621) nous apprend que, si la couronne était décernée au chanteur, c'était l'*aulète* qui avait la vedette. Le même auteur (XII, 538) décrit un concours musical où c'était un chœur

32 Strabon, *op. cit.*, X, 3, 17.

33 A. Bélis, *op. cit.*, p. 179-206.

qui accompagnait le rhapsode : trois *citharistes* (joueurs de cithare), deux *citharodes* (chantant et jouant de la cithare), deux *aulodes* (joueurs de flûtes), cinq *aulètes* (solistes avec chœur), des acteurs tragiques et comiques, un harpiste.

Selon Annie Bélis,[34] les *citharodes* était les musiciens les plus admirés, car ils devaient être excellents chanteurs et en même temps joueurs de cithare. Elle écrit :

> Pendant sa prestation, le soliste se tenait debout. Qu'attendait-on de lui ? Il devait, disent nos sources, veiller « à tout en même temps » : pour le chant, un rendu sans trébucher sur un mot ; pour la technique instrumentale, de la virtuosité, l'indépendance des deux mains, la droite attaquant la corde à l'aide du plectre, la gauche, du bout des doigts. Il devait également assurer une conformité parfaite entre les inflexions de la voix et le jeu instrumental, le tout impeccablement en rythme, qui était marqué par de légers mouvements de pieds. On exigeait encore d'eux une grande expressivité dépourvue d'excès et une gestuelle harmonieuse qui n'aille pas jusqu'à la gesticulation.

L'exigence de tant de talents explique qu'on ait représenté Apollon jouant de la cithare dans la statuaire du IIe siècle apr. J.-C.

Néron n'oubliera pas qu'Apollon était le citharède le plus prestigieux. De même qu'il était acclamé et assimilé à Héraklès, pour ses exploits gymniques, de même, pour ses talents de musicien on l'acclamait en tant qu'Apollon. Un texte de Dion Cassius[35] révèle ces prétentions de Néron, lorsqu'il revint du voyage de Grèce où il avait accumulé les victoires et les couronnes agonistiques :

> Il fallait décerner un hommage digne des performances accomplies : Néron lui-même apparut au théâtre, annoncé sous son vrai nom par Galliôn. Et ce César se tint debout sur la scène, revêtu du costume de citharode. L'empereur déclara : « Messieurs, ayez l'obligeance de m'écouter ». Et cet Auguste chanta sur la lyre un morceaux appelé « Attis » ou « les Bacchantes », tandis que de nombreux soldats étaient à ses côtés, et que tout le peuple était assis sur les places disponibles, à l'écouter, bien qu'il eût, à ce qu'on rapporte, une voix faible et indistincte, de sorte à provoquer chez tous à la fois le rire et les larmes. À côté de lui se tenaient Burrus et Sénèque, comme des professeurs servant de souffleurs et ils agitaient leurs mains et leurs toges à chacune de ses émissions, invitant les autres à faire de même. C'est que Néron tenait prêt un corps spécial d'environ cinq mille soldats, appelés les « Augustiens », qui déclenchaient les applaudissements et tout le monde était obligé, même contre son gré, à s'associer aux ovations, Thraséas faisait exception, car jamais il ne voulut aider Néron en ce domaine. Mais tous les autres, et surtout les gens importants, malgré leurs critiques, faisaient masse avec zèle et unissaient leurs acclamations à celles des « Augustiens », comme s'ils étaient enchantés. Et on pouvait les entendre dire : « Glorieux César, notre Apollon, notre Auguste, unique Pythien, nous jurons sur toi César, que

34 A. Bélis, *op. cit.*, pp. 185-6. Voir sa planche 8.

35 Dion Cassius, *Roman History*, (trad. E. Cary), Heinemann, Londres, 1969, XLII, 20. Le texte est signalé par L. Robert, *Études épigraphiques et philologiques*, Champion, Paris, 1938, p. 111, note 3.

> personne ne te vainc ». Après cette performance, il invitait le peuple à un banquet sur les bateaux, à l'endroit de la bataille navale engagée par Auguste. Puis à minuit il gagnait le Tibre par un canal.

Peut-on appeler « fête de la musique » une telle mascarade, dont Apollon *citharode* ne devait pas être fier ?

On comprend, par ces excès mêmes, quel était le prestige de la musique, et la place qu'elle tint dans les Jeux musicaux. Tout un vocabulaire mettait en valeur la gloire des vainqueurs aux compétitions musicales. Le vainqueur était déclaré *paradoxos* (hors pair), *paradoxonikès* (vainqueur étonnant), *eis kai monos* (le premier et le seul), *pleistonikès* (titulaire de nombreuses victoires), *periodonikès* (vainqueur du « circuit »), c'est-à-dire aux grands concours musicaux (Olympie, Delphes, l'Isthme, Némée). Aujourd'hui on donne plus facilement la légion d'honneur aux sportifs qu'aux musiciens. Dans l'Antiquité, on pouvait déclarer qu'un concours musical était *eisélastikos*, c'est-à-dire donnait le droit (théorique) de faire son entrée dans sa ville par une brèche faite dans la muraille.

Au sens restreint du terme, les « Jeux musicaux » sont une compétition de musique. Mais selon une acception plus large le terme désigne tout ce qui relève du domaine des Muses. Ces neuf déesses présidaient aux arts libéraux : Clio, à l'histoire, Euterpe, à la musique, Thalie, à la comédie, Melpomène, à la tragédie, Terpsichore, à la danse, Eratô, à l'élégie, Polymnie, à la poésie lyrique, Uranie, à l'astronomie, Calliope à l'éloquence. Tous ces domaines ne donnèrent pas lieu à des concours. Mais les concours d'éloquence, de récitation, de déclamation, de lecture permettaient des confrontations, des compétitions où le vainqueur était récompensé comme l'étaient les athlètes pour leurs performances. La formation donnée par les sophistes encourageait ces compétitions dans les arts libéraux. Le théâtre fournissait des thèmes de réflexion, de discussion. Le goût et la pratique du discours étaient tels que ces confrontations intellectuelles contribuaient à la formation des citoyens et permettaient d'évaluer et de récompenser leurs talents. Ces joutes intellectuelles étaient pour les Grecs anciens (et sont encore pour les Grecs modernes) un des plaisirs de la vie en société.

3

OMBRES AU TABLEAU

Photo page précédente :

Hermès avec Dionysos enfant attribué à Praxitèle.

Chapitre XI
Qu'est-ce que la valeur ?

Toutes les inscriptions agonistiques portent la formule *arétès kharin*, c'est-à-dire « en raison de sa valeur » pour définir la cause des honneurs décernés à l'athlète ou à l'artiste. Il faut bannir la traduction de « vertu », car ce n'est pas la qualité qu'on réclame ou qu'on récompense chez ces vainqueurs agonistiques. Mais qu'est-ce que la « valeur » ?

La réponse n'est pas simple, car selon les auteurs la conception de la valeur varie. La thèse de Valérie Visa-Ondarçuhu, *L'image de l'athlète d'Homère à la fin du Ve siècle avant J.-C.*, a le grand mérite de produire des textes souvent peu connus, permettant de répondre à cette difficile question et de mitiger les éloges accordés aux athlètes. Nous reprenons ici des textes présentés en traduction et commentés par l'auteur de cette étude exemplaire.

La valeur et le courage

Le poète spartiate Tyrtée lors de la guerre opposant env. 640 av. J.-C. la Messénie et Sparte définit la valeur par le courage. Dans une de ses élégies il expose longuement sa conception de la valeur[1] :

> Je ne saurais rappeler le souvenir d'un homme ni le tenir en considération pour la valeur de ses pieds ou son aptitude à la lutte et cela même si, des Cyclopes, il avait la stature et la force, s'il l'emportait, à la course, sur le Borée de Thrace, même s'il avait une plus gracieuse prestance que Thitonos, plus de richesse que Midas et Kinyras, une souveraineté plus importante que celle de Pélops, fils de Tantale, la voix douce et persuasive d'Adraste, même s'il avait toutes les formes de gloire sauf celle qui consiste à se jeter vaillamment dans la mêlée. Car un homme n'est pas un brave guerrier s'il n'a soutenu la vue d'un massacre sanglant et cherché à frapper l'ennemi dans un combat rapproché. Voilà ce qu'est la valeur, voilà le meilleur prix du monde, le plus beau à remporter pour un jeune guerrier.
>
> C'est un bien commun à l'ensemble de la cité et du peuple qu'un guerrier qui, bien campé sur ses jambes, attend sans répit dans les premiers rangs, et n'a nullement en tête de fuir honteusement, qui expose sa vie, l'ardeur de son cœur et encourage en paroles celui auprès duquel il se tient. Voilà ce qu'est un brave à la guerre. Il fait aussitôt fuir les lignes des cruels ennemis et parvient vite à arrêter la fureur de la bataille. Quant à lui, si, tombant dans les premiers rangs, il perd la vie, c'est en illustrant sa cité, son peuple et son père, après avoir été plusieurs fois frappé à la poitrine sur le bouclier bombé et la cuirasse. C'est lui que pleurent les jeunes comme les vieux ; la cité entière éprouve un cruel et triste regret ; son tombeau, ses enfants, sont remarquables aux yeux du monde, comme le sont les enfants de

1 Tyrtée, *Fragments*, 9. Cité et traduit par V. Visa-Ondarçuhu, *L'image de l'athlète d'Homère à la fin du Ve siècle avant J.-C.*, Les Belles Lettres, Paris, 1999.

> ses enfants et toute sa lignée ensuite. Jamais il ne perd sa noble gloire ni son renom et même sous terre il est vivant celui qui rivalisait de bravoure, attendait de pied ferme et combattait pour sa terre et ses enfants quand l'impétueux Arès le fit périr. Si en revanche il échappe à la mort violente qui cause de longues douleurs et que vainqueur il remporte au combat une illustre gloire, tous lui font honneur, les jeunes comme les anciens, et c'est après avoir connu de nombreux plaisirs qu'il va dans l'Hadès : dans sa vieillesse, il se distingue parmi ses concitoyens, et il ne se trouve personne pour lui manquer de respect ou lui porter préjudice ; tous lui cèdent la place, aussi bien les jeunes que ceux de son âge ou les plus anciens. Qu'on s'efforce donc de s'élever jusqu'à cette valeur en ne relâchant pas son courage à la guerre.

Les épigrammes funéraires fournissent de nombreux exemples où la « valeur » est synonyme de « courage ». Nous ne citerons que deux textes, d'époque hellénistique, célébrant le courage. Dans une épigramme funéraire provenant de Koptos,[2] l'officier Ptolemaios explique lui-même qu'il a été victime de son courage, ainsi que son fils. L'officier Apollônios, d'Apollinopolis Magna, fait de même.

> Passant, ici une tombe me renferme, moi, Ptolémaios, officier, mort dans une furieuse mêlée ainsi que mon enfant Ménodôros dans les combats intrépide et hardi guerrier avec sa hampe porte-étendard, lorsque contre les ennemis, avec la troupe macédonienne, dont j'étais alors le commandant, je conduisais l'impétueux Arès. Alors qu'au premier rang des combattants nous avions massacré la foule innombrable des ennemis le cruel Arès nous a saisis tous deux. Nous sommes morts, après lui avoir rendu d'illustres services où auparavant j'ai été gymnasiarque, maintes fois valeureux parmi les fantassins, et quand il s'agissait de donner un avis, j'ai remporté l'éloge que procure la sagesse. Eh bien salut à toi même chez les morts vaillant Ptolémaios. Après avoir adressé la parole à son fils, voyageur, éloigne-toi.

Ayant été gymnasiarque, Ptolémaios, qui assistait à l'entraînement des athlètes, a recours au vocabulaire agonistique. Il a gagné le prix du courage, mais s'y ajoute celui de la sagesse. De cette union des deux notions Adolf Wilhelm a donné de nombreux exemples.[3] L'*arétè* et la *sophia* peuvent se conjuguer.

Un autre officier, Apollônios, a voulu imiter le courage de son père, Ptolémaios, qui avait la dignité aulique et l'insigne de « parent du roi », et qui avait dû participer à une expédition lointaine et dangereuse. Son fils, Apollônios, prit donc part à une expédition maritime contre la Syrie. L'épigramme emploie le terme d'*arétè,* au sens de courage, mais y joint le terme d'*eunoia*, qui désigne le dévouement (appliqué à un monarque, il signifie bienveillance). L'alliance de ces deux termes montre bien la connotation qui peut s'attacher au terme de « valeur ». Dans ces vers le mort s'adresse au passant :

> Viens apprendre quelle est ma patrie, qui je suis, quel est mon père, étranger, avant de poursuivre ton chemin avec bonheur. Oui, je suis

Statue de bronze d'un boxeur chevronné, marqué par le métier. Conservée à Rome, Museo Nazionale Romano.

2 É. Bernand, *Inscriptions métriques de l'Égypte gréco-romaine*, Les Belles Lettres, Paris, 1969, 4-5.

3 A. Wilhem, *Aigyptiaka*, Akademie der Wissenschaften, Vienne, 1946, 38-46.

Apollônios, le fils de l'illustre Ptolémaios, auquel des Évergètes ont donné l'éclat du bandeau, apanage sacré de la gloire qui appartient aux « parents du roi ». Son dévouement en effet l'a conduit à l'intérieur des terres, jusqu'à l'Océan. C'est pourquoi, en moi qui contemplais le magnifique renom de mon père, s'est aiguisé le désir de parvenir à la même valeur et de choisir le noble essaim de ma belle patrie, cette cité sacrée, escarpée, de Phébus, en prenant la mer avec les amis de mon père, brave étranger, lorsque la Guerre des Sceptres vint en Syrie. Je fus un homme dévoué et je respectai la douce fidélité et par ma lance et mon audace je l'emportai sur tous. Mais la Destinée qui file nos jours m'a dompté – pourquoi faut-il que tu l'apprennes – quand je songeais au doux retour, sans être rassasié de vivre, alors que mon cœur n'était pas non plus repu de la vue de mes chers enfants que j'ai laissés à la maison. Toi qui connais ces faits, étranger, puisses-tu dire au père qui m'a rendu les derniers devoirs : « Ne te torture pas toi-même, mais souviens-toi de l'existence ». Quant à toi, je te souhaite de fouler dans le bonheur une bonne route, ainsi qu'à tes affectueux enfants. Excellent Apollônios, salut.

La tête et les jambes

Si l'*arétè* est à la fois courage et sagesse, pourquoi accorder plus de considération à l'athlète qu'à l'intellectuel, au vainqueur dans les concours plus qu'à l'homme de réflexion, aux gros bras plus qu'aux grosses têtes ? Malgré le prestige que donnaient les couronnes olympiques, des écrivains de l'époque classique ont osé mettre en doute l'importance et la gloire des athlètes. C'est le cas, par exemple, d'Euripide, qui dans sa pièce *Autolykos* s'en prend à « la race des athlètes »[4] :

Des maux innombrables que compte la Grèce,
il n'en est pas de pire que la race des athlètes.
Eux tout d'abord n'apprennent pas à bien administrer leur maison,
et en seraient incapables. Car comment un homme
esclave de sa mâchoire, qui se laisse vaincre par son estomac,
gagnerait-il de quoi augmenter le patrimoine ?
Par ailleurs ils ne sont pas capables d'être pauvres et de se plier aux revers de fortune. C'est qu'ils n'ont pas reçu de bonnes habitudes et
éprouvent douloureusement une détérioration de leur niveau de vie.
D'autre part ils sont brillants dans leur jeunesse et se font voir
ici et là comme des ornements de la cité.
Mais quand survient l'amère vieillesse ils passent en exhibant des tissus élimés.
Et je critiquai également l'usage des Grecs
qui en faveur de ces hommes organisent un rassemblement et,
pour un banquet estiment des satisfactions dépourvues d'utilité.
Quel est l'homme en effet qui pour avoir bien lutté, pour avoir des jambes
rapides, pour avoir bien levé le disque ou frappé à la mâchoire
a reçu une couronne dont la cité de ses pères puisse se satisfaire ?
Combat-on contre les ennemis avec des disques à la main
ou bien repousse-t-on les ennemis de la patrie

Boxeur ajustant sa lanière de cuir. Vase à figures rouges conservé au Kunsthistoriches Museum, Vienne.

4 Voir Euripide, *Aigeus à Autolykos*. Le texte est cité et commenté par V. Visa-Ondarçuhu, *op. cit.*, pp. 240-3.

Boxeurs sur une amphore grecque panathénaïque datant de la période archaïque, env. 600-500 av. J.-C.

en frappant avec le bras à travers les boucliers ?
Aucun de ceux qui s'approchent du fer n'en juge si inconsidérément.
Ce sont donc les hommes savants et bons
qu'il faut couronner de feuillage, ceux qui montrent à la cité
la meilleure voie à travers la sagesse et la justice
et ceux qui écartent avec des paroles les maux,
en supprimant les guerres et les séditions. Voilà en effet
sur quoi repose le bien de la cité entière et de l'ensemble des Grecs.

Cette condamnation des athlètes prenait à contre-courant les thuriféraires de ces exploits dont les foules étaient friandes. Les médecins de la tradition hippocratique ne furent pas en reste, inventoriant tout ce qui dans les compétitions pouvait nuire à la bonne santé de l'homme ordinaire.

Dans l'exorde de son *Panégyrique* Isocrate a développé une réflexion semblable[5] :

5 Isocrate, *Panégyrique*, 1-2. Le texte est cité par V. Visa-Ondarçuhu, *op. cit.* p. 238, qui rappelle d'autres passages d'Isocrate et compare avec des déclarations de Gorgias qui loue au contraire les athlètes.

> Souvent je me suis étonné que les fondateurs des fêtes solennelles et les organisateurs des concours gymniques aient jugé dignes de si hautes récompenses les avantages corporels, tandis qu'à ceux qui ont travaillé personnellement pour l'intérêt commun et ont élevé leurs âmes afin de les rendre aptes à servir même les autres, ils n'ont accordé aucun honneur, à ces hommes auxquels il eût été légitime de s'intéresser particulièrement. En effet si les athlètes doublaient leur force, les autres hommes n'en tireraient aucun avantage ; mais si un seul individu pense bien, ce peut être un profit pour tous ceux qui veulent partager ses idées.
>
> Les poings ébranlent, les talons choquent, les cestes mettent en pièces, les fouets déchirent ; mais personne n'accusera le président de l'*agôn* parce qu'il expose les hommes à la violence ; au stade, les meurtrissures et le sang ne comptent pas, mais les couronnes, la gloire, la dotation, les privilèges publics, les pensions civiques, les portraits, les statues ; le boxeur lui-même ne se plaint pas, car il le veut ; la couronne arrête les blessures, la palme masque le sang.

Dans les *Idylles,*[6] Théocrite décrit un combat de boxe opposant l'un des Dioscures, Pollux, champion de boxe, à Amykos, roi des Bébrykes, peuple mythique de Bithynie. Toutes les attaques et les phases d'un combat de boxe réel sont conformes aux combats olympiques de ce type :

> Lors donc que les adversaires eurent armé leurs mains de bandes en cuir de bœuf et enroulé autour de leurs bras les longues courroies, ils entrèrent en lice, respirant le meurtre à l'intention l'un de l'autre. Alors il s'engagea entre eux une lutte ardente, à qui recevrait dans le dos la lumière du soleil. Par ton adresse, ô Pollux, tu pris l'avantage sur le géant, de sorte que les rayons frappaient en plein le visage d'Amykos. Le cœur plein de courroux, celui-ci fonça devant lui, cherchant à frapper des poings ; mais comme il avançait, le Tyndaride l'atteignit à la pointe du menton. Il en devint plus furieux, portant dans le combat une fougue plus désordonnée ; il attaquait à toutes forces, penché vers la terre. Les Bébrykes l'acclamaient ; dans l'autre camp, les héros encourageaient le vaillant Pollux : ils craignaient qu'en un espace étroit cet homme, semblable à Tityos, ne réussît à triompher de lui par sa masse. Mais le fils de Zeus se portant tantôt ici tantôt là meurtrissant son ennemi à tour de rôle de l'une et de l'autre main, obligea le fils de Poseïdon à suspendre son élan malgré sa force insolente. Amykos s'arrêta, ivre des coups reçus, crachant un sang vermeil : et les chefs tous ensemble poussèrent de grands cris, quand ils virent sa bouche et ses mâchoires couvertes de plaies cruelles, et ses yeux rétrécis dans son visage tuméfié.

Nous examinerons plus en détail, au chapitre XIII, les modalités de la boxe antique.[7]

> Cette image de bronze te fait voir, étranger, les traits vaillants de ce même Cleitomachos dont la Grèce a pu admirer la vigueur : à peine avait-il détaché

6 Pseudo-Théocrite, *Idylles*, XXII, 80-136, dans *Bucoliques grecs II* (trad. et éd. Ph. E. Legrand), Les Belles Lettres, Paris, 1992. Nous avons reproduit ce texte dans le livre susmentionné, pp. 184-5.

7 *Anthologie palatine* (trad. R. Aubreton), Les Belles Lettres, Paris, 1972, IX, 588, p. 247.

> de ses mains les instruments sanglants du pugilat qu'il affronta avec agilité le combat du pancrace ; dans une troisième épreuve, il ne laissa pas la poussière souiller ses épaules, mais il lutta sans être renversé et remporta, aux Jeux de l'Isthme une triple victoire. Seul parmi les Grecs il possède ce titre de gloire ; et Thèbes aux sept portes y a gagné une couronne, ainsi que son père Hermocratès.

Pausanias[8] rapporte en détail les principaux exploits de cet athlète hors du commun qui montrait sa vaillance dans les épreuves les plus violentes.

La statue de Cleitomachos de Thèbes fut dédiée par son père Hermocratès, et ses fameux exploits sont les suivants. À l'Isthme il gagna à la lutte, catégorie hommes et le même jour il surpassa tous les compétiteurs à la boxe et au pancrace. Ses victoires à Pytho furent toutes au pancrace, au nombre de trois. À Olympie ce Cleitomachos fut le premier après Théagène de Thasos à être proclamé vainqueur à la fois à la boxe et au pancrace. Il fut vainqueur au pancrace à la cent quarante et unième Olympiade (216 av. J.-C.). L'Olympiade qui suivit vit ce Cleitomachos concourir au pancrace et à la boxe, et il eut à affronter Kapros d'Elis le même jour à la lutte et au pancrace. Polybe[9] a longuement raconté comment Cleitomachos retourna l'opinion de la foule qui encourageait un pugiliste plus faible que lui. Il décrit le rôle des *supporters* dans le stade :

> Lorsqu'on oppose à un pugiliste célèbre et jamais vaincu un adversaire obscur et bien inférieur à lui, la foule se déclare immédiatement pour le plus faible ; elle lui crie des encouragements et le soutient de tout son cœur. Quand il lui arrive de toucher son adversaire au visage et qu'il le force à accuser le coup, l'excitation est générale. On va même jusqu'à lancer des sarcasmes à l'autre non par hostilité à son égard ou parce qu'on lui reproche quelque chose, mais par l'effet de cette sympathie étrange qui pousse les gens à prendre instinctivement le parti du plus faible. Pourtant lorsque dans un tel instant on adresse des remontrances aux spectateurs, ceux-ci changent bien vite d'attitude et reviennent à la raison. C'est ce que fit, dit-on, Cleitomachos. Il passait pour être invincible au pugilat et sa renommée s'était répandue dans le monde entier. Le roi Ptolémée voulut, à ce qu'on raconte, abattre sa réputation. Pour cela il fit soumettre à un entraînement intensif le pugiliste Aristonicos, qui semblait exceptionnellement doué pour ce genre de combat, puis il l'envoya en Grèce. Celui-ci se présenta donc pour participer aux Jeux Olympiques et défia Cleitomachos. Aussitôt à ce qu'on rapporte ce fut à lui qu'allèrent les sympathies et les acclamations du public, ravi qu'il se trouvait enfin un homme pour oser se mesurer avec le champion. Et lorsque après quelques échanges il apparut qu'il tenait tête à son adversaire, lorsqu'on le vit même par un coup bien placé toucher durement son adversaire, ce fut un tonnerre d'applaudissements. On souhaitait la victoire d'Aristonicos et on lui criait des encouragements. À ce moment dit-on Cleitomachos, qui s'était écarté pour reprendre son souffle pendant quelques instants, se tourna vers l'assistance et lui demanda pour quelle raison elle soutenait Aristonicos et

8 Pausanias, *Description of Greece* (trad. W. H. S. Jones), Heinemann, Londres, 1988, VI, 15, 1-5.

9 Polybe, *Histoires*, (trad. D. Roussel), La Pléiade, Paris, 1970, XXVII, 9.

> faisait tout son possible pour l'aider. Trouvait-on donc que lui-même ne combattait pas loyalement ? Ignorait-on que Cleitomachos luttait pour la gloire des Grecs et Aristonicos pour celle du roi Ptolémée ? Préféraient-ils qu'un Égyptien remportât la couronne olympique après avoir triomphé des Grecs plutôt que d'entendre proclamer la victoire d'un Béotien de Thèbes ? Ces paroles du champion provoquèrent, à ce qu'on raconte, un tel revirement parmi la foule que ce fut par elle plutôt que par Cleitomachos qu'Aristonicos fut finalement vaincu.

Pour être déclaré vainqueur à la lutte il fallait que l'adversaire fasse tomber trois fois le lutteur. Une épigramme satirique du livre XI de l'*Anthologie palatine*[10] rapporte, à ce propos, l'aventure qui est arrivée à Milon de Crotone, le célèbre lutteur qui mourut en

10 *Anthologie palatine, op. cit.*, XI, no 316. Le texte est longuement commenté par L. Robert dans sa contribution « Les épigrammes satiriques de Lucillius » dans *L'épigramme grecque*, Vandoevres, Genève, 1968, pp. 179-291.

Statues de marbre représentant deux pancratiastes en action. Conservées à Florence, Galleria degli Uffizi.

510 av. J.-C., après avoir été six fois vainqueur aux Jeux olympiques et six fois aux Jeux pythiques, aussi à la septième fois, il fut couronné parce qu'aucun adversaire n'osa l'affronter. C'était la victoire *akoniti,* c'est-à-dire sans s'être saupoudré de poussière par-dessus l'huile pour le combat. Les termes techniques *aptôs* ou *aptôtos,* « non renversé », « intombable » désignaient cette victoire acquise par forfait des adversaires.

> Un jour lors de certains Jeux sacrés, Milon le lutteur fut seul à s'avancer. Le président l'invitait sur-le-champ à recevoir la couronne. Mais en s'approchant Milon glissa et tomba sur le flanc. Et des gens de crier qu'on ne pouvait le couronner puisque même sans adversaire il s'était écroulé ! Mais lui se releva et en plein stade il cria sa réponse : « Il n'y a pas eu trois chutes : j'ai été au sol une seule fois. Alors un amateur qui me fasse tomber pour le compte ».

Des enfants pouvaient être boxeurs. C'est le cas, par exemple dans une inscription agonistique d'Ancyre, publiée par L. Robert.[11] La ville d'Ancyre, désignée par son titre de « métropole » de la province, a élevé une statue, érigée sur une colonne, à un athlète vainqueur, boxeur, qui avait vaincu dans la catégorie des *paides puthikoi*, c'est-à-dire des enfants recrutés suivant les mêmes règles qu'aux *Pythia* de Delphes. Cet Aur(elius) Tertullus, fils d'Eutychès, était originaire d'Héraklée du Pont, en Bithynie, nous dit l'éditeur, et son prénom Aurelius lui vient de la *Constitutio Antoniniana* de 212 apr. J.-C. Le texte est le suivant : « À la Bonne Fortune / À la première / Pythiade / des grands Asklèpiaia / Sôtèria / Antoniniana, / la métropole / (a élevé) cette statue / à Aurelius Tertullus / fils d'Eutychès, / d'Héraclée du Pont, / vainqueur ».

Aristote[12] critique la formation athlétique que les Spartiates imposaient aux enfants et qui, en fait, en faisaient des brutes :

> Actuellement certes les Cités qui passent pour se soucier le plus des enfants veulent créer des dispositions athlétiques, mais c'est au détriment des formes et de la croissance des corps ; les Laconiens, eux, n'ont pas commis cette erreur, mais ils aboutissent à faire des brutes avec leurs exercices épuisants, sous prétexte que cela est le plus utile pour former au courage.

Aristote proscrit la suralimentation jusqu'à la puberté et donne comme preuve du caractère néfaste de cette pratique le fait que les enfants suralimentés et surentraînés ne deviennent pas des athlètes victorieux à l'âge d'homme[13] :

> Jusqu'à la puberté on doit préférer des exercices assez faciles et proscrire tout régime alimentaire forcé et tout travail imposé, afin qu'aucun obstacle ne gêne la croissance. Il y a une preuve très nette qu'on peut aboutir à cela : parmi les vainqueurs aux Jeux olympiques on en trouverait juste deux ou trois victorieux à la fois comme homme et comme enfant, parce que à s'entraîner jeune on perd sa vigueur par des exercices gymniques. Quand après la puberté

11 L. Robert, *Hellenica*, Maisonneuve, Paris, 1949, XI-XII, pp. 350-1.

12 Aristote, *Politique* (trad. et éd. J. Aubonnet), Les Belles Lettres, Paris, 1960, VIII, 3, IV, 1, 1338.

13 *Ibid.*, VIII, 3, IV, 1, 1338-9. Cités par V. Visa-Ondarçuhu, *op. cit.*, p. 279.

on s'est adonné trois ans à d'autres études, alors il convient que des travaux fatigants joints à un régime alimentaire imposé occupent la période suivante.

L'*anagkophagia*

Le terme *anagkophagia* employé par Aristote, désigne le régime imposé par les nécessités de l'entraînement. Selon leurs disciplines les athlètes doivent utiliser les nourritures qui leur sont nécessaires. Cela n'implique donc pas un régime unique de restriction alimentaire mais une adaptation du régime aux exercices pratiqués. Un pancratiaste ou un lutteur avaient besoin d'une nourriture plus riche qu'un coureur ou qu'un conducteur de char.

Le métier d'athlète comportait donc des exigences spécifiques. Le maître d'Aristote, Platon, conseille notamment aux athlètes le régime suivi par Ikkos de Tarente, athlète vainqueur au pentathlon en 476 av. J.-C., c'est-à-dire l'abstinence sexuelle[14] :

> N'avons-nous pas ouï-dire ce qu'a fait Ikkos de Tarente en vue du concours olympique et des autres concours ? Pour y être vainqueur, lui qui possédait en son âme et la technique et la force avec la tempérance ne toucha jamais, on nous l'atteste, ni à une femme, ni à un jeune garçon tant qu'il fut dans le feu de son entraînement ; et pour Krison, Astymos et Diopompos et beaucoup d'autres on nous raconte la même chose.

La nécessité d'un régime approprié – *anagkophagia* – est préconisé aussi par Epictète (40-125 apr. J.-C.), ce qui montre bien la pérennité des règles de l'entraînement athlétique. Dans un dialogue fictif, il déclare[15] :

> Je veux vaincre aux Jeux olympiques.
>
> - Eh bien ! examine les antécédents et les conséquences et alors si tu dois en retirer un avantage mets la main à l'œuvre. Tu dois accepter une discipline, te soumettre à un régime, t'abstenir de friandises, faire de l'exercice par nécessité, à une heure déterminée, sous la chaleur ou le froid, ne pas boire frais, ni de vin, quand tu en as l'occasion ; tu dois t'être livré en un mot à ton entraîneur comme à un médecin. De plus dans le combat tu devras ramasser de la poussière, parfois te démettre la main, te fouler le pied, avaler beaucoup de sable, recevoir le fouet ; et avec tout cela il pourra t'arriver parfois d'être vaincu. Quand tu auras réfléchi à ces choses, si tu le veux encore, prends le métier d'athlète ; sinon rends-toi compte que tu te comporteras à la manière des enfants : tantôt ils jouent aux athlètes, tantôt aux gladiateurs, tantôt ils sonnent de la trompette, puis ils jouent toutes les scènes qu'ils ont vues et admirées. Toi de même tu es de cette façon tantôt athlète, tantôt gladiateur, ensuite philosophe et rhéteur, mais avec ton âme entière, rien du tout ; comme un singe, tout ce que tu vois, tu l'imites ; c'est toujours une chose après l'autre qui te plaît, mais l'accoutumance t'ennuie. Car tu n'as rien entrepris après examen ni après avoir fait le tour de l'affaire tout entière et l'avoir éprouvée, mais au petit bonheur et d'un cœur froid.

14 Platon, *Les Lois*, VIII, 840. Cité par V. Visa-Ondarçuhu, *op. cit.* p. 280.

15 Epictète, *Entretiens*, III, XV, 2-5. Cité par V. Visa-Ondarçuhu, *op. cit.* p. 279.

Les médecins grecs ont insisté sur la nécessité d'un régime pour les athlètes, afin d'éviter à la fois les abus et surtout la mauvaise adaptation de la nourriture aux diverses complexions. Dans le corpus hippocratique on rencontre un souci de diététique, variable selon les individus. Ainsi au début du deuxième livre du *Prorrhétique* on trouve le conseil suivant qui devait permettre en cas de malaise de rectifier le pronostic[16] :

> On parle aussi de cette autre forme de pronostic : apprendre à voir chez les athlètes et chez ceux qui font des exercices et des efforts pour cause de maladie s'ils ont négligé une part de leur nourriture, s'ils ont mangé quelque chose d'autres, s'ils ont trop bu, s'ils ont négligé une partie de leur promenade ou s'ils ont fait l'amour.

Dans le traité de Philostrate *De la Gymnastique,*[17] au IIIe siècle apr. J.-C., on condamne la médecine « qui amène des cuisiniers et des marmitons qui régalent les athlètes, les rendent gourmands et font de leur ventre un gouffre ; elle les nourrit de poissons, alimentation tout à fait contraire aux règles de la gymnastique » ; Porphyre (233-303 apr. J.-C.), modifia le régime des athlètes. Il déclare en effet[18] :

> [...] à ceux qui participaient aux épreuves sportives les anciens donnaient comme boisson du lait et comme nourriture des fromages trempés d'eau. Plus tard on rejeta ce régime et l'on nourrit les athlètes avec des figues sèches. Pythagore fut le premier à supprimer le régime ancien et à faire donner de la viande aux sportifs à l'entraînement ; il découvrit ainsi que cet aliment était d'une efficacité exceptionnelle pour donner de la vigueur.

Dans un autre ouvrage Porphyre raconte que Pythagore fit triompher grâce au régime carné un athlète de petite taille[19] : il s'agit de l'athlète samien Eurymènès qui triompha à Olympie de beaucoup d'adversaires beaucoup plus grands que lui :

> Pythagore s'occupa de l'athlète samien Eurymènès, qui grâce à ses sages avis vainquit malgré sa petitesse beaucoup d'adversaires de haute taille et triompha à Olympie. En effet alors que les autres athlètes gardaient la vieille coutume de se nourrir de fromages et de figues, il suivit le conseil de Pythagore et fut le premier à manger chaque jour une quantité déterminée de viande qui fortifia son corps.

Si l'on avait soin du corps, on ne négligeait pas, dans les Jeux, la formation musicale, c'est-à-dire relevant des Muses. À cet égard les Jeux n'étaient pas égaux, car il n'y eut jamais de concours musicaux à Olympie, tandis qu'à Delphes ils étaient particulièrement célébrés. Et si les lectures, les représentations, voire les pantomimes avaient lieu, c'était la musique qui avait le pas sur tous les autres exercices.

16 Hippocrate, *Prorrhétique*, dans le *Corpus hippocratique*, 2, 1, Littré IX, p. 6. Nous citons le texte donné par V. Visa-Ondarçuhu, *op. cit.* p. 274.

17 Philostrate, *De la Gymnastique*, 44. Cité par V. Visa-Ondarçuhu, *op. cit.* p. 275.

18 Porphyre, *De l'abstinence* I, 26. Cité par V. Visa-Ondarçuhu, *op. cit.* p. 276.

19 Porphyre, *Vie de Pythagore*, 15. Cité par V. Visa-Ondarçuhu, *ibid.*

Chapitre XII
De la fête grecque au faste oriental

Dans la Grèce des royaumes la sobriété de la fête grecque cède la place au faste oriental. La procession organisée à Alexandrie par Ptolémée II Philadelphe (qui régna de 285 à 246 av. J.-C.) est la meilleure illustration de cette évolution des festivités dans cette ville d'Alexandrie fondée par Alexandre le Grand, en janvier 331 av. J.-C.

Aux concours grecs, où s'affirmait la valeur individuelle, succède une concurrence dans l'ostentation de la puissance. Il n'est plus question de démontrer la supériorité de l'individu, mais de montrer la richesse d'un royaume. On s'achemine vers ce qui sera, sous l'Empire romain, le spectacle du triomphe. Cette évocation d'une sorte de carnaval débridé, déchaîné, contraste avec les lois et les règlements des Jeux olympiques. L'excès, la démesure, la débauche, s'expriment dans une parade qu'il vaudrait mieux appeler défilé ou défi ou défoulement. Si les Jeux relèvent de la culture, ce défilé procède de la nature, mère de tous les excès. L'ivresse, l'obscénité, la provocation se donnent libre cours.

La procession d'Alexandrie : chars locaux

La procession dionysiaque d'Alexandrie nous est connue par la description qu'en a faite Callixène et que nous a conservée Athénée de Naucratis, sophiste de la première moitié du IIIe siècle de notre ère, dans *Le Banquet des sophistes.*[1]

> Après avoir décrit tout ce qui se trouvait dans le pavillon [écrit Callixène], nous allons faire la description de la procession. Elle avait lieu dans le stade de la ville.
>
> En tête marchait le cortège de l'étoile du matin, car la procession commençait au moment où cette étoile apparaissait. Puis venait le cortège qui était nommé d'après les parents des souverains. Puis les cortèges de tous les dieux, ayant des symboles appropriés à l'histoire de chacun d'eux. Le dernier cortège se trouvait être celui de l'étoile du soir, car la durée de la procession conduisait jusqu'à ce moment. Si l'on veut connaître les détails, qu'on prenne et qu'on étudie les catalogues de ces fêtes, qui avaient lieu tous les quatre ans.
>
> Dans le cortège dionysiaque, en tête venaient les Silènes, qui faisaient reculer la foule et qui étaient habillés de *chlamydes* de pourpre, certains en écarlate.
>
> Ils étaient suivis de Satyres, au nombre de vingt à chaque extrémité du stade, portant des flambeaux ornés de dorures en feuilles de laurier.
>
> Après eux venaient des Victoires, avec des ailes d'or. Elles portaient des encensoirs hauts de neuf pieds (1,99 m) ornés de dorures en branches de laurier; les femmes avaient des tuniques brodées, et leur personne était couverte de bijoux en or.

---

1 Athénée, *Le Banquet des sophistes*, V, 197-203. Nous traduisons le texte de Ch. Burton Gulik, *Athenaeus, The Deipnosophists*, t. 2, Harvard University Press, Cambridge MA, 1928, p. 392-419.

Après elles venait un autel double, long de neuf pieds (1,99 m), orné en haut-relief de feuillage de laurier doré, portant une couronne d'or de feuilles de vigne, entrelacée de rubans blancs.

Après venaient des jeunes garçons en tunique pourpre, portant de l'encens et de la myrrhe et en outre du safran, sur des plateaux d'or : ils étaient cent vingt.

Après eux marchaient cinquante Satyres couronnés de couronnes d'or en forme de lauriers ; leurs corps étaient peints parfois en pourpre, parfois en vermillon et en autres couleurs. Ils portaient aussi une couronne d'or faite de grappes de raisins et de lauriers.

Après eux venaient deux Silènes[2] en *chlamyde* pourpre et bottines blanches ; l'un d'eux portait un pétase, et tenait un bâton de héraut en or, l'autre, une trompette.

Entre eux marchait un homme qui dépassait quatre coudées (1,77 m), portant costume et masque tragiques, tenant une corne d'abondance ; on l'appelait « Année ».

Il était suivi d'une très belle femme, aussi grande que lui, parée de beaucoup d'or et d'une magnifique tunique, tenant d'une main une couronne de perséa, de l'autre une branche de palmier ; on l'appelait « Fête quinquennale ».

Elle était suivie immédiatement des quatre Saisons, en grand costume, chacune portant ses productions particulières. Après venaient deux encensoirs, hauts de six coudées (2,64 m), ornés de lierre ciselé dans l'or et, entre eux, un autel quadrangulaire en or. Venaient encore des Satyres, portant des couronnes de lierre en or et drapés dans des vêtements de pourpre ; l'un portait une *œnochoé* d'or, d'autres un gobelet d'or.

Après eux marchaient le poète Philiskos, prêtre de Dionysos, et les artistes de l'association dionysiaque. À leur suite on portait des trépieds delphiques, récompenses pour les chorèges des aulètes, le trépied réservé aux chœurs d'enfants étant haut de neuf coudées (3,99 m) et douze coudées (5,32 m) mesurant celui qui était réservé aux chœurs d'adultes.

Après eux un char à quatre roues, long de quatorze coudées (6,21 m) et large de huit (3,55 m) était tiré par cent quatre-vingts hommes, et sur lui se dressait une statue de Dionysos, haute de quatorze coudée, faisant une libation avec un gobelet d'or et portant une tunique de pourpre tombant jusqu'aux pieds, sur laquelle se trouvait un surtout de pourpre brodé d'or. Devant lui se trouvaient un cratère laconien en or, de quinze métrètes (583 litres) et un trépied d'or sur lequel reposaient un encensoir en or et deux coupes d'or, pleines de casse et de safran.

Au-dessus de lui s'étendait une tonnelle ornée de lierre, de vigne et des autres fruits, et on y voyait suspendus des couronnes, des rubans, des *thyrses*,[3] des tambourins, des bandelettes, des masques satyriques, comiques et tragiques. Le char était suivi de prêtres et de prêtresses, des

2 Le demi-dieu Silène était fils de Pan et d'une nymphe. Il fut le père nourricier et le compagnon de Dionysos. À son image, les Silènes étaient les compagnons comiques, lubriques et cosmiques du dieu Dionysos. Ils faisaient rire, ne cachaient pas leur impudicité et représentaient les forces élémentaires du Cosmos.

3 Le *thyrse* était un bâton terminé par une pomme de pin et entouré de pampres et de lierre. C'était un attribut de Dionysos et des Bacchantes.

Vase à figures noires conservé au British Museum. Coup d'arrêt et frappe sur la nuque. C'est l'adulte, barbu, qui courbe le plus jeune.

prêtres chargés d'habiller les dieux, de thiases de toutes sortes, de porteuses de corbeilles.

Ce qui frappe dans la description de Callixène, c'est l'obsession de l'or. La Victoire a des ailes d'or, les femmes sont couvertes de bijoux en or, les plateaux portant encens, myrrhe, safran, sont en or. L'autel portant les encensoirs monumentaux est en or. Les Satyres portent des couronnes de lierre en or. La statue de Dionysos fait des libations avec un gobelet d'or ; le cratère laconien est en or, le trépied, les coupes aussi. Armoire d'or, vases en or, autel en or. Même l'éléphant porte un harnachement en or et autour du cou une couronne de lierre en or. En ce qui concerne les Satyres, une indication intéressante est donnée et nous éloigne de l'usage grec où il n'y a qu'un seul vainqueur, donc pas de médailles d'argent ni de bronze. Les cent vingt Satyres marchant derrière les petites filles, eux, ont des panoplies d'or, ou d'argent, ou de bronze, sans qu'on précise les raisons de ces attributions. Inutile de compter les couronnes, les armoires, les statues, les chars d'or. L'obsession de l'or est manifeste, et la fin de la description apporte une conclusion dont La Fontaine a dû être ravi (s'il a lu la description de Callixène) : ce ne sont pas les trésors des Perses ou de Babylone, ni les flots du Pactole, qui sont à la source de l'or. Il y a, si l'on peut dire, plus or que l'or : c'est la terre d'Égypte, nourriture inépuisable, car « Un trésor est caché dedans ». Callixène l'avait déjà dit, en évoquant Triptolème, héros éleusinien lié au mythe de Déméter, semant partout les grains de blé. Bien avant Callixène Hérodote avait déclaré que l'Égypte est « un don du Nil ».

Après venaient les bacchantes macédoniennes, appelées « Mimallones », « Renardes » et « Lyciennes », les cheveux tombants et couronnées les unes de serpents, les autres de smilax, de vigne et de lierre ; dans leurs mains, les unes tenaient des poignards, les autres des serpents.

Après elles venait un char à quatre roues, large de huit coudées (3,55 m) tiré par soixante hommes, sur lequel était assise une statue de Nysa haute de huit coudées, revêtue d'une robe jaune brodée d'or et drapée dans un châle laconien. Elle se levait mécaniquement sans que quiconque y approchât les mains et, après avoir fait une libation de lait avec une coupe d'or, elle se rasseyait. Elle tenait dans sa main droite un *thyrse* entouré de bandelettes. Elle était couronnée de lierre en or et de raisins en diamants de toutes sortes. Elle avait aussi une tonnelle et, aux quatre angles du char, étaient fixées quatre torchères incrustées d'or.

Après était tiré un autre char à quatre roues, long de vingt coudées (8,88 m), large de douze (5,33 m), par trois cents hommes. Dessus était installée une cuve longue de vingt-quatre coudées (10,65 m), large de quinze (6,66 m) pleine de raisins. Sous leurs pieds soixante Satyres écrasaient les raisins, chantant, accompagnés de la flûte, une chanson bacchique, sous la direction d'un Silène. Et durant toute la route le vin doux jaillissait.

Après venait un char à quatre roues, long de vingt-cinq coudées (11,10 m), large de quatorze (6,20 m), sur lequel se trouvait une outre de trois mille métrètes (116 640 litres), faite de peaux de panthères ; elle coulait aussi à petit jet tout du long de la procession. L'outre était suivie par des Satyres, au nombre de cent vingt, portant des couronnes, les uns tenant des *œnochoés*, les autres des coupes, les autres des vases du type créé par Thériklès, et tout était en or.

> Immédiatement après suivait un cratère d'argent pouvant contenir six cents métrètes (23 328 litres). Il avait, sous les lèvres et les oreilles et à la base des figures ciselées, et en son milieu il était couronné d'un cercle d'or orné de pierres précieuses. Derrière étaient transportées deux armoires à coupe, en argent ; larges de douze coudées (5,32 m) et hautes de six (2,66 m).
>
> Elles avaient en haut des ornements en saillie et sur la panse et le pied des figures de deux coudées et demie (1,34 m) et d'une coudée (0,44 m), en grand nombre. Puis dix grands bassins et seize cratères dont les plus grands contenaient cinq métrètes (194,4 litres) et les plus petits trois (116,63 litres). Puis vingt-quatre chaudrons ornés d'appendices en forme de glands, tous sur des dressoirs et deux pressoirs d'argent, sur lesquels étaient vingt-quatre jarres et une table en argent massif de douze coudées (5,32 m) et trente autres de six coudées (2,66 m). En outre quatre trépieds dont l'un avait une circonférence de onze coudées (4,88 m), tout en argent, tandis que les trois autres, de moindres dimensions, étaient ornés de pierreries en leur milieu. Avec eux étaient portés des trépieds delphiques, en argent au nombre de quatre-vingts, plus petits que ceux mentionnés plus haut, dont les angles portaient des figures ciselées et qui contenaient quatre métrètes (155,52 litres) ; vingt-six hydries, seize amphores panathénaïques, cent soixante vases pour rafraîchir le vin, dont le plus grand mesurait six métrètes (233, 28 litres), le plus petit deux (77,76 litres) et tous ces vases étaient en argent.
>
> À la suite venaient, dans la procession, ceux qui portaient les objets en or, quatre cratères laconiens ornés de guirlandes de vigne ; [...] il y en avait d'autres, d'une contenance de quatre métrètes (155,52 litres), deux de travail corinthien ; ils avaient, en haut, des figures magnifiquement ciselées et, sur le col et la panse, des figures en relief, d'un travail soigné ; la capacité de chacun était de huit métrètes (311 litres) et ils étaient placés sur des dressoirs. Il y avait aussi un pressoir, sur lequel il y avait dix jarres, deux bassins, chacun d'une contenance de cinq métrètes (194,4 litres), deux grandes coupes de deux métrètes (77,76 litres), vingt-deux vases à rafraîchir le vin, dont le plus grand contenait trente métrètes (1166,4 litres), le plus petit un métrète (38,88 litres). Figuraient aussi dans la procession quatre grands trépieds en or et, pour ranger la vaisselle d'or, une armoire d'or, ornées de pierres précieuses, haute de dix coudées (4,48 m), ayant six rayons sur lesquels se trouvaient des figures hautes de quatre palmes (0,29 m), façonnées avec art, en grand nombre. Deux armoires à coupes et deux vases en verre incrustés d'or ; deux dressoirs en or, de quatre coudées (1,79 m), trois autres plus petits, dix hydries, un autel de trois coudées (1,34 m) et vingt-cinq plateaux.

Si l'on additionne les litres de vin contenus dans les récipients divers, on arrive à un total phénoménal et l'on comprend que « tous les gens du stade se régalaient convenablement ».

Sans compter les *œnochoés*, cruches et jarres diverses, retenons seulement l'outre de trois mille métrètes (166 640 litres), le cratère d'argent de six cents métrètes (23 328 litres), le cratère de cinq métrètes, les seize cratères dont les plus grands contenaient cinq métrètes (195 litres) et les plus petits trois (116 litres). Il faut dire que ces fontaines de vin devaient être approvisionnées abondamment si elles coulaient toute la journée !

Après cela s'avançaient mille six cents enfants, revêtus de tuniques blanches, couronnés les uns de lierre, les autres de pin ; deux cent cinquante d'entre eux avaient des cruches d'or, quatre cents des cruches d'argent, trois cent vingt autres portaient des vases en argent ou en or pour rafraîchir le vin. Après eux, d'autres enfants portaient des vases utilisés pour la pâtisserie, dont vingt étaient en or, cinquante en argent, trois cents ornés de peintures à l'encaustique, de toutes les couleurs. Et, comme on avait procédé aux mélanges dans les hydries et dans les jarres, tous les gens du stade se régalaient convenablement.

La procession d'Alexandrie : chars exotiques

À la suite Callixène énumère des tables de quatre coudées (1,77 m) sur lesquelles étaient représentées avec art mille scènes remarquables. Parmi elles, on comptait la chambre nuptiale de Sémélé, où certains personnages portent des tuniques rehaussées d'or et incrustées de pierreries comptant parmi les plus précieuses.

Et il ne serait pas juste d'omettre :

Ce char à quatre roues, long de vingt-deux coudées (9,68 m), large de quatorze (6,21 m) traîné par cinq cents hommes. Il comportait une profonde caverne, couverte d'une profusion de lierre et d'if. De là des pigeons, des colombes, des tourterelles s'envolaient tout du long de la route, avec des rubans attachés aux pattes, afin que les spectateurs pussent facilement s'en emparer. De là jaillissaient en bouillonnant deux sources, l'une de lait, l'autre de vin. Et toutes les Nymphes qui entouraient Dionysos avaient des couronnes d'or (Hermès portait en outre un bâton de héraut en or) et des vêtements d'un art achevé.

Sur un autre char, qui contenait « Le retour de Dionysos des Indes », il y avait un Dionysos haut de douze coudées (5,32 m), assis sur un éléphant, vêtu de pourpre et ayant une couronne de lierre et de vigne. Il tenait dans les mains un thyrse en forme de lance et il portait des chaussures attachées par des lanières d'or. Derrière lui était assis, sur le cou de l'éléphant, un Satyre haut de cinq coudées (2,22 m) portant une couronne de pin en or, faisant des signes de la main droite avec une corne de chèvre en or. L'éléphant avait un harnachement en or et autour du cou une couronne de lierre en or.

À la suite venaient cinq cents petites filles habillées de tuniques pourpres et portant des ceintures d'or. Celles qui venaient en tête, au nombre de cent vingt, avaient des couronnes de pin en or et étaient suivies de cent vingt Satyres, dont les uns avaient des panoplies d'or, les autres d'argent, les autres de bronze.

Après eux marchaient cinq troupes d'ânes, montés par des Silènes et des Satyres couronnés. Certains ânes avaient des plaques frontales et des harnais d'or ; les autres, d'argent. Après eux étaient conduits vingt-quatre chars, attelés d'éléphants, et soixante attelages de boucs, douze de quadrupèdes à petites cornes, sept de gazelles, quinze de buffles, huit attelages d'autruches, sept d'antilopes, quatre attelages d'ânes sauvages, et quatre chars. Sur toutes ces voitures étaient montés de jeunes garçons ayant des tuniques de cocher et des pétases.

Auprès d'eux étaient montées des petites filles équipées de petits boucliers et de *thyrses* en forme de lances, et parées de robes et de

Statue grecque d'un adolescent victorieux datant de 300-100 av. J.-C par un sculpteur inconnu. Bronze avec revêtement de cuivre. Le jeune homme, nu, se tient debout, le poids du corps sur la jambe droite. Il se couronne lui-même de feuillage probablement d'olivier. La couronne d'olivier était le prix pour une victoire aux Jeux olympiques.

bijoux en or. Les jeunes garçons qui conduisaient étaient couronnés de pin, les petites filles, de lierre.

Suivaient six attelages de chameaux, trois sur chaque côté. Ils étaient suivis immédiatement par des chars tirés par des mules. Ces chars portaient des tentes barbares, sous lesquelles étaient assises des femmes indiennes, et d'autres habillées comme des captives. Puis des chameaux portaient les uns trois cents mines (185 kg) d'encens, trois cents de myrrhe, deux cents (124 kg) de safran, de casse, de cinnamone, d'iris et d'autres aromates. Puis venaient des Éthiopiens porteurs d'offrandes, dont les uns portaient six cents défenses, d'autres deux mille troncs d'ébène, d'autres soixante cratères pleins de pièces d'or et d'argent et des paillettes d'or.

Après eux défilaient deux chasseurs avec des épieux dorés. Ils étaient suivis de deux mille quatre cents chiens, les uns indiens, les autres hyrcaniens et molosses et d'autres races.

À la suite venaient cent cinquante hommes portant des arbres où étaient suspendus toutes sortes d'animaux et d'oiseaux. Ensuite on portait dans des cages des perroquets, des paons, des pintades, des faisans et d'autres oiseaux d'Éthiopie, en grand nombre.

Après avoir mentionné mille autres choses et dénombré des troupeaux d'animaux, Callixène ajoute :

Cent trente moutons d'Éthiopie, trois cents d'Arabie, vingt d'Eubée, puis vingt-six bœufs des Indes tout blancs, huit d'Éthiopie, une grande ourse blanche, quatorze léopards, quatre lynx, trois petites panthères, une girafe, un rhinocéros d'Éthiopie.

À la suite venait, sur un char à quatre roues, Dionysos ayant trouvé refuge près de l'autel de Rhéa, quand il était poursuivi par Héra, et portant une couronne d'or, tandis qu'à ses côtés se trouvait Priape portant une couronne de lierre en or. La statue de Héra avait une couronne d'or. Il y avait aussi des statues d'Alexandre et de Ptolémée, portant des couronnes de lierre en or. Et la statue de la Valeur, qui se trouvait près de Ptolémée, avait une couronne de lierre en or. Et la ville de Corinthe se dressait près de Ptolémée et était ceinte d'un diadème d'or. À côté de ces représentations étaient placés une armoire à coupes, pleine de vaisselles d'or, et un cratère en or de cinq métrètes (195 litres).

À la suite de ce char à quatre roues venaient des femmes ayant des robes et des parures somptueuses ; elles portaient les noms des villes, quelques-unes d'Ionie, les autres de Grèce, qui occupèrent l'Asie et les Îles, et qui furent sous la domination des Perses ; toutes portaient des couronnes d'or.

Sur d'autres chars à quatre roues étaient transportés un thyrse de quatre-vingt-dix coudées de long (40 m) en or, et une lance d'argent de soixante coudées (26,5 m), et sur un autre un phallus d'or, long de cent vingt coudées (55 m), peint de plusieurs couleurs, entouré de bandelettes d'or, ayant à l'extrémité une étoile d'or et ayant un périmètre de six coudées (2,75 m).

Bien que mille choses diverses se trouvent citées dans ces cortèges, nous avons choisi seulement celles où il y avait de l'or et de l'argent. C'est qu'il y avait de nombreux sujets de tableaux dignes d'être mentionnés, et des quantités de bêtes sauvages et de chevaux, et vingt-quatre lions énormes.

> Il y avait encore d'autres chars à quatre roues, qui transportaient non seulement les portraits des rois, mais aussi beaucoup transportaient ceux des dieux. Après eux défilait un chœur de six cents hommes. Parmi eux trois cents joueurs de cithare jouaient ensemble, ayant des cithares toutes dorées et des couronnes d'or.
>
> Après eux venaient deux mille taureaux de la même couleur, aux cornes dorées, ayant des plaques frontales en or et au milieu de la tête des couronnes, et des colliers et des pectoraux sur la poitrine. Et tout cela était en or.
>
> Et après venait un cortège en l'honneur de Zeus et d'autres dieux très nombreux, et avant tout en l'honneur d'Alexandre, dont l'effigie en or était transportée sur un char traîné par de vrais éléphants et avait à ses côtés la Victoire et Athéna.

Au prestige de l'or, la procession dionysiaque ajoute la curiosité suscitée par l'exotisme. L'évocation des parfums et des épices nous fait entrer dans un monde quasiment inconnu. Les jeunes garçons portent sur leurs plateaux de l'encens, de la myrrhe, du safran. Les chameaux transportaient d'énormes charges d'encens, de myrrhe, de safran, de casse, de cinnamone, d'iris et d'autres aromates. Les odeurs de l'Inde, de l'Égypte, de l'Arabie flottent sur cette procession alexandrine.

Des animaux inconnus accompagnent les ânes, les boucs, les chèvres, les moutons, les gazelles, les bœufs, les taureaux, les chevaux et les mules : éléphants, buffles, autruches, moutons d'Éthiopie ou d'Arabie, bœufs blancs des Indes, chiens indiens, hyrcaniens ou molosses, une ourse blanche, quatorze léopards, seize panthères, quatre lynx, une girafe, un rhinocéros d'Éthiopie, vingt-quatre lions énormes, des oiseaux venus de loin : aigles, perroquets, paons, pintades, faisans, oiseaux des pays tropicaux. Des bois précieux accompagnaient les palmiers familiers, la vigne, les pins : l'ébène figurait en masse, puisque deux mille troncs de ce bois précieux étaient présentés. Les six cents défenses d'éléphants faisaient connaître l'ivoire de façon fastueuse.

Une spécialité des ingénieurs alexandrins était les automates. La procession n'en manque pas : la statue de Dionysos faisait une libation de vin, la statue de Nysa, se levait mécaniquement, faisait une libation de lait, puis se rasseyait. Le clou était sans doute le phallus de 155 m de long, dont le périmètre était d'environ 3 m. Sans doute était-il articulé, ce qui offrait un spectacle plein d'entrain.

Des tableaux vivants permettaient d'évoquer ces contrées lointaines qu'Alexandre et ses successeurs rêvaient d'annexer. Les caravanes de chameaux, les tentes barbares sous lesquelles étaient assises des femmes indiennes et des captives, les femmes somptueusement vêtues et incarnant les villes d'Ionie, ou de Grèce, ayant occupé l'Asie et les Îles et ayant subi la domination des Perses. Les chasseurs avec leurs épieux dorés, tous ces tableaux élargissaient l'horizon des spectateurs et les faisaient rêver d'autres conquêtes possibles.

L'habillement coloré, chatoyant, étincelant de pierres précieuses, des participants au cortège, contrastait avec la sobriété coutumière des Grecs classiques. Les Silènes, jouant le rôle des *rabdophores,* sorte d'agents de police, portaient des *chlamydes* de pourpre ou d'écarlate. Les femmes avaient des tuniques brodées et étaient couvertes de bijoux. Les jeunes garçons portaient des tuniques pourpres. Les Satyres qui les suivaient n'étaient pas vêtus, mais peints de pourpre ou de vermillon, ce qui pouvait favoriser leurs entreprises. La statue de Nysa était revêtue d'une robe jaune brodée d'or et drapée dans un châle. Des diamants de toutes sortes figuraient des raisins. Avec tout ce luxe contrastaient la tenue négligée des bacchantes macédoniennes, cheveux tombants et couronnés de serpents, et les tuniques blanches des enfants. Les cinq cents petites filles étaient habillées de tuniques pourpres et portaient des ceintures d'or. Mêmes les ânes étaient parés de plaques frontales et de harnais d'or ou d'argent. Les deux mille taureaux avaient les cornes dorées, des plaques frontales en or, des couronnes sur la tête, des colliers et des pectoraux sur la poitrine. L'éléphant qui porte la statue de Dionysos haute de plus de 5 m et que conduit un Satyre a un harnachement en or et autour du cou une couronne de lierre en or.

Il est notable que la procession fait à la musique la part belle. Ainsi après un char portant les effigies des rois ou des dieux, trois cents joueurs de cithare jouaient à l'unisson. Les chorèges des aulètes et les chœurs d'enfants étaient récompensés par des trépieds, ceux des enfants étant hauts de 4 ou 5 m. Les soixante Silènes qui écrasaient le raisin chantaient une chanson bacchique, accompagnés de la flûte. Le Silène du début du cortège ne dispose que d'une trompette.

Des attractions agrémentaient la procession. L'une des plus amusantes était sans doute l'envol des pigeons, colombes et tourterelles s'envolant d'une caverne couverte de lierre et d'if. Les rubans attachés à leur patte permettaient aux spectateurs de les attraper. La promenade d'arbres peuplés d'animaux et d'oiseaux devait avoir beaucoup de succès. Les Africains portants six cents défenses d'éléphants et deux mille troncs d'ébène offraient aussi un spectacle peu commun.

> Dans le cortège figuraient aussi de nombreux trônes, construits en ivoire et en or. Sur l'un deux se trouvait un diadème d'or, sur un autre une corne d'or, sur un autre encore une couronne d'or, et sur un autre une corne en or massif. Sur le trône de Ptolémée Sôter se trouvait une couronne assemblée de mille pièces d'or.
>
> Dans le cortège figuraient trois cent cinquante encensoirs d'or et des autels dorés couronnés de couronnes d'or. Sur l'un d'eux étaient fixées quatre torches d'or hautes de dix coudées (4,40 m). Deux foyers dorés étaient aussi transportés dans la procession, l'un ayant un périmètre de douze coudées (5,29 m) et une hauteur de quarante coudées (17,76 m), l'autre mesurant quinze coudées (6,72 m). Dans la procession figuraient aussi neuf trépieds delphiques en or, de quatre coudées (1,77 m), six autres de huit coudées (3,54 m), un autre de trente coudées (13,44 m) sur lequel il y avait des figurines en or, de cinq coudées (2,2 2 m)et une couronne de vigne en or l'entourait. Passaient aussi sept palmiers dorés, de huit coudées (3,55 m) et un bâton de héraut doré, de quarante-cinq coudées (19,98 m), et une foudre dorée, de quarante coudées (17,76 m), et un sanctuaire doré, dont le périmètre était de quarante coudées ; en outre une double corne, de huit coudées (3,55 m). Puis un grand nombre de figures dorées accompagnaient le cortège : la plupart mesuraient douze coudées (5,32 m) ; et des bêtes sauvages d'une taille extraordinaire et des aigles de vingt coudées (8,88 m).
>
> Trois mille deux cents couronnes d'or figuraient dans la procession et il y avait une autre couronne, mystique, en or, ornée de pierres de toutes sortes, mesurant quatre-vingts coudées (35,52 m). Elle était pendue à la porte du sanctuaire en l'honneur de Bérénice ; il y avait pareillement une égide en or. Figuraient aussi dans la procession un très grand nombre de diadèmes en

La nef de Dionysos. Coupe attique à vernis rouge, du potier Exékias env. 540 av. J.-C., qui illustre les vers de l'hymne homérique à Dionysos ci-dessous.

Et le vent souffla au milieu de la voile ; ils tendirent les agrès.
Et bientôt leur apparurent des œuvres merveilleuses.
Le vin tout d'abord jaillit à travers le navire noir, rapide.
La boisson douce grondait, odorante ; et l'odeur monta, immortelle.
La stupeur saisit tous les matelots à voir cela
Aussitôt au bord extrême de la voile s'étira une vigne, de part et d'autre ;
en pendaient une multitude de grappes ; autour du mât s'enroulait un lierre noir, luxuriant de fleurs. Au-dessus surgissait un fruit gracieux […]
Tous ensemble sautèrent, lorsqu'il virent cela, dans la mer éclatante et devinrent dauphins.

Homère, Hymnes (trad. J. Humber), Les Belles Lettres, Paris, 1936, 33-41

or, que portaient des jeunes filles parées magnifiquement. L'un était haut de deux coudées (0,88 m) et avait une circonférence de onze coudées (4,88 m).

Figuraient aussi dans la procession une cuirasse d'or, de douze coudées (5,32 m) et une autre d'argent, de dix-huit coudées (7,99 m), chacune ayant sur elle des foudres d'or de douze coudées (5,32 m) et une couronne de chêne ornée de pierreries. Vingt boucliers d'or, soixante-quatre panoplies d'or, deux paires de cnémides d'or, de trois coudées (1,33 m), douze cruches en or, des phiales en très grand nombre, trente *œnochoés*, dix grandes boîtes à parfums, douze hydries, cinquante plateaux, des tables variées, cinq armoires à coupes pour vaisselle d'or, une urne en or massif longue de trente coudées (13,12 m).

Et ces objets d'or étaient en dehors de ceux qui étaient portés dans le cortège de Dionysos. Ensuite, il y avait quatre cents chariots de vaisselle d'argent, vingt de vaisselle d'or, et huit cents d'aromates.

En outre figuraient dans la procession les forces de cavalerie et d'infanterie, toutes armées admirablement. L'infanterie comptait cinquante-sept mille six cents hommes, les cavaliers étaient vingt-trois mille deux cents. Tous défilaient dans les uniformes qui leur étaient propres et avec leurs armes. Mais en dehors des panoplies que tous ceux-ci avaient, il y en avait beaucoup d'autres, dont il n'est pas facile de transcrire même le nombre.

Pourtant Callixène en donne la liste.

On couronna dans le concours vingt personnes, et avec des couronnes d'or. Ptolémée était le premier et Bérénice fut honorée de trois portraits placés sur des chars d'or et d'enceintes sacrées à Dodone. La dépense, en monnaie, fut de deux mille deux cent trente-neuf talents et cinquante mines. Et toute cette somme fut payée aux économes grâce au zèle des gens qui offraient les couronnes, avant que l'exposition ne fût terminée. Et leur fils Ptolémée Philadelphe fut honoré de deux portraits en or, sur des chars d'or, montés sur des colonnes, l'une de six coudées (2,66 m), cinq de cinq coudées (2,22 m), six de quatre coudées (1,77 m).

Quelle sorte de monarchie, chers hôtes, a été si riche en or ? Ce n'est pas une monarchie qui s'est approprié des richesses des Perses et de Babylone ou qui a exploité des mines ou qui possède le Pactole charriant des paillettes d'or. Car seul le Nil, bien nommé « aux flots d'or », avec ses nourritures inépuisables, charrie précisément un or de bon aloi, que l'on peut cultiver sans risque, en sorte que tous les hommes ont leur content, car, tout comme Triptolème, il est envoyé dans chaque terre. Voilà pourquoi le poète de Byzance, appelé Parménion, déclare : « O Zeus d'Égypte ! ô Nil ! ».

Ce qu'il faut en retenir

Il ne faut pas prendre à la lettre les descriptions des cortèges, des chars, des objets ou des êtres présentés. Ils ont surtout une valeur symbolique, concrétisant les aspirations du royaume hellénistique, qui seront reprises par l'Empire romain. C'est avec les yeux de l'imagination qu'il faut considérer cette procession, qui est en même temps une sorte de carnaval et une revue, au double sens de divertissement et de parade militaire. Mais il ne faut pas oublier que cet étalage de richesses exprime un idéal économique, politique et culturel dont Alexandrie a été l'expression.

Statue d'Hermès avec Dionysos enfant attribué à Praxitèle.

Ce rêve de richesse et de puissance procède des réalités de l'Égypte pharaonique qui, dans cette description, sont mélangées à des réalités grecques. On peut attribuer à l'exemple grec le fait que cette manifestation se passe dans le stade et que cette fête soit célébrée tous les quatre ans. La statue « Fête quinquennale », dans le groupe de tête, rappelle cette chronologie.

Mais dès le début de la description, on apprend que la procession ne dure qu'un jour, du matin jusqu'au soir, alors que les concours grecs duraient plusieurs jours. Fait inconnu des concours grecs est la datation d'après « les parents des souverains », et non d'après l'olympiade. Dans la description, les dieux viennent après les souverains. C'est que l'aspect religieux est devancé par l'évocation des symboles de la puissance et de la richesse. Des quatre éléments des Jeux grecs, comportant prière, procession, sacrifice et concours, les Alexandrins n'ont retenu que la *pompè*.

Alexandre et les Ptolémées figurent dans le cortège. La statue d'Alexandre est en or et transportée sur un char traîné par des éléphants. Le roi est en bonne compagnie : Zeus, la Victoire, Athéna. Dans le concours, Ptolémée Ier Sôter est couronné le premier et la reine Bérénice a droit à trois statues. On signale plus haut que le trône de Ptolémée Sôter portait une couronne assemblée de dix mille pièces d'or. Auparavant Callixène note qu'Alexandre et Ptolémée Sôter se trouvaient honorés de statues portant des couronnes de lierre en or. Sur le char les transportant des dieux les accompagnaient : Dionysos, Priape, Héra, la Valeur. Ptolémée II Philadelphe est honoré de deux statues montées sur des colonnes d'environ 2 m.

Dans l'énumération des cortèges, on ne peut exclure un certain humour.

Ainsi les cinquante Satyres marchant derrière les jeunes garçons, et les cent vingt petites filles suivies de cent vingt Satyres, se trouvaient en des situations qui pouvaient être dangereuses, vu les mœurs des poursuivants.

D'autant plus que le vin coule à flots. L'exemple était donné par la statue monumentale de Dionysos qui, sous sa tonnelle, faisait des libations, un cratère de cinq cent quatre-vingts litres se trouvant devant lui. Les Satyres, chargés d'écraser les raisins, se désaltéraient au vin doux. L'outre de 116 640 litres était suivie par les Satyres, toujours assoiffés.

Le dieu servant de modèle aux athlètes, Héraklès, ne figure pas dans la procession. C'est Dionysos qui donne l'exemple, car la fête est en son honneur. Il est entouré de Nymphes et d'Hermès. Un char présente « Le Retour de Dionysos des Indes ».

Il est difficile de dénombrer les chars et de faire le départ entre objets portés et objets transportés. Le défilé nous montre que de nombreux chars étaient réservés à Dionysos. Chars à quatre roues précise le texte, c'est-à-dire véhicules pouvant supporter de lourdes charges. Il fallait cent quatre-vingts hommes pour tirer le char de 6,21 m de long et de 3,55 m de large, sur lequel une statue de Dionysos, de 6,21 m de haut, était dressée, un cratère de 3 litres à ses pieds. Un char plus petit, de 3,55 m de large, celui de Nysa, était tiré par soixante homme. Le char des Satyres écrasant les raisins avait 8,80 m de long et 6,20 m de large : il était tiré par trois cents hommes. Le char suivant long de 11,10 m et large de 6,20 m transportait l'outre énorme, de 116 640 litres, coulant à petit jet sans interruption. Suivie par cent vingt Satyres ou Silènes, elle devait se vider tout le temps de la progression, mais ils avaient de quoi se réconforter. Il fallait six cents hommes pour tirer le char transportant cratères, dressoirs, armoires, pressoirs, chaudrons, jarres, hydries et trépieds. Le char suivant, portant les objets d'or, était aussi chargé de cratères, pressoirs, bassins, vaisselles et plateaux. Le char des oiseaux, long de 9,68 m et large de 6,21 m nécessitait cinq cents hommes, pour transporter la caverne, les sources de lait et de vin, et les volières. Le chariot contenant le « Retour de Dionysos des Indes » portait une statue de 5,32 m, juchée sur un éléphant. On ne nous dit pas combien d'hommes le remorquaient. Callixène signale que les chars étaient généralement suivis de cortèges divers. Dionysos avait encore droit à un chariot le montrant en compagnie des statues de Priape, Héra, Alexandre, Ptolémée Sôter, et de l'allégorie de Corinthe. Le chariot portant le phallus de 55 m de long, d'une circonférence de 2,75 m ne nécessitait pas beaucoup d'hommes pour le transport. Le chariot transportait les effigies des rois et des dieux, les premiers étant nommés avant les divinités. Un char spécial était réservé à Zeus, accompagné de nombreux dieux mais aussi des statues en or d'Alexandre, de la Victoire et d'Athéna. Les chariots suivants transportaient tout un ameublement d'objets précieux.

Il est difficile d'apprécier les forces militaires qui défilaient : cinquante-sept mille six cents fantassins et vingt-trois mille deux cents cavaliers. Ces effectifs sont relativement modestes, si on les compare aux chiffres des grandes tueries de l'Antiquité.[4] Mais, comme il ne s'agit que d'une seule ville, ils dénotent un énorme défilé et signalent l'importance de la première ville du royaume.

Dans un chapitre très stimulant de son beau livre *Histoire de l'Empire perse*,[5] Pierre Briant rappelle la procession organisée par Artaxerxès III Ochos (358-337 av. J.-C.), qui est antérieure à celle imaginée par Ptolémée II Philadelphe (285-246 av. J.-C.). Dans l'une et l'autre fête, le roi montrait à la fois ses richesses et son pouvoir. L'historien rapproche opportunément le texte de Théopompe de Chios, dont il suggère qu'il puisse se situer en 343, lors de l'expédition de reconquête menée par Artaxerxès III Ochos contre l'Égypte, et dont il donne la traduction *in extenso* :

> Quelle ville ou quel peuple de l'Asie n'envoya-t-il pas d'ambassade vers le roi ? Quelle production de la terre ou quel produit beau et précieux de leur artisanat n'apportèrent-ils pas en guise de cadeau (*dôron*) déposé devant le roi ? De nombreuses et splendides couvertures de lit, des couvertures fines, les unes teintes en pourpre, les autres de toutes les couleurs, d'autres blanches ; de nombreuses tentes et des lits coûteux et splendides ; et encore de l'argent ciselé et de l'or travaillé à la perfection, des coupes et des cratères, les uns incrustés de pierres précieuses, les autres paraissant travaillées à la fois avec économie et avec somptuosité. En plus de tout cela, des myriades innombrables d'armes, grecques ou barbares, et un nombre invraisemblable d'attelages et de gras animaux pour les sacrifices, ainsi que de nombreux médimnes d'assaisonnement, de nombreux sacs en peaux, des bourses et une grande quantité de papier fait de papyrus, et parmi toutes les autres choses tout ce qui est nécessaire à la subsistance, y compris des viandes de victimes sacrificielles conservées dans le sel en telle quantité qu'arrivant de loin, les gens qui s'approchaient avaient l'impression de voir s'élever face à eux montagnes et collines !

Si ces démonstrations fastueuses avaient comme origine les pratiques

4 Voir A. Bernand, *Guerre et violence dans la Grèce antique*, Hachette Littératures, Paris, 1999, pp. 214-46.

5 P. Briant, *Histoire de l'Empire perse*, Fayard, Paris, 1996, pp. 178-216, notament pp. 204-5 et 212-3.

achéménides, avouons que les Égyptiens ont renchéri avec exubérance et extravagance pour le plus d'éclat possible aux *Ptolemaia* d'Alexandrie. À force d'en rajouter la description de Callixène devient non seulement fantastique mais encore fantasmatique. Elle expose un rêve, plus qu'elle ne décrit une réalité. Elle perd ainsi en vraisemblance ce qu'elle gagne en somptuosité.

À l'époque pharaonique, les pylones et les parois des temples égyptiens développent des scènes où le pharaon montre sa force, en tenant par les cheveux des grappes de prisonniers, mais aussi sa richesse, en accueillant des processions lui apportant des offrandes. Dans le royaume achéménide, Pierre Briant rappelle que Darius et ses successeurs sur les façades de leurs tombeaux, sur les parois de leurs palais ou sur des stèles, ont représenté les peuples porteurs du trône royal ou les peuples donateurs apportant des animaux ou des objets divers au Grand Roi. L'iconographie recoupe donc les indications des textes pour célébrer la force, la richesse et l'étendue du pouvoir royal.

Chapitre XIII
Les dérives

Un très bel essai de Maurice Genevoix, (onzième volume de ses *Œuvres complètes* publiées à Genève) qui n'est jamais cité par les hellénistes dits « de profession », donne un tableau de la vie du gymnase qui illustre les dérives que nous avons évoquées. Cet essai révèle non seulement le talent descriptif de l'auteur, mais une grande érudition jointe à un don d'évocation. Ce héros des deux dernières guerres, classé d'abord comme « historien de la guerre » puis comme « écrivain régionaliste », se révèle là un remarquable érudit.

Maurice Genevoix évoque d'abord la palestre de Taurosthène à *Sicyone,*[1] ville du nord du Péloponnèse, sur une hauteur à gauche de l'Asopos, à peu de distance de la côte du golfe de Corinthe, en Argolide. Strabon (époque d'Auguste) la nomme souvent dans le livre VIII de sa *Géographie.* Il nous apprend notamment (VIII, 6, 25) :

> Sicyone s'est appelée auparavant Mékoné (la ville du pavot), et encore auparavant Aigialoi. Elle a été rebâtie, à quelque vingt stades (3, 7 km) de la mer – certains disent douze (2,2 km) – sur une colline facile à défendre, par Démétrios Poliorcète. L'agglomération antique avec son mouillage sert de port. La frontière entre la Sicyonie et la Corinthie est délimitée par le fleuve Némée.
>
> Sicyone a été la plupart du temps gouvernée par des tyrans, mais chaque fois ces tyrans étaient des hommes modérés. Le plus illustre fut Aratos ; ce dernier, après avoir libéré son pays, fut porté par les Achaiens à la tête de leur organisation, dont il développa la puissance par l'adhésion de sa patrie et des cités voisines.

Le port de Sicyone (précise Raoul Baladié, éditeur de Strabon) proche de la ville primitive occupait le site du village de Kiato, dénommé jadis Sikyonia, près de l'embouchure de l'Hélisson. Au IIe siècle apr. J.-C., Pausanias dans sa *Description de la Grèce* parle longuement de l'histoire et du site de Sicyone (V, 2 -12, 51). La description de Pausanias est souvent interrompue par l'évocation de mythes relatifs à ce territoire et à ses sanctuaires.

Pausanias énumère une série de monuments : à l'entrée du territoire de Sicyone, en venant de Corinthie, le tombeau de Lycos le Messénien ; sur la rive opposée de l'Asopos, un *Olympieion*, puis des tombeaux. Il note que l'acropole de son temps contient un sanctuaire de la *Fortune du Mont*, puis un sanctuaire des Dioscures, dont les statues étaient en bois. Le théâtre était construit en bas de l'acropole. Après le théâtre se trouvait un temple de Dionysos. Une fois, précise Pausanias, les Sicyoniens transportèrent en procession, du *Cosmétérion* au *Dionysion*, à la lueur des torches et au son des hymes du pays, des statues qu'ils tenaient secrètes : une statue nommée

1 Voir le livre capital de G. Roux, *Pausanias en Corinthie*, Les Belles Lettres, Paris, 1958, II, 1-15, qui donne le texte, la traduction et le commentaire archéologique et topographique de ce passage. Des photographies médiocres du site et de quelques vestiges, mais une excellente carte à la fin du volume.

Baccheios, une autre *Lysios*. Il y avait aussi un temple d'*Artémis du Marais*. À l'entrée de l'agora se trouvait un sanctuaire de la Persuasion. Après l'*héroon* d'Aratos on pouvait voir un autel de *Poseïdon de l'Isthme*, puis un *Zeus Meilichios* et une *Aphrodite Patrôa*. Dans le gymnase, voisin de l'agora, s'élevait un Héraklès de marbre, œuvre de Scopas. Du gymnase un chemin conduisait au sanctuaire d'Asklépios. D'autres sanctuaires existaient : un consacré à Aphrodite, un autre à Artémis, un autre à Apollon, un autre voué à Héra. Il est certain que Maurice Genevoix, légitimement, a puisé dans de tels textes l'érudition dont il fait preuve.

La palestre et ses secrets

L'art de Genevoix n'est pas seulement de décrire, mais aussi d'évoquer et d'animer des scènes où il fait apparaître des personnages aux noms inventés. Sa description de la palestre, par exemple, est saisissante :

> La palestre n'était qu'une grande cour sablée, close d'un haut mur, pleine de soleil. Un seul arbre, au milieu de l'arène éclatante, beau platane au tronc élancé, répandait à son pied un îlot d'ombre légère qu'éclaboussaient des ocelles d'or. Autour de l'arbre s'arrondissait un banc de pierre où quelques hommes d'âge mûr, assis et devisant, regardaient s'entraîner les athlètes.
>
> Ceux-ci étaient peu nombreux encore. Mais on les voyait, un à un, sortir du petit vestiaire, aveuglant sous son lait de chaux frais, qui flanquait la poterne d'entrée. Entièrement nus, les uns sautillant sur place, d'autres étalant

Skyphos attique à figures noires datant du Ve siècle av. J.-C. Deux hommes assis regardant quatre jeunes gens nus. Les adultes, vêtus de chitons blancs et de manteaux rouges et noirs, s'intéressent à ces garçons. Au centre un homme barbu, nu, regarde le garçon dans les yeux, tandis que sa main gauche touche la cuisse du jeune homme. Le peintre a dessiné sur le corps du garçon un grand coq blanc, symbole érotique. Deux sphinx, l'un masculin, à gauche, l'autre féminin, à droite, tournent le dos à la scène. Mais le tableau ne pose pas d'énigme !
© Musée national archéologique d'Athènes (inv. 366).

> le long de leurs bras, de leurs cuisses, l'huile qu'ils venaient d'y verser, ils gagnaient les sautoirs et les pistes, choisissaient un javelot, des bandes de ceste, des haltères à sauter.

De façon très réservée, Genevoix suggère les amitiés particulières qui souvent s'établissaient entre ces jeunes gens qui cultivaient leur beauté corporelle et, fiers de la nudité athlétique, pouvaient comparer la force et la grâce de leurs jeunes corps. On sait par la statuaire combien la beauté masculine était appréciée par les Grecs. Les *kouroi* nous rappellent cette tendance de la société grecque.

On sait, notamment par Platon, comment les adultes venaient assister à ces exercices gymniques pour y découvrir l'être aimé. Les inscriptions entre *érastès* et *éromenos* ne laissent place à aucun doute. N'oublions pas que la pédérastie n'était pas condamnée dans la Grèce ancienne, dans la mesure où elle respectait certains interdits : ne pas recourir à la force, ne pas utiliser l'argent pour soudoyer le partenaire, ne pas abuser de jeunes esclaves, ne pas s'adresser à un adulte de son âge, car entre l'aimé et l'amant devait exister une différence d'âge. L'apparition de la barbe et des poils devait marquer la fin d'une relation pédérastique. Il n'y avait dérive, déviance que si ces règles n'étaient pas suivies.

Genevoix raconte comment un certain Hermon avait gravé sur l'écorce d'un arbre : « Que le fils d'Aithon, que Sostratos est désirable ». Ce que reconnut Hermon bien volontiers : « Bien sûr, c'est moi, dit tranquillement Hermon. Où qu'on se tourne ici, son nom vous saute aux yeux. Chacun de ces quatre murs chante à l'envi son

Coupe-Skyphos attique à figures rouges de Camiros, Rhodes. Peintre d'Amasis env. 540 av J.-C. Céramique. Conversation amoureuse entre hommes et éphèbes et entre hommes et femmes. Sur un registre, le centre est occupé par un homme barbu qui offre un coq à une femme, qui tient une bandelette et un bouton de lotus. De part et d'autre de ce motif central, deux couples masculins sont constitués. À gauche un homme barbu offre à un éphèbe un petit cerf ; à droite un homme barbu offre un cygne à un éphèbe. Les deux éphèbes tiennent une lance. Conservé au musée du Louvre, Département des antiquités grecques, étrusques et romaines (inv. A 479).

charme et sa beauté ». Au demeurant, parmi les jeunes gens de Genevoix, un bon nombre ne cachent pas leurs liaisons hétérosexuelles. Certains se moquent, comme Aristophane, des homosexuels ostentatoires.

Une jolie page compare une statue d'athlète à l'athlète lui-même. C'est un vieillard, Ménesthée, qui évoque devant Sostratos la gloire olympique, admirant à la fois la statue d'un *olympionike* et la stature du jeune homme :

> L'athlète de bronze, une jambe un peu avancée, laissait pendre sa main gauche dont les doigts s'entrouvraient un peu ; sa main droite se tendait en un geste d'offrande ; et il souriait, comme le jeune mortel, du sourire mystérieux qu'on voit aux anciennes statues. Ses cuisses, à partir des genoux, s'évasaient en longues lignes ascendantes ; et, sur son ventre lisse, sur le double méplat de sa poitrine musculeuse, la lumière coulait comme sur une chair douée de vie. Un fin placage de cuivre rougissait les pointes de ses mamelons, ses lèvres à la pulpe gonflée ; et il regardait Ménesthée de ses yeux étrangement fixes, globes d'émail blanc où s'incrustaient des prunelles de quartz vert.
>
> Mais l'autre, le vivant, quelle beauté était la sienne ! Il avait les mêmes jambes longues, lentement épanouies à partir des deux genoux. Sur ses flancs minces, sanglés de muscles plats, reposait la vigueur de son torse. On l'eût cru d'abord immobile ; mais le soleil faisant bouger des ombres chaudes aux creux de sa chair juvénile, semblait animer tout son corps. Par intervalle, ses paupières cillaient sur ses yeux bleus ; son souffle, imperceptiblement, déplaçait les lignes de son buste ; et, sous le renflement du sein gauche, contre la peau, l'on devinait les battements de son cœur.

On ne peut mieux exprimer cette fascination, non pas érotique, mais esthétique, qu'exerçait sur les Grecs anciens la perfection physique du corps masculin. On comprend que le vieux Ménesthée, à fréquenter les Jeux olympiques, savait apprécier la beauté masculine et juvénile. Il s'en prend aux admirateurs trop entreprenants de Sostratos, et vitupère les femmes, notamment la belle Mégallis, dont Sostratos est épris. Il évoque le bel Euthymos, fils du riche Astychès et de Mélantho, sa mère. Cet athlète était originaire de Locres Epizéphyrienne, ville voisine de Crotone et de Sybaris, en Italie du Sud.[2]

Ce garçon était attiré par les filles, notamment par une certaine Pasithéa. Mais il était désiré par un amateur de garçons, Hérodore, un sophiste, rôdeur de palestre, qui ne pouvait souffrir Pasithéa :

> [Il] se rapprochait du garçon, les yeux allumés de luxure. Ta cigale, Euthymos, c'est moi. Aime-moi, tout ton être m'échappe. Ah ! jusqu'où ne saurais-je monter ? Elle [c'est-à-dire Pasithéa] est le stupre, ne le comprends-tu pas ? Quelle est sa langue ? Quel est son ventre ? Honte sur vos dégoûtantes caresses !… Comme la cire embrasée fond à la flamme des flambeaux, je veux me fondre avec le bien-aimé dans la contemplation du beau.

La palestre, on le voit, n'était pas un lieu de tout repos ! L'éducation préparant un

Caresses et baisers entre deux couples de garçons. Coupe attique à figures rouges. Peithinos, env. 510 av. J.-C. Berlin-Charlottenburg, Antikenmuseum (inv. F. 2279).

2 Sur Locri Epizephyrioi voir le très beau volume de G. P. Carratelli, *The Western Greeks, Classical Civilisation in the Western Mediterranean*, Thames and Hudson, Londres, 1996, pp. 243, 338, 356.

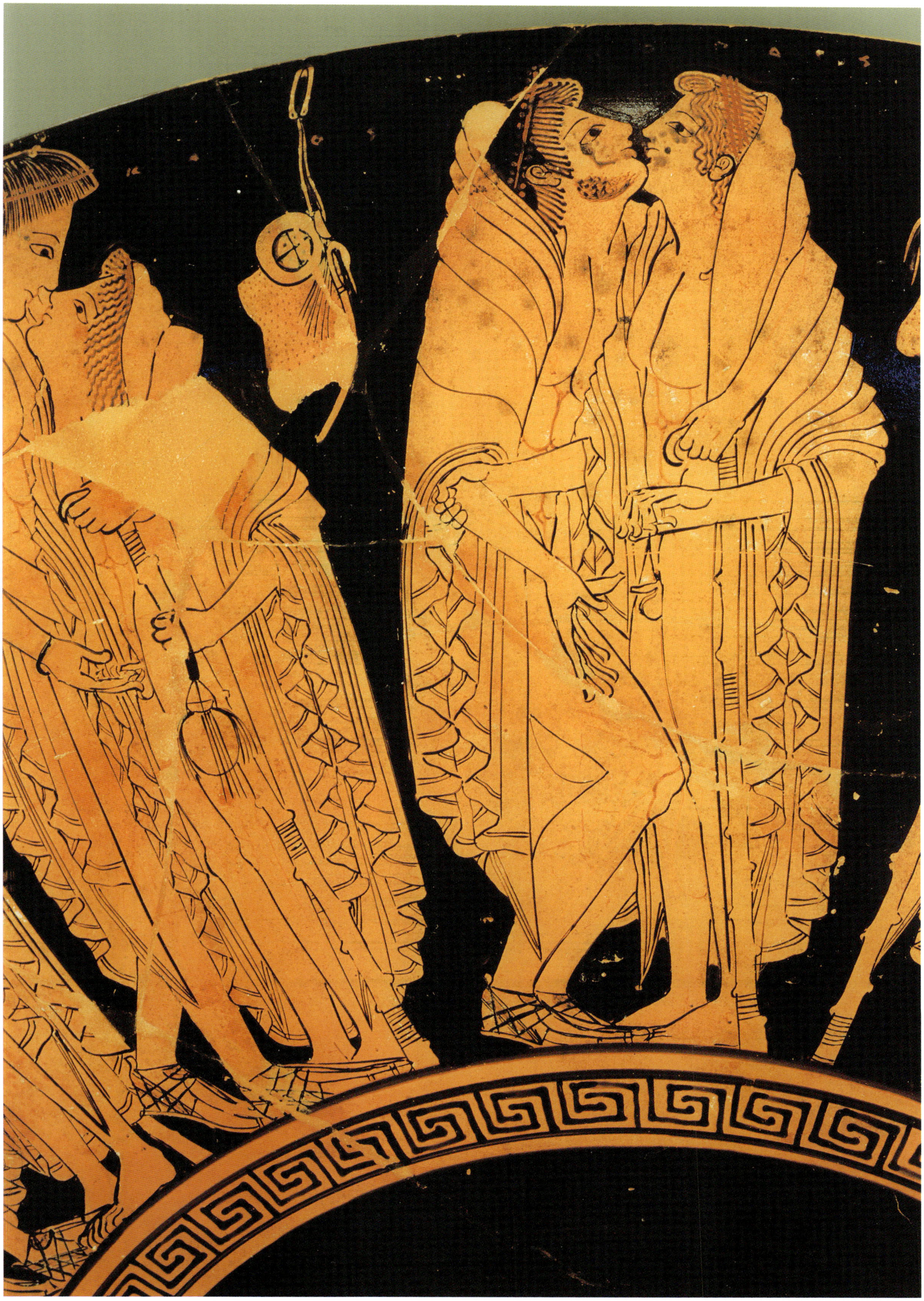

futur athlète, n'était pas non plus une partie de plaisir. Genevoix imagine qu'Euthymos était élevé par un vieux Sarmate, un Barbare au cœur en même temps rude et sévère, qui s'appelait Artimmès :

> Grognant sans cesse, d'une voix plus caverneuse que le tambour d'un corybante, le faisceau de verges à la ceinture, vigilant, impitoyable, pas une peccadille qui échappât à sa surveillance, pas une incartade qu'il permît : « Ne croise pas tes jambes Euthymos : c'est mal élevé… Est-ce ainsi que tu te sers, toute la main dans le plat de viande ? Deux doigts seulement, je te l'ai déjà dit ».

La sévérité des précepteurs était un de ces excès commis dans l'éducation des enfants. Dans les familles aisées, comme l'était celle d'Euthymos, dont le père, dirigeait une manufacture d'armes, fabriquait des parfums et veillait à la confection d'étoffes, on laissait à des hommes de confiance, d'origine modeste, le soin d'élever les enfants, d'autant que la mère de famille, confinée à la maison, gérait les problèmes ménagers, souvent accablée par des maternités successives et rapprochées, tant la mortalité infantile faisait des ravages.

Avec beaucoup de bonheur Genevoix évoque le spectacle des rues qui ravissait l'enfant et les souvenirs du vieux Sarmate racontant à l'enfant les chasses au lasso de ses compatriotes pour capturer les chevaux sauvages ou désarçonner les ennemis.

En contrepoint sont décrites les scènes de banquet grec, où les jeunes gens pratiquaient le jeu du *kottabos* (le cottabe), jeu d'origine sicilienne, qui consistait d'ordinaire à jeter le reste d'une coupe de vin dans un bassin de métal, en invoquant le nom d'une femme (ou d'un homme) aimée. Si le jet provoquait un son vibrant c'était le signe d'un amour partagé. Euthymos et ses amis pratiquent une variante ; ils jettent le reste de vin sur la mosaïque du sol et selon la forme de la tache, ils évaluent leurs chances de réussite amoureuse.

C'est le sculpteur Eukheiros, que Pasithéa présentait comme son amant, qui attira Euthymos dans son atelier et voulut faire sa statue. Il avait deviné que ce beau jeune homme serait un jour un vainqueur à Olympie et il admirait le corps parfait du garçon, lui prédisant des victoires en ce lieu prestigieux entre tous.

> En observant Euthymos nu, il le faisait marcher dans l'atelier, soulever un bloc de marbre, s'étendre sur le sol et se relever d'un bond. Il s'approchait, ne le quittant point du regard, épiait le jeu des muscles sous la peau, parfois palpait son corps du bout des doigts ; à moins que, s'éloignant dans un angle, il ne l'enveloppât tout entier d'un ample regard immobile, perdu dans sa contemplation et l'haleine suspendue.
>
> Mais un profond soupir lui soulevait enfin la poitrine, et il semblait qu'il s'éveillât : « Louange aux dieux ! s'écriait-il. Car je t'ai vu, toi-même, Euthymos. Je reprendrai ces ébauches hâtives, pour toi encore indéchiffrables. Et peut-être demain, retrouveras-tu devant tes yeux un Euthymos de marbre ou de bronze, non le jeune mortel que voici, le Locrien fils d'Astyclès, mais l'athlète parfaitement beau qui te ressemble comme ton double divin ».
>
> Ainsi faisant surgir aux yeux de l'ardent garçon cette idéale image de lui-même, il le ramenait encore vers le désir qu'il avait su lui inspirer, de dépassement de soi, cette difficile victoire qui le conduirait peut-être, les dieux aidant, vers les glorieux triomphes du stade.

Un athlète grec levant les poids.

> Alors enfin il lui parlait de l'Elide, d'Olympie, des lauriers roses de l'Alphée, de l'Altis aux beaux platanes, des talus de gazon où se presse la foule des Hellènes, de la clameur au loin retentissante qui salue l'athlète vainqueur.

Avant d'atteindre cet idéal il fallait faire des efforts démesurés. Genevoix imagine l'entraînement que faisait subir à Euthymos son *aleiptès* (littéralement « celui qui oint », par référence à l'huile dont le corps de l'athlète devait être enduit). L'*alipte* était l'entraîneur, le *manager*, de l'athlète. C'était souvent un homme d'origine modeste, dans la force de l'âge et ne ménageant pas sa peine, ni celle de son élève.

Les textes anciens évoquent plus souvent le triomphe de l'athlète que son exténuante préparation. Mais courir sur des pentes escarpées, franchir d'un bond buissons ou torrents, lancer des blocs de rochers, boxer contre des troncs d'arbres, faire des assauts contre son *alipte*, assommer un loup d'un coup de poing, telles étaient les épreuves qu'il fallait endurer avant de prétendre à la palme du vainqueur. C'est ainsi qu'un Milon de Crotone était parvenu à la gloire.

Le vieux Ménesthée raconte au beau Sostratos la solennité des Jeux olympiques.

Il lui rappelle que les *hellanodices,* c'est-à-dire les juges des concours, vêtus de manteaux rouges, devaient prévoir pour chaque journée l'ordre des exercices, apparier les concurrents, arbitrer les différends, et veiller aux cortèges, prières, libations et sacrifices en l'honneur des dieux. Il décrit les trois enceintes où se déroulaient les Jeux[3] :

> Trois enceintes, t'ai-je dit : la plus vaste est le Xyste où s'exercent les coureurs, les sauteurs et les pentathlètes. Nul d'entre eux qui ne songe à l'ombre géante d'Héraklès errant entre ces mêmes platanes. Il a sauté sur l'arène sablée, fait voler ici le javelot, couru sur la piste arrondie ; à moins que, foulant à pas lents le sol encore broussailleux, il n'arrachât de ses puissantes mains les épines sauvages et les ronces. Au Xyste fait suite le Tétragone : c'est l'enceinte où s'entraînent Euthymos et ses rivaux dans le pugilat. Après, dans le Malko sablonneux et pénible s'affrontent les adolescents. Partout s'élèvent les autels, les statues des héros et des dieux : Pélops le Lydien, de tous les héros le premier, l'Héraklès de l'Ida, Thésée vainqueur du Minotaure. Le marbre, le bronze blanchissent et luisent à travers les coulées de soleil, les ombres frémissantes des ramures.

Grand paysagiste, Genevoix imagine la marche du cortège olympique depuis Elis jusqu'au site d'Olympie et fait comprendre le charme qui se dégageait de ce paysage apaisant, si différent des autres contrées grecques :

> Ils admiraient l'Elide fertile, la terre heureuse, bénie des dieux. Euthymos revoyait les arides collines locriennes, les buttes de sable et d'argile blême, les marais craquelés où foisonnent le carex et la prêle. L'Athénien songeait à sa pierreuse patrie, aux lignes nues des horizons sous le flamboiement du soleil, le Grec des îles aux falaises de marbre qui surgissent de la mer sombre, et le Grec des montagnes aux gorges où grondent les torrents, à l'âpreté des crêtes où tournoient les vents douloureux. Mais tous sentaient couler en eux la fraîcheur de la vallée sainte, admiraient, sur l'autre versant, les douces collines aux beaux arbres que dominaient au loin, aérienne et bleue dans l'air bleu, les cîmes du Ménale et du mont Pholoé.
>
> [...] La première, la route de la mer rejoignit la Voie Sacrée. Un instant rapprochés bord à bord, les deux fleuves humains se mêlèrent. Ainsi confluèrent tour à tour les deux routes triphyliennes, puis la route d'Hérakleia ; et à chaque route nouvelle un nouveau flot humain, au bruit des pas, au bourdonnement des voix, grossissait le cortège et s'abîmait dans son énormité. Les roues des chars grinçaient, les mules au pied ferme agitaient leurs sonnailles, les chevaux encensaient, pressés par les remous qui soulevaient

3 Pour le lecteur qui ne peut se reporter aux volumes des fouilles d'Olympie menées par les savants allemands depuis 1875 et poursuivies de nos jours encore, il est commode de se reporter à la notice et au plan sommaire du livre de Fr. Chamoux, *La Civilisation grecque*, Arthaud, Paris, 1963, p. 416-7. Beaucoup plus évocateur est l'excellent livre de Ph. de Carbonnières, *Olympie, La victoire pour les dieux* (Collection « Patrimoine de la Méditerranée »), CNRS éditions, Paris, 1995, qui comporte un plan d'Olympie à l'époque de Pausanias (IIe siècle apr. J.-C), dessiné par J.-C. Golvin, des photographies du site en noir et couleurs, et de nombreuses illustrations.

Course de femmes. Vase à figures noires, conservé à Rome.

la foule des piétons, et les ânes trottinaient, tout petits, les sandales de leurs cavaliers frôlant la terre du chemin.

La description des monuments du sanctuaire, l'évocation des épreuves et des sacrifices, nous font revivre avec une précision saisissante l'enthousiasme des participants à ces Jeux, le bonheur des vainqueurs, la fierté de leurs pères et de leurs cités.

Aujourd'hui le déroulement des Jeux olympiques modernes, dans des sites qui sont choisis à l'avance, à la suite de tractations parfois douteuses entre des villes concurrentes, est à l'opposé des traditions antiques, répartissant à l'origine entre quatre sanctuaires seulement l'organisation des épreuves. De nos jours on aménage de toutes pièces dans des lieux parfois non adaptés, des dispositifs qui essaient tant bien que mal de se prêter aux exigences des épreuves. Au contraire le caractère unique de sites tel qu'Olympie, Delphes, l'Isthme et Némée conférait aux Jeux antiques une spécificité naturelle. C'est la nature, non le commerce, qui fixait le choix de ces sites sacrés.

Les conséquences de l'organisation modernes des Jeux sont graves, réduisant à l'état d'entreprise une célébration nationale et religieuse. On construit des villages, voire des villes olympiques alors que dans l'Antiquité le cadre agreste faisait le charme de ces fêtes. Point n'était besoin de construire des hôtels ni des boutiques. Les

Massage d'un athlète, sous la surveillance de l'entraîneur appuyé sur un bâton. Vase à figures rouges conservé à la villa Giulia à Rome.

participants, acteurs ou spectateurs, campaient et pique-niquaient dans la nature, sous le soleil ou les étoiles. Comme le chante Pindare dans la Ire *Olympique* : « Veux-tu chanter les Jeux, ô mon âme ? Ne cherche pas, au ciel désert quand le jour brille, un astre plus ardent que le Soleil, et n'espère pas célébrer une lice plus glorieuse qu'Olympie ».

La tonalité religieuse des Jeux

N'oublions pas que le décor des grands Jeux n'est pas une ville, mais un site sacré. À Olympie les arbres offraient des abris naturels, les fleuves comme le Kladéos ou l'Alphée permettaient aux pèlerins de se rafraîchir et de se laver, la douceur du climat encourageait à dormir à la belle étoile. Le sommet boisé du mont Kronion offrait un endroit bien éventé. On a peine à imaginer la joyeuse cohue de ces foules auxquelles la trêve olympique donnait le loisir, rare à cette époque, d'oublier la guerre et de célébrer la joie.

Cette fraternité champêtre donnait lieu à ces bousculades qu'on peut connaître dans la Grèce actuelle, ne serait-ce que lors de l'arrivée d'un bateau. Il faut imaginer une fête joyeuse, bruyante, composite où se mêlaient les bêtes promises aux sacrifices, les vendeurs de souvenirs, les campeurs des bords de l'Alphée ou du Kladéos. L'égorgement des bêtes sacrifiées aux dieux – moutons, taureaux ou bœufs – les

Deux couples de lutteurs. Peintre d'Andokidès. Amphore attique à figures rouges. Env. 525 av. J.-C. Chaque couple est formé d'un adulte barbu et d'un jeune homme. Conservée à Berlin Charlottenburg, Antikenmuseum (inv. F. 2159).

fumées des bûchers, le tintamare des trompettes ou des flûtes, constituaient le décor où se déroulaient tous les moments traditionnels des fêtes religieuses : procession, prière, libations et sacrifices. Prêtres, pèlerins, porteurs de fouets formaient une foule où l'enthousiasme avait le pas sur la discipline. Le calme ne se faisait qu'aux moments où les athlètes entraient en lice.

Les épreuves

Toutes les épreuves ne suscitaient pas le même intérêt.[4] L'épreuve reine était la course à pied, avec ses variantes : la course simple sur la longueur d'un stade, qui pouvait varier, mais se courait sur une longueur d'environ 190 m ; la course double ou *diaulos*, sur environ 400 m ; la course longue, nommée *dolichos*, était une épreuve de fond, pouvant varier de 1 500 à 5 000 m ; la course en armes, appelée *hoplitodromos*, faisait s'affronter des hommes faits portant casque, jambières et le lourd bouclier.

Le *pentathlon* comme son nom l'indique, comportait cinq épreuves : la course du stade, le saut, le lancer du disque, celui du javelot, et la lutte. Les monuments figurés nous montrent que les positions des athlètes étaient fort différentes de celles d'aujourd'hui. Par exemple les coureurs prenaient le départ debout, pieds rapprochés, les jambes légèrement fléchies et les bras tendus en avant. La ligne de départ ou *grammè* était un sillon creusé dans le sol permettant un meilleur appui. Le signal était donné par une sonnerie de trompette.

Pour le saut en longueur, consistant en cinq sauts successifs et sans interruption, les athlètes tenaient dans chaque main une haltère, ce qui permettait un allongement des distances parcourues. Le lanceur de disque levait le disque à deux mains au-dessus de sa tête, puis se baissant jambes écartées et fléchies, rejetant en arrière le bras porteur, il exécutait des balancements, puis se relevait en tournoyant sur lui-même. Pour le lancer du javelot, l'athlète utilisait une lanière enroulée autour du centre de gravité du javelot et se terminant par une boucle dans laquelle il introduisait un ou deux doigts, ce qui facilitait la propulsion. Les statues ou les peintures de vases permettent de bien comprendre ces postures.

Philippe de Carbonnières auquel nous empruntons ces analyses cite un texte extrait du traité sur la *Gymnastique* de Philostrate, qui signale la considération que l'on portait aux athlètes du pentathlon :

> Celui qui veut se livrer au pentathle doit être plutôt lourd que léger, et plutôt léger que lourd, d'une taille élancée, solidement bâti, peu chargé de muscles et libre dans les mouvements. Qu'il ait les jambes plutôt longues que moyennes, les lombes souples et agiles, à cause des brusques retours sur soi-même que l'on doit faire dans l'exercice du javelot ou du disque, ainsi que pour le saut.

Pour devenir cet athlète complet il fallait aussi pratiquer des sports de combat la lutte (*palè*), le pugilat (*pygmè*) et le pancrace (*pankration*). C'étaient des combats très prisés des spectateurs, mais d'une rare violence. La victoire conférait une grande gloire, car c'est Héraklès qui en était l'inspirateur.

La *palè* se pratiquait dans le lieu auquel elle donna son nom : la palestre. C'est au

4 Ph. de Carbonnières, *op. cit.*, décrit avec minutie et illustre de documents figurés bien choisis ces différentes épreuves.

Tête de boxeur. Conservée au musée national archéologique d'Athènes.

judo d'aujourd'hui que ressemblait cette lutte où il fallait faire toucher le sol du dos ou des épaules. Les adversaires étaient nus et enduits d'huile ce qui rendait les prises difficiles. Pour pallier ce désavantage les combattants se couvraient de poussière. Les adversaires se précipitaient tête contre tête et pratiquaient les prises de nos judokas : retournement de bras, soulèvement, projection au sol, bascule, pression du genou sur l'estomac, traction du cou. Le combat se faisait sans interruption jusqu'au moment où l'un des adversaires lève le doigt ou mette un genou à terre. Il fallait terrasser trois fois son adversaire pour être déclaré vainqueur. Le combat se déroulait sur un sol ameubli facilitant les glissades.

La *pygmè* était une boxe d'une rare brutalité, alliant coups de poing et coups de pied. On en mesure la sauvagerie en constatant que deux gestes seulement étaient interdits : mordre son adversaire et lui mettre les doigts dans les yeux. Les corps des boxeurs portaient les marques des coups reçus : arcades sourcilières déformées, nez écrasé, oreilles boursouflées. L'équipement de ces boxeurs n'était pas fait pour amortir les coups : leurs mains étaient entourées de bandelettes de cuir durci laissant le poing se fermer. Parfois les lanières étaient renforcées de métal. Les coups n'étaient donc pas adoucis par des gants rembourrés.

D'après les peintures des vases, on constate que les coups visaient surtout la tête, car la garde était haute. C'est le *direct* à la tête, non à l'estomac, qui était le coup

Deux pancratiastes nus et barbus s'affrontent sous l'œil de l'entraîneur, vêtu d'un long manteau et tenant une tige flexible. L'un soulève la jambe de l'adversaire, tentant de le renverser. Vase à figures noires, env. 500-490 av. J.-C., attribué au peintre de Kleophrades.

principal. Le *swing*, le *crochet*, l'*uppercut* ne semblent pas avoir été utilisés, non plus que le sautillement sur place. C'était en quelque sorte une boxe statique, entre « battants » plus soucieux de frapper que d'esquiver. Les conditions du combat étaient rudes : pas de *ring*, pas de *rounds*, pas de victoire aux points, pas d'arrêt du combat, pas de durée limitée. Le combat prenait fin quand l'un des adversaires s'écroulait ou reconnaissait sa défaite en levant le doigt.

Le pancrace était le plus dur des combats. Les athlètes combattaient à poings nus et pouvaient donner des coups de pied. Ils luttaient debout, mais pouvaient à la différence des lutteurs, lutter au sol, dans la poussière. L'arbitre ne faisait pas arrêter le combat à la suite d'une blessure. Plutôt qu'au catch, cette forme de combat ressemble à un mélange de lutte et de boxe thaïlandaise. Une autre épigramme[5] montre la cruauté du pugilat :

> Ta tête est devenue un crible, Apollophanès, ou encore la marge inférieure de nos petits traités mangés des vers. De fait ce sont des galeries de fourmies, sinueuses et droites, ou bien la notation lydienne ou phrygienne du texte de nos poètes lyriques ! Au reste, continue à boxer sans crainte ; car si on te fend la tête de haut en bas, ce que tu as, tu le garderas : tu ne peux en avoir plus.

5 *Anthologie palatine* (trad R. Aubreton), Les Belles Lettres, Paris, 1972, XI, 78.

Coups interdits : un adversaire essaie de mettre son pouce dans l'œil de l'autre et tente de mordre le bras qui l'étouffe. L'entraîneur, armé d'un bâton, essaie de les séparer.

Dans une autre épigramme[6] Lucilius déclare que vingt années de guerre n'empêchèrent pas Ulysse d'être reconnu par son chien Argos, mais que quatre heures de lutte suffirent pour que ni chien ni ami ne pussent l'identifier et qu'il ne pût lui-même se reconnaître en un miroir. Le thème de la défiguration des pugilistes a fourni à Lucilius de nombreuses variantes, telle celle-ci[7] :

> Ce homme, cet Olympikos, tel que le voilà maintenant, Auguste, il avait jadis un nez, un menton, des sourcils, des oreilles, des paupières. Puis, inscrit sur le rôle des pugilistes, voilà qu'il a tout perdu, au point que de son patrimoine il n'a même pu prendre sa part. Son frère avait de lui un petit portrait : il le produisit en justice. « C'est un autre homme, » estima-t-on. « Aucune ressemblance avec le portrait ! »

Une autre épigramme de Lucilius déclare[8] :

> Avec un tel museau, Olympikos, ne te diriges pas vers une source ni, dans la montagne, vers quelque onde transparente. Car toi aussi, comme Narcisse, en regardant bien ton visage, tu tomberas mort, saisi d'une haine mortelle envers toi-même.

Les boxeurs sont parfois présentés comme des bêtes fauves. C'est le cas dans une épigramme d'Antipatros de Thessalonique, évoquant l'aspect de Nikophon et sa victoire aux Olympiques en 11-12 apr. J.-C., sous Auguste[9] :

> D'un taureau le col profond, les épaules de fer d'Atlas et la barbe majestueuse d'Héraklès, les yeux de lion du géant de Milet, Zeus lui-même ne le vit pas sans trembler, lorsque, dans la catégorie des hommes, à la boxe fut vainqueur Nikophon aux olympiques.

Tous ces textes témoignent de la férocité de la boxe et du pancrace antiques. On pourrait trouver encore d'autres exemples.

Une autre compétition très prisée était la course de chevaux. Les hippodromes pouvaient être sur le site même, ce qui était le cas à Olympie où l'hippodrome était placé entre le stade et l'Alphée. Mais dans un cas comme Delphes les courses avaient lieu dans la plaine d'Amphissa au pied de la montagne. Dans ces courses avaient parfois lieu des débordements répréhensibles, notamment dans la course de chars où, dans le contournement de la borne, un conducteur pouvait pousser son concurrent à l'accident en le serrant de trop près.

Il faut distinguer les courses montées et les courses de chars. N'oublions pas que les cavaliers n'avaient ni selle ni étriers ni éperons. Ils montaient à cru et disposaient seulement d'un fouet. Une course de trot particulière, la *kalpè*, exigeait que le cavalier, avant l'arrivée, descendît de sa monture et courût à ses côtés en la tenant par les rênes.

Les courses de chars étaient les plus prisées. C'étaient des courses de *biges*, chars à

6 *Anthologie palatine* (trad R. Aubreton), Les Belles Lettres, Paris, 1972, XI, 77.
7 *Ibid.*, 75.
8 *Ibid.*, 76.
9 *Ibid.*, VI, 256.

Fin d'un match de boxe, le vaincu levant l'index pour reconnaître sa défaite. Vase à figures rouges.

deux chevaux, ou des courses de *quadriges*, à quatre chevaux. Le *tethrippon* était l'épreuve reine. On ne peut exclure que certains aristocrates eussent conduit eux-mêmes le char, mais la plupart du temps le conducteur était un professionnel et toute la gloire de la victoire revenait au propriétaire de l'attelage. L'aurige tenait deux guides par cheval, c'est-à-dire huit guides dans le *tethrippon*. Le char était une frêle caisse monté sur deux roues et s'y tenir en équilibre était un exploit. Les concurrents, devant effectuer douze fois le tour des bornes, parcouraient environ 14 km. Les accidents n'étaient pas rares, tant l'audace des auriges était grande.

Dans les courses de biges tirés par deux mules (course appelée *apènè*) le parcours était d'environ 7 km. Le cocher était en position assise. C'est en Sicile surtout que ce genre de course avait lieu, car les mules étaient interdites de séjour en Elide, en vertu d'un antique arrêt religieux.

Telles étaient les épreuves des Jeux. On constate que, s'il y avait quelques variantes, ces compétitions étaient, si l'on peut dire, canoniques. On ne multipliait pas les épreuves, comme on le fait dans les Jeux modernes, où sans cesse de nouvelles compétitions augmentent le catalogue des concours.

Ces Jeux antiques exigeaient des athlètes une constance et un courage peu ordinaires. On a vu qu'ils n'étaient pas exempts de dérives issues de la violence. Mais il y avait pire : des fraudes, des tricheries et une corruption endémique.

Plaine d'Amphissa.
© André Bernand

Chapitre XIV
La corruption

L'arbitrage truqué

Il serait naïf de penser que les compatriotes d'Ulysse-aux-Mille-Tours n'auraient point essayé de transgresser les règlements prévus pour les différentes épreuves des Jeux. L'ingéniosité grecque sut trouver mille ruses pour frauder, fauter, tricher, tromper, corrompre.

L'arbitrage pouvait ne pas être équitable, soit par intérêt personnel du juge, soit sous la pression de la famille ou de la cité désireuses de participer à la gloire olympique de leur champion. C'est pourquoi Hérodote[1] pour démontrer l'équité du roi Psammétique raconte l'épisode suivant :

> Ce Psammis pendant qu'il régnait sur l'Égypte vit venir des députés envoyés par les Eléens ; ceux-ci se targuaient que le règlement de leur concours d'Olympie fût le plus équitable et le meilleur du monde ; et ils pensaient que les Égyptiens même, les plus sages des hommes, ne sauraient rien imaginer au-delà. Lorsque les Eléens, arrivés en Égypte, eurent exposé ce pourquoi ils étaient venus, le roi convoqua ceux des Égyptiens qu'on disait être les plus sages. S'étant réunis ces Égyptiens se firent exposer par les Eléens toutes les règles que ceux-ci observaient au sujet du concours ; et les Eléens, après avoir tout expliqué, déclarèrent qu'ils étaient venus pour apprendre mieux, si les Égyptiens pouvaient imaginer quelque chose qui fût plus juste. Les Égyptiens, après s'être consultés, demandèrent aux Eléens si leurs concitoyens étaient admis aux concours. Les Eléens répondirent que quiconque le voulait, qu'il fût des leurs ou bien des autres Grecs, avait également le droit de concourir. Les Égyptiens déclarèrent alors qu'en posant cette règle ils avaient tout à fait manqué à la justice ; car il était de toute impossibilité qu'ils ne prissent point parti pour leur compatriote engagé dans une lutte, au préjudice de l'étranger ; que, s'ils voulaient vraiment régler le concours avec justice et si c'était dans cette intention qu'ils étaient venus en Égypte, on leur conseillait de l'établir pour des concurrents étrangers, sans que nul Eléen eût le droit d'y participer. Tel fut l'avis que les Égyptiens donnèrent aux Eléens.

La même mise en garde contre la partialité possible des arbitres est attribuée par Diodore au règne d'Amasis.[2]

Selon Aristote[3] il fallait que dans les Jeux, comme dans la conduite des femmes, l'application des lois, l'éducation des enfants, tout fût en « bon ordre ». Cet idéal d'*eukosmia* devait régner dans les gymnases et dans les épreuves :

> Particulières aux cités où il y a plus de loisirs et de prospérité et où l'on se

1 Hérodote, *Histoires* (trad. A. Barguet), La Pléiade, Paris, 1964, II, 160.

2 *Ibid.*, I, 95.

3 Aristote, *Politique* (trad. et éd. J. Aubonnet), Les Belles Lettres, Paris, 1960, VI, 8, 22.

> soucie plus d'une conduite décente, sont les charges d'inspecteurs des femmes (*gynéconomes*), de gardiens des lois (*nomophylaxes*), d'inspecteurs des enfants (*paidonomes*), de directeurs des gymnases (*gymnasiarques*) et en outre celles de commissaires aux concours gymniques et aux concours dionysiaques et à tous les autres spectacles de ce genre qu'il peut y avoir.

Outre la partialité de l'arbitrage bien d'autres irrégularités étaient commises. La plus fréquente était la concussion, c'est-à-dire la malversation dans l'exercice d'une fonction publique. Autrement dit on pouvait « acheter » la victoire en graissant la patte non seulement aux juges, mais aussi aux concurrents.

La concussion

Pausanias[4] décrivant le sanctuaire d'Olympie signale que,

> quand on va vers le stade en suivant la route qui part du Métrôon en longeant la limite du mont Cronion, on voit à gauche auprès de cette limite même une assise en pierre avec des degrés. Sur cette assise se trouvent des statues de Zeus en bronze. Ces statues ont été élevées avec l'argent des amendes versées par les athlètes coupables d'irrégularités dans les concours ; les gens du pays appellent ces statues des Zanes.

Pausanias énumère un certain nombre d'actes de corruption qui furent frappés d'amendes et provoquèrent l'établissement de cette terrasse de la honte. Ainsi le Thessalien Eupôlos corrompit à prix d'argent les concurrents au concours de boxe : l'Arcadien Agètor, *prytanis* de Cyzique et en outre Phormion d'Halicarnasse qui avait remporté la victoire à l'olympiade précédente. Eupôlos et ses concurrents furent frappés d'une amende par les Eléens.

On rendait publique cette condamnation. En effet sur lesdites statues étaient gravés des poèmes élégiaques. Anne Jacquemin précise que ces épigrammes n'étaient pas gravées sur la base des statues mais sur des stèles de bronze d'environ 20 cm de large, dont on voit les mortaises. Le fait que Pausanias résume ces textes au lieu de les citer intégralement s'explique sans doute par le fait qu'il jugeait cette poésie assez médiocre. L'un de ces poèmes affirmait que ce n'était pas avec de l'argent, mais grâce à la rapidité de ses jambes que l'on pouvait vaincre à la course. Un autre disait que la statue avait été érigée en l'honneur de la divinité, mais aussi pour faire peur aux athlètes qui trichaient. Sur une autre statue l'épigramme rappelait l'amende infligée aux boxeurs frauduleux. Une épigramme rappelait encore que ces statues étaient des leçons destinées à tous les Grecs, afin que personne ne versât de l'argent pour obtenir une victoire olympique.

Après Eupôlos ce fut l'Athénien Callippos, concurrent au pentathle qui acheta ses adversaires à prix d'argent, ce qui valut à l'un et aux autres une amende infligée par les Eléens. Les Athéniens dépêchèrent l'orateur Hypéride pour annuler cette punition, mais les Eléens ne se laissèrent pas fléchir. Il s'agit de l'orateur athénien du IVe siècle av. J.-C., adversaire acharné des Macédoniens qui le firent exécuter en 322.

Les Athéniens qui étaient exclus des concours olympiques par suite de la faute de

4 Pausanias, *Description of Greece* (trad. W.H.S. Jones), Heinemann, Londres, 1988, V, 21, 1-9.

Bases des statues de Zeus (Zanes). Ancienne Olympie. L'allée des Zanes.

l'un des leurs refusèrent de payer l'amende. Il fallut que le dieu de Delphes s'en mêlât et leur déclarât qu'il ne rendrait plus d'oracle à personne tant qu'ils n'auraient pas versé l'amende aux Eléens. Six statues furent alors érigées, portant des avertissements aux fraudeurs. Sur la première, il était dit que les statues avaient été consacrées en vertu de l'oracle du dieu de Delphes qui avait donné son assentiment aux décisions des Eléens relatives aux concurrents du pentathle. Sur la deuxième et sur la troisième statue on faisait l'éloge des Eléens qui avaient infligé l'amende. Le poème de la quatrième statue signifiait que le concours à Olympie était une épreuve de valeur, non une affaire d'argent. La cinquième statue expliquait les raisons qui avaient justifié la consécration des statues, la sixième rappelait l'oracle de Delphes rendu aux Athéniens.

Pausanias cite encore des inscriptions fixées sur deux statues : l'une disait que les Rhodiens avaient versé de l'argent à Zeus Olympien, à cause de l'irrégularité commise par un lutteur; la seconde, que la statue avait été faite sur l'argent versé par des lutteurs qui s'étaient laissés acheter.

La lutte était une spécialité des Égyptiens. Ainsi Stratôn d'Alexandrie remporta le même jour la victoire au pancrace et à la lutte. Ce Stratôn, fils de Korrhagos d'Alexandrie, note Anne Jacquemin, est appelé Stratonicos par Eusèbe.[5] Il avait

5 Eusèbe de Césarée, *Histoire ecclésiastique* (trad. G. Bardy *et al.*), éditions du Cerf, Paris, 2003, vol. I, p. 211.

commencé à faire du sport pour combattre son mal de vivre puis s'illustra dans sa spécialité. Après sa double victoire à la lutte et au pancrace, en 68 av. J.-C., qui faisait de lui le quatrième successeur d'Héraklès, il remporta encore une victoire au concours suivant, obtint quatre prix le même jour à Némée (lutte et pancrace dans la catégorie enfants et dans la catégorie imberbe) et bien d'autres succès à Némée et à Delphes. Fort riche il s'était fait construire à Aigion une palestre pour son entraînement personnel.

Elien, écrivain de la première moitié du IIIe siècle apr. J.-C., raconte ainsi la carrière de Stratôn[6] :

> Straton, le fils de Corrhagos a, semble-t-il, été malade à point nommé. Bien qu'il fût issu d'une bonne famille et qu'il fût très riche, il ne faisait pas d'exercices physiques. À cause d'une maladie de la rate, il dut s'entraîner au gymnase. Au début il s'exerça autant qu'il le fallait pour recouvrer la santé, mais progressant dans cet art et s'y appliquant assidûment il finit par triompher à Olympie le même jour à la lutte et au pancrace. Il eut un succès analogue aux Jeux Olympiques suivants, aussi bien qu'à Némée, à Pythô [Delphes], et à l'Isthme.

Bien entendu des vainqueurs au pancrace et à la lutte nous dit Pausanias pouvaient venir d'ailleurs : c'était le cas de Capros, d'Elide même, du Rhodien Aristoménès et de Prôtophanès un Magnète. Un boxeur alexandrin, nommé Apollônios, mais surnommé Rhantès, fut le premier Égyptien à être frappé d'une amende pour irrégularité par les Eléens. Pausanias expose ainsi ce cas particulier :

> [Cet Apollônios] fut condamné non pour avoir versé de l'argent ou pour en avoir reçu mais pour l'irrégularité que voici dans le concours. Il n'était pas arrivé au jour dit et conformément à la règle des Eléens, il en résulta qu'il était écarté du concours. En effet l'allégation selon laquelle il avait été retenu dans les Cyclades par des vents contraires fut réfutée comme mensongère par Héracleidès, un Alexandrin lui aussi : il était en retard disait celui-ci parce qu'il était en train de récolter de l'argent dans le concours d'Ionie. Dans ces conditions Apollônios et tous les concurrents à la boxe qui n'étaient pas là conformément au règlement se trouvent écartés du concours par les Eléens qui remettent la couronne à Héracleidès sans combat. Apollônios s'équipa alors de ses courroies comme s'il allait combattre et il se précipita sur Héracleidès qui se préparait déjà à recevoir la couronne d'olivier sauvage ; il le poursuivit alors qu'il cherchait refuge auprès des hellanodices. En tout cas sa légèreté d'esprit allait lui causer grand tort.[7]

Les tractations entre concurrents

La victoire pouvait s'acheter si l'on y mettait le prix, en offrant de l'argent à l'adversaire. Deux boxeurs qui combattaient en finale furent accusés et convaincus de s'être mis d'accord pour de l'argent. Ils furent frappés d'une amende et deux statues

6 Elien, *Histoire variée*, traduction Lukinovitch, A., et Morand, P., Les Belles Lettres, Paris, 1991, IV, 15.

7 Pausanias, *op. cit.*, V, 1, 21.

furent consacrées à Zeus, l'une à droite quand on entre dans le stade, l'autre à gauche. Le boxeur qui avait versé l'argent s'appelait Deidas, celui qui l'avait reçu se nommait Sarapammon. Tous deux étaient du nome Arsinoïte.

Un pancratiaste d'Alexandrie, appelé Sarapiôn, s'illustra d'autre façon : il fut pris d'une telle frayeur devant ses adversaires qu'un jour avant que l'on appelât les concurrents au pancrace, il prit la fuite. Pausanias note que « c'est le seul athlète aussi bien du monde entier que d'Égypte qui fut condamné pour lâcheté ».

Non seulement des Égyptiens firent des tractations honteuses, mais un Grec, un Eléen, appelé Damonicos, pour que son fils Polyctor ravît la couronne à Sôsandros, originaire de Smyrne, versa de l'argent au père de ce dernier. Dans ce cas, les *hellanodices* donnèrent une amende aux pères. Le produit de cette amende servit à faire des statues : l'une s'éleva dans le gymnase d'Elis, l'autre devant l'Altis.

Sur le phénomène de la corruption dans les concours olympiques Anne Jacquemin renvoie opportunément à une étude, en allemand, de I. Weiler, « Korruption in der olympischen Agonistik und die diplomatische Mission des Hypereides in Elis », dans *Achaia und Elis*, actes du colloque qui eut lieu à Athènes du 19 au 21 mai 1989.

Le dopage

Bien qu'il fût de toute autre nature que le dopage actuel, il existait également dans les Jeux antiques. Certains athlètes se dopaient... à la viande ! Athénée, auteur de la première moitié du IIIe siècle apr. J.-C., donne des exemples saisissants[8] :

> Théagène, athlète de Thasos, dévorait à lui seul un taureau, comme le dit Posidippe dans ses Epigrammes : « Et, pour un pari, j'ai mangé un bœuf de Méonie, car Thasos, ma patrie, n'aurait pu me fournir, à moi Théagène, de quoi manger ; quelle que fût la nourriture que je prenais, j'en redemandais. Voilà pourquoi je suis là, en bronze, tendant en avant ma main ». Quant à Milon de Crotone, comme le dit Théodore de Hiérapolis dans son œuvre *Sur les compétitions,* il avait l'habitude de manger vingt mines (8,64 kg) de viande, autant de pain, et de boire trois conges de vin (9,82 litres). À Olympie, il posa sur ses épaules un taureau de quatre ans et fit le tour du stade en le portant ; puis il en fit des parts et le dévora à lui seul en une journée.

Au IVe siècle av. J.-C., signale encore Valérie Visa-Ondarçuhu,[9] Théophile, un auteur comique, dans sa pièce *Le Pancratiaste*, souligne la gloutonnerie des athlètes, dans un dialogue entre le pancratiaste et un interlocuteur :

> Le pancratiaste : Trois mines (1,296 kg) de viande bouillie.
> B : Ensuite ?
> Le pancratiaste : Du museau, du jambon, quatre pieds de porc
> B : Par Héraklès !
> Le pancratiaste : Trois pieds de bœuf, une volaille.

8 Athénée, *Le Banquet des sophistes*, X, 412. Texte cité par V. Visa-Ondarçuhu, *L'image de l'athlète d'Homère à la fin du ve siècle avant J.-C.*, Les Belles Lettres, Paris, 1999, p. 241, note 1.

9 Théophile, *Le Pancratiaste*. Texte cité par V. Visa-Ondarçuhu, *op. cit.*, p. 243, note 3.

Hydrie attique à figures noires avec scènes de palestre.

B : Par Apollon ! Et puis ?
Le pancratiaste : Deux mines (864 g) de figues.
B : Et qu'as-tu bu ?
Le pancratiaste : Douze cotyles (4,44 litres) de vin pur.

Ces performances alimentaires devaient paraître d'autant plus surprenantes que les Grecs anciens – et modernes – ne consomment guère de viande de bœuf, mangeant surtout de la viande de mouton. Les bœufs n'existaient que dans certaines régions comme la Thrace, la Thessalie, la Piérie.

Aristote emploie le terme *anagkophagia*, signifiant « régime forcé de nourriture » pour désigner la nourriture imposée aux athlètes. Mais il précise qu'il faut distinguer les régimes qui sont imposés aux athlètes selon les spécialités sportives qu'ils pratiquent. Par exemple, un pancratiaste ou un lutteur avaient besoin d'une nourriture plus riche qu'un coureur ou qu'un conducteur de char.

On voit donc se développer ce qu'on peut appeler une thérapie du sport, dépassant le problème de la nourriture.

Sur le plan sexuel, les athlètes adoptaient la continence absolue, nous dit Philippe de Carbonnières.[10] Pour faciliter cette ascèse, ils avaient recours à de fréquents bains froids et éventuellement à l'infibulation du pénis.

10 Ph. de Carbonnières, *Olympie, La victoire pour les dieux*, CNRS éditions, Paris, 1995, p. 48.

Dans le traité de Philostrate *De la Gymnastique,* on condamne la médecine qui ne met pas en garde les athlètes contre une mauvaise alimentation. Cette médecine, dit-il,[11]

> qui amène des cuisiniers et des marmitons qui régalent les athlètes, les rendent gourmands et font de leur ventre un gouffre ; elle leur donne à manger un pain assaisonné de pavot difficile à digérer ; elle les nourrit de poissons, alimentation tout à fait contraire aux règles de la gymnastique.

On a vu comment cette alimentation avait parfois abouti à un véritable dopage.

Les petites ruses

Certains athlètes, pour dissimuler la honte d'être vaincu et après avoir reçu des blessures, en principe interdites par les règlements, pouvaient se faire emporter du lieu du combat. Leur malaise pouvait être réel, mais ils pouvaient aussi simuler la mort. Ainsi, dans une épigramme de Lucillius, un certain Androléos, après avoir perdu une oreille à Olympie, une paupière à Platées, et avoir perdu connaissance est emporté, « mort ou estropié », sur ordre de son père Démotélès :

> De tous les concours de pugilat que les Grecs organisent, il n'y en a pas un auquel, moi, Androléos, je n'aie pris part. J'ai eu à Pise une seule oreille, une paupière à Platées ; à Delphes, on m'emporte sans vie. À mon père Démotélès, à mes concitoyens aussi, le héraut signifiait de m'enlever des pistes, mort ou estropié.[12]

Le faux départ dans la course à pied était considéré comme une tentative de fraude et les contrevenants étaient fortement réprimandés, parfois battus à coup de bâton. Il faut dire que le dispositif de départ pouvait faciliter la fraude. Le signal préliminaire était donné par une sonnerie de trompette qui n'était pas ponctuelle comme le coup de revolver du *starter*. C'était le cri du héraut « *apite* » (« Partez ! ») qui lançait la course et cet ordre pouvait se perdre dans un brouhaha. D'autre part les poteaux délimitant, sur la ligne de départ, l'emplacement des combattants étaient moins efficaces que les couloirs de la course moderne. Philippe de Carbonnière décrit ainsi le départ :

> Dans un premier temps on essaie de pallier cet inconvénient en tendant une corde devant les athlètes. Le dispositif n'étant pas absolument satisfaisant, on en met au point un nouveau, l'hysplex. L'invention apparaît probablement dans la première moitié du Ve siècle, aux Jeux isthmiques. Chaque poteau est équipé d'une légère barrière retenue par une corde. À quelques mètres derrière les coureurs prêts à bondir, un arbitre maintient les cordes tendues, bloquant ainsi les barrières. Au signal de départ, il lâche simultanément toutes les cordes, ce qui a pour effet immédiat de laisser retomber les barrières. Les coureurs peuvent ainsi s'élancer.

Il est certain qu'à la faveur de ce protocole compliqué, des coureurs pouvaient

11 Philostrate, *Sur la gymnastique* (trad. Ch. Daremberg), Firmin Didot, Paris, 1858, 44.

12 *Anthologie palatine* (trad. R. Aubreton), Les Belles Lettres, Paris, 1972, XI, 81.

profiter du flou de l'opération pour gagner quelques précieuses secondes. Un autre subterfuge est décrit par Elien[13] :

> Démocratès le lutteur avait été atteint d'une affection aux pieds. Arrivé aux Jeux, il se planta au milieu du stade, traça une ligne sur le sol autour de lui et défia ses adversaires de le tirer de ce cercle. Ces derniers en furent incapables et furent vaincus. Comme il avait tenu bien et solidement en position, il s'en alla couronné.

Cette victoire « à l'usure » n'était pas aussi glorieuse que celle à la suite d'un combat, mais elle témoignait de la persévérance de l'athlète. Le lutteur tirait un parti astucieux de la loi prescrivant que, si la victoire restait indécise ou qu'aucun protagoniste, au terme de la finale n'avait pas terrassé trois fois son adversaire, la couronne fût offerte à Zeus.

Dans la course à pied (comme dans la course de chars), le contournement de la borne, dans les courses comportant un aller et retour, pouvait donner lieu à des bousculades, où des brutalités pouvaient passer inaperçues. Un concurrent sans scrupule pouvait profiter de la confusion, au mépris des lois olympiques.

Il est légitime de penser que si les surveillants des Jeux virent leur nombre augmenter, c'est que les exactions se multipliaient. Les *hellanodices* (littéralement, les « juges des Grecs »), dont la tunique rouge montrait l'importance, virent leur nombre grandir avec les années. Ces commissaires ou arbitres des Jeux étaient recrutés dans des grandes familles, ce qui les mettait hors du soupçon de prévarication. Ils étaient là pour faire observer les règlements olympiques et trancher, s'il le fallait, les différends. La sévérité de leurs jugements, qui pouvaient s'accompagner de sévices corporels, montre qu'ils cherchaient à décourager les fraudeurs.

Les *hellanodices* étaient à la fois des organisateurs, des juges et des prêtres. Comme organisateurs, ils devaient éviter toute tricherie dans les listes des concurrents. Élus dix mois avant l'ouverture des Jeux ils veillaient à ce que ni Barbare, ni esclave, ni repris de justice ne pussent concourir. Ils recevaient le serment olympique et veillaient à ce que les femmes mariées n'assistassent pas aux Jeux. Ils étaient logés à Olympie, soit au *Leonidaion*, soit dans la *proedria* au sud de l'Altis, soit dans d'autres bâtiments dont on ne peut préciser l'emplacement

Ils ne badinaient pas avec le règlement. Seule la prêtresse de Déméter Chamyné pouvait assister aux Jeux. Les épouses surprises « au-delà de l'Alphée » devaient être précipitées du haut d'un rocher du mont Typaion.

Il n'y eut qu'une exception à cette loi : le cas de la Rhodienne Kallipateira. Elle s'était travestie en *paidotribe* pour venir encourager son fils au pugilat. Comme elle était fille, sœur et mère de vainqueurs olympiques, elle fut épargnée. Désormais les pédotribes et entraîneurs durent se présenter nus.

13 Elien, *op. cit.*, IV, 15.

Chapitre XV
Grandeur et décadence

Un regard distancé

La création des Jeux olympiques modernes et leur évolution, voire leur déformation, nous permet aujourd'hui de jeter un regard rétrospectif sur les dévoiements des Jeux antiques. Autrement dit le développement des Jeux actuels présente-t-il des analogies avec celui des Jeux de l'Antiquité ? Les modifications des Jeux olympiques modernes ont abouti à des complications, à des exagérations et à des exactions qui ne furent pas absentes des Jeux antiques, mais à une tout autre échelle.

Le baron Pierre de Coubertin, créateur des Jeux olympiques modernes, a dénoncé lui-même les dangers qui menacent les jeux. Il écrivait :

> Une institution quelconque ne dure pas mille ans sans se modifier et se déformer. Rien n'est plus instructif que d'étudier les péripéties sportives de l'Antiquité. On voit avec le succès se développer la complication et la spécialisation d'où sortent le professionnalisme et la corruption. L'esprit sportif, cet *aïdôs* dont Pindare écrit que son pire ennemi est le désir du gain, se trouve mis en péril. La grandiose époque des guerres contre les Perses provoque un sursaut d'énergie et – si l'on peut ainsi dire – de purification sportive, mais bientôt l'effet s'en atténue et le mal reprend. Ce sont alors les exagérations de l'entraînement. C'est le mercantilisme. C'est le fonctionnarisme.[1]

Selon P. de Coubertin, il faudrait procéder à une épuration morale. Il précise :

> On triche et on ment beaucoup. C'est la répercussion, dans le domaine sportif, d'une morale qui s'abaisse. Les sports se sont développés au sein d'une société que la passion de l'argent menace de pourrir jusqu'à la moelle. Aux sociétés sportives de donner maintenant le bon exemple d'un retour au culte de l'honneur et de la sincérité en chassant de leurs enceintes le mensonge et l'hypocrisie.[2]

Charles Hébert écrivait :

> On a mis en présence des adversaires, on a cherché à se surpasser les uns les autres, à faire mieux, à atteindre un but précis. Mais le sport est dévié de son but initial par l'argent et le spectacle. Le sport véritable doit être éducateur : il doit être dominé par la raison d'utilité qui l'empêche de dévier de son but initial par l'argent et le spectacle. Le sport véritable doit être éducateur ; il doit être dominé par la raison d'utilité qui l'empêche de dévier

---

1 P. de Coubertin, *Pédagogie sportive*, pp. 22-3. Cité par V. Vanoyeke, *La naissance des Jeux olympiques et le sport dans l'Antiquité*, Les Belles Lettres, Paris, 1992, p. 164.

2 V. Vanoyeke, *ibid.*, pp. 164-5.

> vers la fantaisie, l'artificiel ou le vain tour de force, et préservé de l'excès par la mesure. Les trois aspects essentiels qui nuiraient à l'esprit sportif seraient donc le sport-spectacle, le sport-source de profit qui entraîne le dopage, et le sport-prestige mettant en avant une élite sportive, sans compter le professionnalisme, l'hyper-entraînement.[3]

Ces principes étaient marqués au coin du bon sens et de la morale. Mais quand on voit les développements des Jeux olympiques modernes, on se prend à penser que les Jeux antiques étaient préservés de certains débordements par des digues qui aujourd'hui se sont effondrées.

Les Jeux antiques n'étaient pas un phénomène mondial et les lieux choisis pour leur célébration ne mettaient pas en concurrence des villes rivalisant d'ambition et prêtes à des installations dispendieuses, derrière lesquelles se cachent des entreprises immobilières assoiffées de bénéfices. Les villes se prêtant au déroulement des jeux ne payaient pas la dîme pour avoir l'avantage d'organiser ces manifestations : Olympie, Delphes, l'Isthme et Némée étaient des lieux canoniques et hiérarchisés. Quant aux villes ne relevant pas de ce cycle traditionnel, elles organisaient leurs compétitions dans des villes du monde grec où un calendrier et une tradition étaient bien établis. Les Jeux s'intégraient à des fêtes locales traditionnelles.

Le déroulement des Jeux antiques ne nécessitait pas des constructions nouvelles et de plus en plus onéreuses. La palestre, le stade, le gymnase, la piste pour les courses de chevaux étaient des lieux tout prêts à accueillir les compétitions. Tout au plus des tribunes et des talus accueillaient les spectateurs et les compétiteurs rivalisaient en des lieux déjà aménagés pour les différents types d'épreuves. La piste pour la course à pied était simplement aplanie, le sol des lutteurs était ameubli, ni le jet du disque ou du javelot ne nécessitaient des installations coûteuses. Peut-être ne prenait-t-on pas assez de précautions, car un accident mentionné assez fréquemment dans les textes – notamment dans les épigrammes – était la mort d'un spectateur tué par un disque ou par un javelot.

À l'époque moderne la multiplication des épreuves et leur extrême variété a été et est encore une cause d'aménagements de plus en plus coûteux. Un regard jeté sur les Jeux olympiques de l'ère moderne, organisés à Athènes en 1896, puis sur les Jeux qui se sont tenus quatre ans plus tard, en 1900, à Paris, permet de mesurer la décadence de l'idéal olympique antique et la transformation d'un idéal de grandeur en une course aux profits sans vergogne. C'est le 17 juin 1894 que s'est ouvert à la Sorbonne, à Paris, un congrès organisé par l'Union des sociétés françaises de sports athlétiques (USFSA) qui marque le rétablissement des Jeux olympiques. Le programme officiel des concours internationaux d'exercice physique et de sports de 1900 donne la liste ahurissante des épreuves organisées.[4]

Demandez le programme !

Dans la section I – jeux athlétiques, figurent les courses à pied, épreuves reines dans l'Antiquité, mais toute une série d'épreuves inconnues dans la Grèce antique. Elle ignorait les épreuves collectives, comme le football, le rugby, le hockey, cricket, lawn

Affiche officielle provenant des Jeux olympiques de Paris. Exposée au musée olympique de Lausanne, Suisse.

3 V. Vanoyeke, *op. cit.*, p. 166.

4 A. Drevon, *Les Jeux olympiques oubliés*, CNRS éditions, Paris, 2000.

Jeux Olympiques
L'EXPOSITION DE PARIS
1900
PARIS 1900

tennis, croquet, jeux de boules, base-ball, crosse canadienne, longue paume, balle au tamis, courte paume, golf, pelote basque.

Dans la section II – gymnastique, les épreuves sont exécutées par des ensembles et parfois utilisent des engins (barres à sphère, massue, bâton, barres de fer, etc.). Dans l'Antiquité, pour le saut l'athlète tenait des haltères.

Dans la section III – escrime, les épreuves de fleuret, d'épée, de sabre n'existaient pas dans l'Antiquité.

Dans la section IV – tir, bien entendu le tir à la cible, au fusil de chasse, au tir au pigeon sont modernes. Mais les anciens connaissaient le tir à l'arc. Le tir à l'arbalète et le tir au canon (!) étaient inconnus.

Dans la section V – sport hippique, on retrouve une survivance antique.

Dans la section VI – vélocipédie et VII – automobilisme, l'Antiquité ne connaissait ni le vélo ni l'auto ni la moto. Des subtilités comme les concours de voitures de place et de livraison, poids légers et poids lourds, font sourire.

Les sports nautiques antiques n'étaient pas diversifiés comme aujourd'hui.

On ignorait aussi dans l'Antiquité les concours de bateaux à moteur, les concours de pêche à la ligne, les concours de manœuvre de pompes à incendie, les concours d'aréonefs ou de colombophilie. Le début du XXe siècle est marqué par une

Course de femmes. Vase à figures noires, conservé à Rome.

prolifération d'épreuves, comme si tout pouvait donner lieu à des compétitions où entrerait en jeu la valeur individuelle de l'homme, non du moteur !

Les sites où devaient se dérouler les épreuves étaient multiples, mais concentrés en majorité à Paris et dans sa banlieue, Argenteuil, l'île Seguin, Asnières et Courbevoie, Maisons-Laffitte. Une seule ville, le Havre, était choisie pour la voile.

Une paperasserie administrative énorme multipliait les règlements et les contrôles. De plus une crise existait entre le baron Pierre de Coubertin qui organisa les premiers Jeux olympiques de l'ère moderne, qui eurent lieu à Athènes en 1896 et Alfred Picard qui organisa les jeux suivants, qui se sont tenus quatre ans plus tard en 1900, à Paris. C'était un ingénieur devenu inspecteur général des Ponts et Chaussées, président d'une section du Conseil d'État. Alors que le baron de Coubertin, né en 1860 dans une famille fortunée de la noblesse possédant un domaine à Mireville dans le Calvados, connu pour ses opinions légitimistes, était un anglophile convaincu, avait fait des études de droit et publié des études d'histoire, Alfred Picard, commissaire de l'exposition universelle de 1900, était un républicain convaincu. Cet ingénieur voulait que l'Exposition universelle de 1900 fût la célébration grandiose de l'entrée dans le nouveau siècle, celui de l'industrie triomphante. De là cette profusion d'épreuves rendant hommage à l'industrie. De Coubertin et Alfred Picard avaient un même

Marion Jones, Américaine, gagne la demi-finale de la course à pied dans le stade olympique lors des Jeux olympiques à Sydney, Australie, le 23 septembre 2000.

dessein : le souci de la renaissance physique de la jeunesse, qui avait montré son insuffisance lors de la défaite de 1870. Il fallait former cette jeunesse en lui rendant le goût de l'effort, dans la perspective de la revanche. Ce souci politique et moral avait la noblesse de vouloir réaliser un idéal à la fois éthique et politique, qui aujourd'hui nous paraît désuet. Les Jeux n'étaient pas une machine à sous comme ils sont devenus maintenant, et les médias n'étaient pas là pour renforcer cette tendance mercantile. Comme l'écrit André Drevon[5] :

> La manifestation d'envergure, « sans précédent dans l'histoire des expositions » qu'Alfred Picard décide d'organiser selon un « plan rationnel et philosophique » va trouver avec le sport et ses « rivaux venus de tous les points du globe » le moyen sans pareil d'attiser l'intérêt pour la pratique de l'éducation physique à l'école et celle des exercices physiques dans le pays. Le sport va devenir en 1900, l'espace d'un été, une affaire d'État.

Un échec programmé, mais surmonté

Alfred Picard avait lié la fête du sport, comme disaient les commentateurs de l'époque, à l'Exposition universelle de 1900 et dans une note destinée à Jules Sansbœuf et conservée aux Archives nationales, il écrivait :

> Il faut que l'Exposition universelle de 1900 soit la philosophie et la synthèse du siècle, qu'elle ait à la fois grandeur, grâce et beauté, qu'elle reflète le clair génie de la France, qu'elle nous montre de même que par le passé, à l'avant-garde du progrès, qu'elle honore le pays et la République ; que nous y apparaissions comme les dignes fils des hommes de 1789.

Ces accents républicains n'ont pas disparu des déclarations officielles et ne sont pas sans incidences ni conséquences politiques.

Devant la pression étatique, le projet de Pierre de Coubertin d'organiser des Jeux d'initiative privée, sans l'aide du gouvernement, semblait fort difficile à réaliser. L'Union des sociétés françaises de sports athlétiques (USFSA) décide de ne plus soutenir la tentative du comité olympique. C'est donc sans l'avis de Coubertin qu'on imagina le projet fantastique des épreuves modernes.

Pierre de Coubertin reprit l'avantage en décrétant que les Jeux olympiques auraient lieu tous les quatre ans, comme dans l'Antiquité. Au contraire Alfred Picard avait lié l'organisation des Jeux à l'inauguration de la Tour Eiffel et de l'exposition extraordinaire et ponctuelle de 1900. Il est certain que la durée de cette fête du sport, qui commença le 1er mai avec le premier assaut d'escrime pour s'achever le 28 octobre avec la finale du tournoi de rugby a pu lasser l'opinion et perturber la vie quotidienne. « Pendant cinq mois et demi, plus de cent trente journées au total auront été consacrées au sport, explique André Drevon, la période la plus riche se situant en juin et juillet avec l'athlétisme au cœur de l'été. » Certains spectateurs d'aujourd'hui jugent exagérée la durée des Jeux olympiques, mais on est loin de cette extension dans le temps et de cet éparpillement dans l'espace.

5 A. Drevon, *op. cit.*

L'éducation par le sport

L'originalité de ces Jeux de 1900, oubliés maintenant, tenait d'une part au souci éducatif qui les inspirait et d'autre part au désir de présenter une image universelle de la France. Le gouvernement ne voulait pas que le pays apparût replié sur lui-même et ne souhaitait pas que la fête du sport fût une fête du commerce. Au contraire, on sollicitait l'aide des associations sportives privées pour ne pas sembler dilapider les ressources publiques.

Le rôle de l'Éducation nationale était très important. La présidence de la Commission supérieure des concours avait été confiée au vice-recteur de l'académie de Paris, l'universitaire Octave Gréard, responsable de l'éducation physique et de la jeunesse au ministère de l'Instruction publique. Ce membre de l'Académie française et de l'Académie des sciences morales et politiques inspirait confiance, bien que ses fauteuils à l'Institut pussent faire douter de ses qualités sportives. Mais l'État tenait à ce que les Concours internationaux aux Jeux olympiques de 1900 pussent être considérés comme une retombée de l'œuvre éducative entreprise à la fin du siècle par la troisième République.

Ces intentions étaient bonnes, mais les réalisations n'ont pas toujours suivi les discours officiels. Un siècle après, le très médiocre équipement sportif des écoles, des lycées et des universités, hormis quelques rares exceptions, ne sont pas à la hauteur de ces nobles ambitions. Les Français se croient sportifs parce qu'ils suivent les matches de football, de rugby, ou de tennis, ou bien les péripéties du tour de France, du fond de leurs fauteuils. Sur ce plan-là, la France est loin derrière des pays comme le Danemark ou la Suède qui mettent gratuitement des équipements sportifs à la disposition des amateurs.

Une certaine démagogie avait inspiré la mise au nombre des disciplines « sportives » de la pêche à la ligne. Le gouvernement voulait associer l'ouvrier à la fête, les activités physiques étant perçues comme génératrices d'intégration sociale. Tout le monde n'avait pas les moyens de s'équiper pour le golf, la navigation ou les courses à cheval. Mais la plupart des ouvriers pouvaient se payer une canne à pêche, instrument qui pouvait améliorer l'ordinaire, même si les bords de l'île des Cygnes, où avaient lieu les « épreuves », à Paris, n'étaient guère riches en poissons. L'ivresse de la modernité qui s'était emparée des gouvernants, des élites et du peuple s'accordait mal avec ce divertissement suranné.

André Drevon[6] cite des témoignages désopilants et fait un tableau humoristique de ce « sport » que les concurrents pratiquaient d'ordinaire assis sur un pliant. Il cite l'enthousiasme du journal *Le Gymnaste* qui proclamait, plein de bonnes intentions républicaines :

> Oui parfaitement, la pêche à la ligne doit être considérée comme un sport qui a cet énorme avantage d'être accessible à toutes les classes de la société et à tous les individus.

Drevon décrit, d'après la couverture photo pleine page du journal *La Vie au grand air*, ce spectacle burlesque :

6 A. Drevon, *op. cit.*

> Un officiel en habit sombre, haut de forme, cravate blanche, crayon et carnet à la main, enregistre le décompte de la maigre brochette de poissons que vient de prendre un pêcheur, chemise blanche, ceinture de flanelle comme portent les gymnastes, pantalons relevés sur les mollets, un pied nu encore dans l'eau, tandis que les autres concurrents imperturbables restent l'œil fixé sur le bouchon.
>
> Nous sommes dans l'île des Cygnes. En plein Paris le lieu était bien choisi, un long promontoire ombragé, tribune naturelle dominant les berges de la Seine avec la statue de la Liberté de Bartholdi en figure de proue : succès dès le premier jour – un dimanche – avec 9000 spectateurs ! Un total de 20000 visiteurs (entrée gratuite) pour les quatre jours estime le rapport officiel, et une participation jugée « énorme » de 600 concurrents. On pêchait naturellement au plus gros, puis au plus grand nombre de poissons capturés. Le lieu était réputé poissonneux depuis que la Seine avait été mise en réhabilitation dans la traversée de Paris, mais hélas ! un égout avait fait des siennes.

Mais Waldeck-Rousseau, élu en 1899, sur un programme de défense de la République, se posait en « républicain modéré, mais pas modérément républicain » et affirmait le caractère éducatif de ces Jeux.

Et les femmes ?

Dans l'Antiquité, sauf à Sparte où elles faisaient scandale en se produisant court-vêtues, les femmes ne participaient pas aux concours gymniques. Aux Jeux olympiques modernes les épreuves réservées aux femmes furent peu nombreuses.

Discobolus. Le discobole de Myron, sculpteur du Ve siècle avant J.-C. Statue de marbre, conservée à Rome, Museo Nazionale Romano (Palazzo Massimo alle Terme).

Robert Garrett, États-Unis, gagne la médaille d'or au disque aux Jeux olympiques d'Athènes de 1896.

Dan O'Brien, dans l'épreuve du lancer du disque (16 mars 1992).

André Drevon note une discipline féminine aux Jeux de Saint Louis en 1904, deux à quatre jusqu'en 1913, huit en 1972.

La femme était réservée au foyer et à la procréation. On leur concéda peu à peu les sports paraissant convenir à leur nature, c'est-à-dire à leur complexion. Le tennis, le golf, la voile, l'aviron, le ballon, la gymnastique, la pêche, le sauvetage, l'équitation, le croquet leur furent permis, peu à peu, et de façon quasi furtive. André Drevon note que cette présence discrète n'a suscité aucune remarque désobligeante, et rappelle que c'était l'époque où les « suffragettes » se manifestaient pour acquérir le droit de vote.

Elles durent attendre longtemps, car c'est le général De Gaulle qui le leur accorda. Cette évolution lente montre que la République s'acheminait peu à peu vers des conceptions qui nous paraissent aujourd'hui tout à fait naturelles. Mais il fallut longtemps pour que l'école des garçons et l'école des filles fussent réunies.

Le chauvinisme

L'élargissement mondial des participants a engendré des comportements nationalistes qui parfois ont apporté des excès regrettables. Il n'est pas sûr que l'exécution des hymnes nationaux au début des confrontations et à la remise des récompenses soit une bonne idée. On a vu tout récemment que La Marseillaise a été sifflée par certains publics, sans que l'on sache si ce geste visait la France ou bien son Président. Dans l'Antiquité, on se bornait à annoncer la victoire olympique en déclarant vainqueur Un tel, fils d'Un tel, de telle cité. La détestable présence des « supporters », chargés d'animer la partie, n'était pas concevable dans la Grèce ancienne. D'abord les boissons alcoolisées n'étaient pas utilisées, ensuite le vainqueur devait montrer par sa réserve qu'il était digne de l'hommage qu'on lui rendait publiquement.

Jet du javelot à longue distance. Disque de bronze à dessin gravé.

Los Angeles, Californie, 1932. Mildred Babe Didrikson, Américaine, lance le javelot pour gagner la médaille d'or durant la compétition féminine sur la piste des Jeux olympiques d'été à Los Angeles.

Steve Backley, Anglais, en action lors du lancement du javelot au championnat mondial dans le stade olympique d'Athènes, Grèce. Backley gagne la médaille d'argent. (5 août 1997).

Vilho Ritola mène Paavo Nurmi durant les 5 000 mètres aux Jeux olympiques d'Amsterdam.

On a vu que les récompenses, couronnes, double part de viande lors des sacrifices, nourriture au prytanée n'engageaient pas des sommes énormes. Certes la victoire aux jeux locaux pouvait être récompensée par des cadeaux, mais les sommes énormes perçues par des joueurs n'étaient pas concevables. Les Jeux antiques ont ainsi échappé à la surenchère financière qui règne aujourd'hui dans les stades. Les tractations pour acheter tel ou tel athlète entraînent aujourd'hui des abus qui font du sport un commerce à l'échelon mondial.

Tant que les Jeux ne mirent en compétition que les cités du monde méditerranéen, ils purent être contrôlés. Mais la découverte des Amériques, les États-Unis et l'Amérique du Sud, a fait se confronter non plus des cités, mais des continents. À l'échelle du monde, les Jeux ont perdu leur âme. Les Jeux collectifs ont pris le pas sur les Jeux individuels. La gymnastique où l'on luttait nu, comme le nom l'indique, ne pouvait aboutir à la vente des maillots des joueurs. La ferveur qui fait battre le cœur des concurrents et des spectateurs antiques a fait place à l'apathie et à la solitude du spectateur assis devant sa télévision. L'ambiance n'est plus du tout la même. Les concurrents venant des quatre coins du monde ne sont plus perçus comme des compatriotes, mais comme des intrus. Les mœurs ont changé et certaines pratiques

Amphore panathénaïque à figures noires. Scène face B : Trois coureurs du stade dont l'un se retourne. Peintre de Cléophradès, env. 500 av J.-C.

importées d'Amérique n'ont pas moralisé les Jeux. On en arrive à miser sur un joueur ou sur une équipe comme l'on parie sur les chevaux.

Aux Jeux de 1900, triomphèrent les athlètes américains qui, par leurs qualités, leur entraînement, leurs méthodes et leurs performances, modifièrent profondément le style des épreuves. Un journal que cite André Drevon s'exclame : « Ah ! ces semaines de juillet, où chaque jour nous venions admirer la pléiade des beaux athlètes nourris par les universités d'outre-atlantique. Nous regardions, stupides, les prouesses succéder aux prouesses, tous les records – ces pauvres records de France – tomber comme feuilles mortes ».

Les athlètes américains, en 1900, ont apporté des styles nouveaux. Par exemple Richard Sheldon, au lancement du poids, « avait allié la dynamique de l'élan, efficacité et harmonie, créant une sorte d'épure du lancer de profil, qui sera pratiquée par les lanceurs pendant des décennies ». La technique du saut en hauteur sera transformée par Irving Baxter, pratiquant le retournement intérieur, au lieu du ciseau que les sauteurs exécutaient après un élan plus ou moins oblique par rapport à la barre.

L'Américain Ivin Krenzlein inventa une technique du passage des haies plus efficace que celle pratiquée par les Français.

Depuis 1900 des épreuves ont disparu. Ainsi les sauts sans élan, aujourd'hui oubliés, se pratiquaient en hauteur, longueur et triple saut, jusqu'en 1912.

Des pratiques nouvelles furent introduites par les Américains. Des soigneurs utilisaient des couvertures pour permettre aux sauteurs de rester échauffés et on avait recours aux bons offices d'un masseur, le seul Noir de l'équipe américaine. Les Anciens connaissaient aussi les masseurs, qui parfois profitaient de l'occasion pour caresser les beaux athlètes. En Grèce les couvertures n'étaient pas utilisées.

Ces comparaisons entre Jeux modernes et Jeux antiques sont intéressantes, parce qu'elles montrent que les épreuves n'ont pas trouvé d'emblée leur formule. Il ne faut pas non plus oublier que les Jeux du grand siècle grec ont été précédés par des compétitions plus anciennes, différentes et plus tard disparues.

Par exemple dans la Crète minoenne il existait une forme de sport ancien, représentée sur un sceau en or conservé à l'Ashmolean Museum d'Oxford. Le sauteur plaçait ses mains sur le sol, se mettait en position verticale et faisait un saut acrobatique.

Une autre épreuve était le saut par-dessus un taureau lancé en pleine course. Le sauteur plaçait ses mains de part et d'autre des flancs du taureau et passait par-dessus

Sceau en or, avec représentation d'un sauteur par-dessus un taureau. Exercice de la Crète minoenne.
© Ashmolean Museum, University of Oxford

la bête qui fonçait. Une fresque de Knossos, conservée au musée archéologique d'Hérakleion, représente trois sauteurs de taureau, à différentes étapes de leur exercice.

Le pugilat se pratiquait dans les îles de l'Égée. Il est représenté sur une fresque datant du IIe millénaire, trouvée à Théra et conservée au musée archéologique d'Athènes.

À l'époque dite géométrique, le célèbre vase François conservé au musée archéologique de Florence montre la course de quadriges, épreuve organisée en l'honneur de la mort de Patrocle.

À Dresde au Staatliche Kunstsammlungen sur un canthare géométrique à figures noires on voit une scène de boxe encadrée de deux lanciers. Tous ces documents dont la liste n'est pas exhaustive nous permettent de suivre l'évolution dans le temps des différents Jeux.

Les prouesses olympiques exigeaient que l'effort physique fût aussi esthétique. Cela supposait – n'ayons pas peur des mots – une exhibition où le corps apparaissait dans tout son éclat. Les Grecs l'avaient bien compris, en considérant comme obscène l'usage du pagne pour dissimuler les *mêdea phôtos*, c'est-à-dire, les parties du corps que l'on ne devait pas voir. C'est pourquoi dans l'*Odyssée*, Ulysse se saisit d'un rameau pour dissimuler ce que Nausicaa et ses compagnes ne lui avaient pas dit de cacher. En pleine nature et dans l'état de nature, les athlètes grecs brillants d'huile sous le ciel bleu, se produisaient vêtus de leur seule beauté et tout le monde s'en félicitait.

Les athlètes de Pierre de Coubertin n'avaient pas cette simplicité, cette sincérité. Les maillots portés de son temps complétaient des caleçons de bain deux pièces et c'est engoncés dans des tenues ridicules que lanceurs du poids ou du javelot, sauteurs, coureurs et cavaliers, se démenaient comme pour se libérer de ces oripeaux.

Les Jeux olympiques de l'époque moderne ne correspondent pas toujours aux conditions exigées pour ces exercices dans l'Antiquité. Mais ils ont le grand mérite de faire éclater aux yeux l'harmonie, l'éclat, l'effort. L'épreuve reine, dans l'Antiquité, était la course à pied sur la distance du stade. Sans aucun doute, c'est en voyant s'envoler les coureurs d'aujourd'hui, qu'on assiste au spectacle le plus proche de l'épreuve antique. De même, quand l'athlète américain Richard Sheldon lança le poids avec l'efficacité et la sobriété de l'athlète antique, le public l'appela tout naturellement l'Apollon, tant son geste était élégant, son profil épuré et son corps élancé.

Assister aux compétitions athlétiques est pour les modernes le moyen de célébrer les corps dans l'effort et l'éclat. « *Honni soit qui mal y pense* » !

La colère de Poseïdon au cap Sounion (Attique).

Appendice
Une triste histoire

Rien n'a été plus dommageable pour le développement des études anciennes que le refus de rendre accessibles les textes épigraphiques en les traduisant systématiquement. Ce mauvais exemple a été donné par ce qu'on appelle le *Corpus de Berlin,* c'est-à-dire les *Inscriptiones Græcæ*. Il faut avouer que rien n'est plus rébarbatif que cette présentation sans traduction de textes utilisant des formules qu'on ne rencontre guère dans les textes littéraires, vu leur nature de documents administratifs, religieux ou politiques relevant d'un vocabulaire spécifique. De plus le développement de la discipline épigraphique a provoqué d'innombrables corrections, adjonctions, modifications de ces textes. Le *Bulletin épigraphique* de la *Revue des Études grecques* et de nombreux comptes-rendus étrangers ont permis de suivre ces évolutions, mais la carence des bibliothèques universitaires a rendu de plus en plus difficile la mise à jour de ces recueils. À ces difficultés s'est ajouté l'espèce de chantage opéré par les directeurs de certaines revues, voulant apparaître comme les détenteurs de la vérité historique et cherchant des thuriféraires flagorneurs.

Ayant pris en charge, avec mon frère Etienne Bernand, l'établissement du corpus des inscriptions grecques d'Égypte et ayant publié une vingtaine de volumes de cet ensemble, nous avons résolument pris le parti de faciliter la lecture de ces textes, en les traduisant systématiquement, ce qui n'excluait pas les commentaires explicatifs. Tous nos volumes ont été publiés soit par le Centre National de la Recherche Scientifique, soit par les éditions Les Belles Lettres pour l'Université de Besançon, soit par l'Institut français d'Archéologie orientale du Caire, soit par des éditeurs comme E. J. Brill à Leyde. L'informatique n'étant pas développée comme maintenant nous avons travaillé « à l'ancienne », c'est-à-dire avec des fiches remplissant des boîtes de chaussures. C'était, selon Louis Robert, la bonne méthode. Quand j'étais professeur à l'Université de Lille III, de 1967 à 1992, de bonnes âmes me suggérèrent d'informatiser les publications épigraphiques. Je n'étais pas hostile à cette idée, mais je demandai qu'on me donnât le moyen d'organiser une équipe de dix personnes pour une durée de dix années. Les choses en restèrent là.

L'absence de dictionnaire de la langue épigraphique est un des gros obstacles à la compréhension de ces textes. On peut aujourd'hui utiliser l'*Index du Bulletin épigraphique* pour être renvoyé aux mots grecs, aux publications ou aux mots français. Mais depuis la mort de Louis Robert, en 1985, il faut se faire un index.

L'index le plus précieux aurait été celui de l'œuvre monumentale de Louis Robert. Je m'étais employé à le faire, jusqu'en 1956, date à laquelle je fus expulsé d'Égypte à la suite de la guerre menée par la France en ce pays. Avec tous mes biens, cet index me fut volé par mon voisin qui a dû l'envoyer à la poubelle. Peut-être a-t-on cru que c'étaient des fiches chiffrées contenant des renseignements militaires. Je n'ai eu ni le courage, ni le temps de refaire ce travail.

À vrai dire un tel fichier existait, mais en la seule possession de Louis Robert. Quand le père André Pelletier fit un jour allusion à ce fichier inaccessible, Louis Robert ne put cacher son agacement. Il savait mieux que personne qu'il s'était engagé à faire le corpus des inscriptions d'Asie Mineure et le dictionnaire de la langue épigraphique. En quarante ans de Collège de France, il ne fit ni l'un ni l'autre, tout en accomplissant une œuvre titanesque. Le *Bulletin* de la *Revue des Études grecques* lui permettait de tirer à boulets rouges sur les auteurs d'articles épigraphiques et notamment sur ceux qui s'aventuraient sur ses chasses gardées, notamment l'Asie Mineure et les concours grecs. Bien d'autres sujets avaient été réservés par lui-même pour lui-même. Il prit en grippe les Anglais, comme cet excellent homme qu'était A. G. Woodhead, professeur à Cambridge, qu'il appelait aimablement « tête de bois ». Il n'est pas mauvais de faire connaître des procédés s'exerçant dans l'ombre, avec des complicités inavouées. Les notices nécrologiques ne renseignent guère le public sur les procédés de certains savants. Il est entendu qu'une fois mort on devient un saint. Pour l'édification des lecteurs, il n'est pas inutile de faire l'histoire de l'Histoire.

Aucun historien de l'Antiquité, spécialement s'il s'agit de l'Antiquité tardive, plus précisément de l'époque impéraiale, ne peut ignorer l'impulsion que Louis Robert a donné à ces études. Avant lui des savants comme Theodor Mommse, A. J. Letronne et bien d'autres ont fait progresser la science historique, et tout spécialement les auteurs de corpus d'inscriptions où vont puiser les historiens. Ce qu'on sait moins c'est que celui qui à ses cours, disait à ses auditeurs « corpus, corpus, corpus » non seulement n'a pas fait de corpus, mais a tenté d'empêcher, en France qu'on en fit. Nous avons suivi durant une vingtaine d'années les cours de Louis Robert au Collège de France ou à la IVe section de l'École pratique des Hautes Études. Après avoir signalé durant ces années, dans les résumés de ses cours, la présence assidue des « fidèles Bernand », tout à coup il a pris conscience qu'ayant publié une vingtaine de volumes d'inscriptions nous étions capables de mener à son terme le corpus des inscriptions grecques d'Égypte. Nous n'avons pas tout de suite compris que, pour lui, un peu d'épigraphie, c'était bien, mais beaucoup d'épigraphie, c'était trop. C'est avec une grande tristesse que j'évoque ce revirement d'un maître qui m'a tout appris de ce que je sais de l'épigraphie. Point n'est besoin d'évoquer le détail des avanies que nous dûmes subir. En ce qui me concerne, je suis resté sept ans sans pouvoir rien publier dans les collections du CNRS. Après le décès de Roger Rémondon, en 1971, j'avais suggéré à Louis Robert que fût créé à la IVe section des Hautes Études un enseignement d'épigraphie d'Égypte, ce qui ne pouvait lui porter ombrage puisqu'il n'eût très rarement l'occasion de traiter des inscriptions d'Égypte, pays qu'il ne connaissait pas. Henri Seyrig m'avait encouragé dans cette voie et est même venu à ce propos, de sa résidence de Suisse, à Paris. Louis Robert m'envoya une carte commençant par : « il ne faut pas rêver ». Je lui répondis par une carte se terminant par : « *to sophon ou sophia* (savoir-faire n'est pas sagesse) ». Désormais la rupture était consommée et c'est pourquoi dans la préface de *Pan du désert,* paru aux Pays-Bas, chez Brill, en 1977, j'ai violemment dénoncé ces procédés indignes d'un grand savant. C'est la seule fois, dans toute sa carrière, que quelqu'un osa lui dire ses vérités.

Aujourd'hui, grâce à Reinhold Merkelbach, paraissent les inscriptions grecques d'Asie Mineure et sont accueillis les articles de nombreux savants.

Le co-auteur du corpus avorté d'Asie Mineure ne s'en réjouirait sans doute pas.

Jamais Louis Robert ne mit le pied en Égypte, où le séjour n'était pas facile, vu un état de guerre latent dans la zone du canal de Suez. Comme un jour où nous nous parlions encore, je lui demandais pourquoi il ne voulait pas venir en Égypte, il me répondit : « Moi, je n'aime pas les coups de pied au cul ». Suggérait-il que j'étais bon pour les supporter ? Un savant bulgare de haute volée, Georges Mihailov, qui fit tout seul le corpus des inscriptions grecques de Bulgarie, n'appréciait pas totalement les termes de ma préface de *Pan du désert*, mais il me déclara : « Pour écrire cela il faut avoir enduré bien des avanies ». Il mourut en 1991, alors qu'il lisait dans son lit mon livre *Sorciers grecs*.

Quand Louis Robert arriva à la retraite, Etienne Bernand postula sa succession aux Hautes Études. Bien que n'ayant pas adopté ma méthode de protestation, il fut lui aussi « exécuté ». C'est Roland Martin, professeur à la Faculté de Dijon et directeur d'études à la IVe section, qui fut chargé des basses œuvres. Il usa d'un stratagème odieux, prenant prétexte d'un article très élogieux que le Père A. J. Festugière avait consacré à nos deux volumes sur Philae (alors que Festugière ne faisait jamais de compte-rendu de publications) et où une seule réserve était présentée. Il se couvrit de ce grand nom pour éliminer cette candidature, ce qui lui valut quelque temps plus tard un fauteuil à l'Académie des inscriptions et belles lettres.

Lors de la mort de Louis Robert, contre toutes les traditions académiques, un professeur anglais eut le courage de faire un article dont le résumé aurait pu être « morte la bête, mort le venin ». Grands seigneurs, malgré les attaques dont ils avaient été gratifiés dans le *Bulletin épigraphique,* les savants britanniques « s'étaient vengés » en élisant leur détracteur à leur Royal Academy.

Par un paradoxe étonnant, le maître des études épigraphiques s'efforça de faire échouer le corpus d'Égypte. Il n'y réussit pas, car la totalité de nos livres ont été publiés. Il nous aura seulement empêchés de faire nous-mêmes les quatre ou cinq volumes qui restent à faire. Peut-être nos disciples s'en chargeront-ils. Un bel exemple vient d'être donné par Jean-Yves Carrez-Maratray, maître de conférence d'histoire ancienne à l'université d'Angers. Son livre monumental, *Péluse*, publié en 1999 dans la bibliothèque d'études de l'Institut français d'Archéologie orientale du Caire, fait partie intégrante de notre corpus.

Il n'est pas habituel qu'on introduise les lecteurs de bonne volonté dans les arcanes, les coulisses et les placards de la science. Mais il n'est pas mauvais qu'on ne jette pas le manteau de Noé sur certaines pratiques. On laisse aux honnêtes gens le soin d'apprécier la vengeance finale, ou plutôt posthume de Louis Robert : après avoir reçu gratuitement durant des décennies tous les livres et articles envoyés à la *Revue des Études Grecques,* il s'arrangeât pour qu'après sa mort cette inestimable collection échouât sur d'autres rivages. S'il faut aller à l'Institut for Advanced Study, à Princeton, pour consulter cette bibliothèque, ce sera l'occasion de rendre hommage aux savants américains.

Glossaire

agéneios : imberbe.

aglaia : l'éclat.

agôn : concours mais aussi assemblée ou rassemblement.

agônes isolympioi : jeux égaux en l'honneur des Jeux olympiques.

agônes isopythioi : jeux égaux en l'honneur des Jeux pythiques.

agônes stephanitoi : jeux où l'on décernait des couronnes.

agônistis : participant aux Jeux.

agonizein : donner un récital.

agora : place publique.

aïdôs : esprit sportif, sentiment de l'honneur.

Akadèmia : jardin d'*Akadémos*, école de philosophie platonicienne.

akamptos : course droite d'un cheval de course.

akon : javelot.

Aktia Kaisarea : fêtes à Nikopolis.

alsos : bois sacré.

Altis : bois sacré du sanctuaire d'Olympie.

amphictyons : députés des États grecs réunis en confédérations politiques et religieuses.

anagkophagia : régime alimentaire imposé par l'entraînement.

andres : hommes faits.

apènè : course de biges tirés par deux mules.

apite : « Partez ! », cri du héraut lançant la course.

apodycterion : vestiaire.

apographè : inscription dans une épreuve.

aporraksis : balle au mur (pelote à main nue).

arétè : courage mais aussi bienveillance.

arétès kharin : « en raison de sa valeur ».

aristos Hellenôn : le meilleur des Grecs, le vainqueur.

Artemisia : jeux en l'honneur d'Artémis à Ephèse.

Asklipieia : fête en l'honneur d'Asklépios à Eleusis.

asylon : droit de ne pas être pillé.

ateleia : exemption d'impôts ou de charges.

aulète : flûtiste soliste avec chœur.

aulètès pythikoi : musicien jouant sur le mode pythique.

aulode : joueur de double flûte.

aulos : flûte.

Boukatios : mois d'août / septembre.

chairô : se réjouir.

charis : grâce.

chlamyde : pièce de tissu rectangulaire, assez courte, attachée à l'épaule droite, portée à l'origine par les cavaliers thessaliens.

chorée : danse et chant.

chrématizein : récompenser en argent ; s'occuper d'affaires d'argent.

cithare : sorte de luth ou de lyre.

cithariste : joueur de cithare.

citharode : musicien chanteur jouant de la cithare.

daphnès stéphanos : couronne de lauriers.

Deia Sebasta : jeux en l'honneur de Zeus et de l'empereur.

Delia : fêtes de Délos.

Diadumène : qui se couronne. Statue faite par Phidias d'un athlète se couronnant d'un bandeau.

diaulodromon : double course d'un cheval de course.

diaulos : double course.

didaskalos : maître d'école.

Didumeia : jeux célébrés à Didymes.

diolkos : chemin de traction ou de transport.

Dipylon : double porte séparant les deux céramiques, intérieur et extérieur.

diskobolos : lanceur du disque.

diskos : disque.

dolichos : course longue.

doryphore : porteur de lance.

dromos : hippodrome.

dryos stéphanos : couronne de feuilles de chêne.

eis kai monos : le premier et le seul.

eiselastikos : jeux dont le vainqueur avait le droit de pénétrer dans la ville par une brèche faite dans la muraille, entrée triomphale.

ek pantôn : jeux olympiques ouverts à tous.

ek tôn hippêon : course hippique réservée aux cavaliers.

ek tôn phylarcôn : course hippique réservée aux officiers de cavalerie.

Ekthesis gès kai oikias : droit d'acquérir terre et logement.

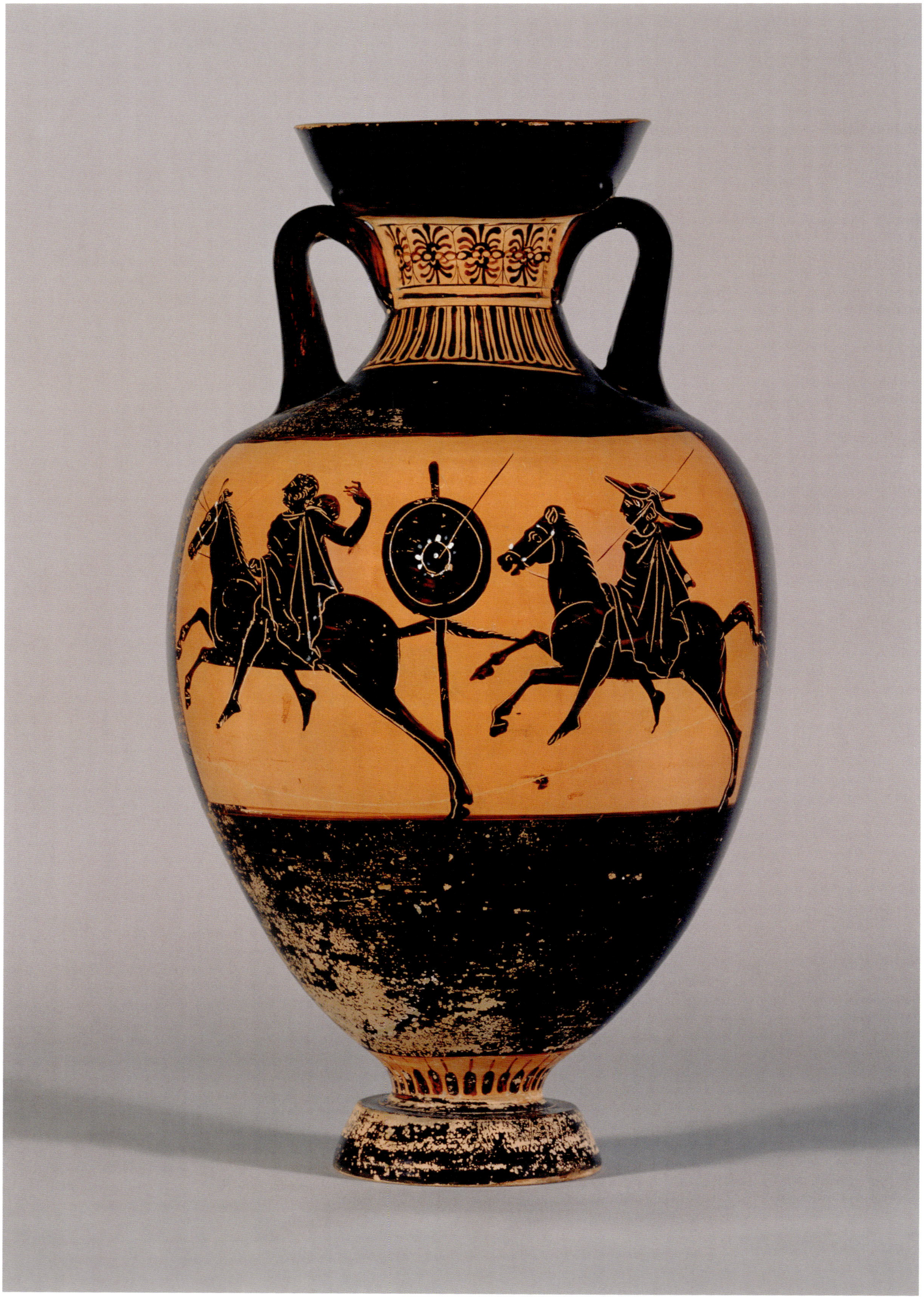

elaias stéphanos : couronne de feuilles d'olivier.

élaiothérion : magasin à huile.

Eleuthéria : fêtes à Platées.

embatéria : avis de marche.

emporium : comptoir.

ephebeion : salle de réunion des éphèbes.

Ephesêa : jeux célébrés à Ephèse.

epideixis : représentation.

epineion : mouillage.

épinicie : poèmes célébrant une victoire.

érastès : amant.

Ergastinés : ouvrières athéniennes qui tissaient le péplos qu'on offrait à Athéna Poleas, « protectrice de la ville ».

éromène : aimé.

eukosmia : bon ordre dans les gymnases et les épreuves.

eunoia : bienveillance, dévouement.

évergète : interprète, ambassadeur.

Grandes Panathénées : grande fête civique d'Athéna célébrée tous les quatre ans.

gymnasiarchos : directeur de gymnases.

gymnoi : nus.

gynéconomes : inspecteurs des femmes.

Halicia : fêtes à Rhodes.

harpaston : sorte de rugby.

hellanodices : juges chargés de la discipline olympique.

Heraia : fêtes à Argos.

Lancer du javelot par deux cavaliers au galop visant une cible. Vase à figures noires.

Héraion : temple de Héra.

hieromnemon : gardien des archives sacrées.

hieros limen : port sacré.

himation : manteau long et enveloppant.

himeros : désir érotique.

hippos : cheval de course.

hippos polemistès : cheval de guerre.

hoplitodromos : course en armes.

Horkios : surnom de Zeus du Serment.

hybris : démesure, violence.

hysplex : dispositif de poteaux et de cordes qui s'abaissaient pour que les coureurs pussent s'élancer.

Isthmia : fêtes de l'isthme.

kalokagathia : le fait d'être beau et bon.

kalpè : course où le cavalier, avant l'arrivée, descendait de sa monture et courait à côté de son cheval en le tirant par les rênes.

kata ethnos : par nations.

kata poleis : par villes.

kission stéphanos : couronne de lierre.

kithera : cithare.

komé : bourgade.

konisterion : magasin pour le sable.

kôrukeion : salle de boxe.

kunodesmos : laisse de chien ; cordon attaché au prépuce.

lampadédromie : course aux flambeaux.

leukès stéphanos : couronne de feuilles de peuplier.

loutrion : salle de bain.

Lycée : gymnase au nord-est d'Athènes où enseigna Aristote.

meirakion : adolescent de quatorze à dix-sept ans.

mélissa : abeille.

Métageitniôn : mois attique (août/septembre).

métoikia : fête que Thucydide nomma Synoikia, qui tombait douze jours avant le début des panathénées.

mikkixomenos : petit garçon.

monos kai protos anthropon : «seul et premier des hommes».

Mouségètès : surnom d'Apollon «conducteur des Muses».

Nemea : fête à Némée.

nomophylaxes : gardiens des lois.

Olympia : fête d'Olympie.

omphalos : nombril.

ourania : balle lancée vers le ciel.

paidagôgos : surveillant conduisant l'enfant à l'école.

paideia : culture, éducation.

paides pruthikoi : enfants recrutés selon les mêmes règles que celles des Pythia de Delphes.

paidiai : jouets.

paidion : petit enfant, bébé.

pais : enfant de sept à quatorze ans.

palaistra : terrain pour la lutte.

palé : lutte à mains nues.

palestre : espace réservé à la lutte.

panathénaïque : amphore donnée aux vainqueurs des Grandes Panathénées.

Panathénées : se célébraient tous les quatre ans et prirent allure de grande fête où tous les grecs pouvaient participer, surtout après 556. On distingue les Grandes Panathénées, célébrées tous les quatre ans des Petites Panathénées annuelles.

panégyrie : rassemblement de tout le peuple à l'occasion d'une fête solennelle.

Panégyrique : discours invitant à se rassembler.

pankration : pancrace.

paradoxe : hors pair.

paradoxonikés : vainqueur étonnant.

pédonome : magistrat veillant à la décence du comportement des enfants et des jeunes.

pédotribe : maître de gymnastique.

pentaétès : (fête) se célébrant après quatre ans révolus.

pentathlon : combinaison de cinq épreuves.

période : succession des quatre Jeux (Olympie, Delphes, Isthme, Némée).

periodonique : vainqueur dans les quatre jeux.

Petites Panathénées : fête annuelle qui avait lieu le mois *hécaton baion* (juillet / août).

Pétréen : Epiclèse (qualificatif) de Zeus ayant percé la roche pour laisser passer le Pénée.

phoemenix : petite harpe primitive de 3, 4 ou 7 cordes.

phonaskos : professeur de syndophores : hérauts qui proclamaient la trêve sacrée à Olympie.

phyllobolia : action de couronner de fleurs.

pleistonikès : titulaire de nombreuses victoires.

politès kai bouleutès : citoyen et membre du conseil.

prodikia : priorité dans un litige.

proedrea : droit de préséance, droit de siéger sur les premiers rangs.

promanteia : droit de consulter l'oracle de Delphes.

prôtè elikria : première enfance.

proxenia : fonction de proxène.

proxenios : hôte public, citoyen s'occupant dans sa patrie des intérêts ou des nationaux d'une autre cité.

prytanis : magistrat suprême dans les villes grecques.

Ptolémaia : fête en l'honneur de Ptolémée à Alexandrie.

pugmachia : pugilat.

pyrrhique : danse dont les exécutants portaient bouclier et armes.

Pythaïade : fête en l'honneur d'Apollon Pythien.

Pytharestis : participant à la Pythaïade.

Pythia : fêtes de Delphes. Jeux en l'honneur d'Apollon Pythien.

rapsode : chanteur qui allait de ville en ville en récitant ses poèmes.

Sebasta Romanaia : fêtes dans la province d'Asie.

skénikoi : jeux scéniques.

sôphronistai : censeurs veillant à la bonne tenue des jeunes gens.

Sôteria : jeux en l'honneur de Zeus sauveur.

sphaira : balle, ballon.

splankna : viscères.

spondophores : hérauts qui, à Olympie, proclamaient la trêve sacrée.

stadion : course simple, stade.

tethrippon : char à quatre chevaux.

thallou stéphanos : couronne de feuillage.

thematitoi : jeux dont le prix avait une valeur matérielle.

théores : envoyés officiels chargés d'annoncer l'ouverture des Jeux olympiques, spectateurs.

theorodoques : correspondants officiels recevant les théores.

thumélè : autel autour duquel tournait le chœur.

thumélikoi : jeux musicaux autour de l'autel où tournait le chœur.

thusiai : sacrifices.

tomia : morceaux d'un sanglier sacrifié.

Traiana Delphilia : jeux en l'honneur de Trajan et de Zeus Philios.

tribein : exercer, baiser, branler.

trièraulès : flûtiste de trière, rythmant l'effort des rameurs.

xenia : hospitalité, protection des étrangers.

Bibliographie

La quasi-totalité des textes grecs cités en traduction sont extraits de la Collection des universités de France, autrement dit de l'édition Guillaume Budé. Pour un certain nombre d'auteurs anciens, on a préféré utiliser des éditions différentes. Ce sont les auteurs suivants classés par ordre alphabétique.

Bibliographie sélective

Athénée, *Le Banquet des sophistes*, dans *The Deipnosophists*, t. 2, traduction Ch. Burton Gulick, Harvard University Press, Cambridge, MA, 1928.

Elien, *Histoire variée*, traduction Lukinovitch, A., et Morand, P., Les Belles Lettres, La roue à livres, Paris, 1991.

Hérodote, *Histoires* (*L'Enquête*), traduction Barguet, A., La Pléiade, Paris, 1964.
(Des citations ont été aussi extraites de l'édition Budé).

Homère, *Odyssée*, traduction Muegler, F., Éditions de la Différence, Paris, 1961.

Lucien, « Anacharsis ou des exercices du corps », dans *Œuvres de Lucien traduites du grec*, édition de J.-F. Bastien, Paris, 1788. (*Nota* : Un seul volume est paru aux éditions Budé).

Polybe, *Histoires*, traduction Roussel, D., La Pléiade, Paris, 1970.

Thucydide, *Guerre du Péloponnèse*, traduction Roussel, D., La Pléiade, Paris, 1964.

Contributions principales

Baladié, R., *Le Péloponnèse de Strabon*, Essai de géographie historique, Les Belles Lettres, Collection d'études anciennes, Paris, 1980.

Bélis, A., *Les musiciens dans l'Antiquité*, Hachette Littératures, Paris, 1999.

Briant, P., *Histoire de l'Empire perse de Cyrus à Alexandre*, Fayard, Paris, 1996.

Carbonnières (de), Ph., *Olympie, La victoire pour les dieux*, CNRS éditions, Paris, 1995.

Marrou, H. I., *Histoire de l'éducation dans l'Antiquité*, Éditions du Seuil (6e édition), Paris, 1965.

Préaux, C., Byl, S., Nachtergae, G., *Le paysage grec*, Éditions de l'Université, Bruxelles, 1979.

Robert, L., *Hellenica*, Maisonneuve, Paris, 1949.

Robert, L., *Opera Minora Selecta*, II, I-VII, Hakkert, Amsterdam, 1969.

Bibliographie générale

Achaia und Elis in der Antike (Akten für das internationale Symposium Athen, 19-21 mai, 1981), ed. Rizakis, A. D., Athènes, 1991.

Actes du VIIIe congrès international d'épigraphie grecque et latine, Athènes, 3-9 octobre, 1982, Athènes, 1984.

Andocide, « Sur les Mystères », *Discours*, texte établi et traduit par Dalmeyda, G., Les Belles Lettres, Paris, 1930.

Anthologie palatine, traduction Aubreton, R., Les Belles Lettres, Paris, 1972.

Antiphon, « Sur le meurtre d'Hérode », dans *Discours*, traduction Gernet, L., Les Belles Lettres, Paris, 1965.

Aristophane, *Théâtre complet*, texte édité et traduit par Debidour, V. H., Gallimard, Paris, 1965.

Aristote, *Constitution d'Athènes*, traduction Mathieu, G., et Haussoullier, B., Les Belles Lettres, Paris, 1922.

Aristote, *Politique*, texte établi et traduit par Aubonnet, J., Les Belles Lettres, Paris, 1960.

Aristote, *Rhétorique*, texte établi et traduit par Dufour, M., Les Belles Lettres, Paris, 1932.

Bacchylide, *Dithyrambes, Épinicies, Fragments*, texte établi par Irigoin, J., et traduit par Duchemin, J., et Bardollet, L., Les Belles Lettres, Paris, 1963.

Bailly, A., *Dictionnaire grec-français*, Hachette Education, Paris, 2000.

Baslez, M.-F., *Saint Paul,* Fayard, Paris, 1991.

Bucoliques grecs II : Pseudo-Théocrite, Moschos, Bion, divers, texte établi et traduit par Legrand, Ph. E., Les Belles Lettres, Paris, 1925.

Burn, L., *The British Museum Book of Greek and Roman Art*, Thames and Hudson, Londres, 1992.

Cambiano, G., « Devenir homme » dans *L'Homme grec*, éditions du Seuil, Paris, 1993.

Canciani, F., « Aurai » dans *Lexicon Iconographicum Mythologiae Classicae, I* (LIMC), Artemis Verlag, Zurich, 1981.

Carratelli, G. P., *The Western Greeks, Classical Civilisation in the Western Mediterranean*, Thames and Hudson, Londres, 1996.

Chamoux, Fr., *La Civilisation grecque*, Arthaud, Paris, 1963.

Charnaux, P., « Liste argienne des théarodoques », dans *Bulletin de Correspondance Hellénique*, 90 (1966) : 156-239 ; 710-4.

Cipriani, M., et Avagliano, G., *Art et Histoire de Paestum. Les fouilles et le Musée archéologique* (édition française), Casa editrice Bonechi, Florence, 1999.

Colin, G., *Le culte d'Apollon Pythien à Athènes*, BEFAR, Paris, 1905.

Delorme, J., *Gymnasion : Études sur les monuments consacrés à l'éducation en Grèce*, De Boccard, Paris, 1960.

Démosthène, *Contre Aristocrate*, traduction Humbert, J., et Gemet, L., Les Belles Lettres, Paris, 1959.

Démosthène, *Sur la couronne*, traduction Mathieu, G., Les Belles Lettres, Paris, 1947.

Diodore, *Bibliothèque historique*, texte établi par Bertrac, P., et traduction de Vernière, Y., Les Belles Lettres, Paris, 1993.

Dion Cassius, *Histoire romaine*, texte établi et traduit par Freyburger-Galland, M.-L., et Hinard, F., Les Belles Lettres, Paris, 1991.

Dion Cassius, *Roman History*, traduction Cary, E., Heinemann, Londres, 1969.

Dittenberger, W., *Sylloge Inscriptionum Graecarum*, 3e ed., Leipzig, 1915-24.

Drevon, A., *Les Jeux olympiques oubliés*, CNRS éditions, Paris, 2000.

Duverger, C., *La fleur létale : économie du sacrifice aztèque*, Éditions du Seuil, Paris, 1979.

Duverger, C., *L'esprit du jeu chez les Aztèques*, Éditions du Seuil, Paris, 1978.

Eschine, *Contre Ctésiphon*, traduction de Budé, G. et Martin, V., Les Belles Lettres, Paris, 1928.

Eschine, « Sur l'ambassade infidèle », in *Discours*, t. 1, traduction de Budé, G., et Martin, V., Les Belles Lettres, Paris, 1927.

Euripide, *Aigeus à Autolykos*, texte établi et traduit par Jouan, F., et van Looy, H., Les Belles Lettres, Paris, 1998.

Euripide, *Andromaque*, traduction Méridier, L., Les Belles Lettres, Paris, 1927.

Euripide, *Hippolyte*, traduction Méridier, L., Les Belles Lettres, Paris, 1927.

Euripide, *Ion*, traduction Grégoire, H., et Parmentier, L., Les Belles Lettres, Paris, 1923.

Eusèbe de Césarée, *Histoire ecclésiastique*, traduction Bardy, G., *et al.*, Éditions du Cerf, Paris, 2003.

Finley, M. I., et Pleket, H. W., *The Olympic games: the first thousand years,* The Viking Press, New York, 1976.

Gardiner, N. E., *Athletics of the Ancient World*, Clarendon Press, Oxford, 1930.

Gauthier, Ph., *Les cités grecques et leurs bienfaiteurs*, École française d'Athènes, Athènes, 1985.

Gauthier, Ph., « Symbola : les étrangers et la justice dans les cités grecques », dans *Annales de l'Est* (II, 42), Université de Nancy, Nancy, 1972.

Gentili, B. et Prato, C., *Poetae Elegiaci: Testimonia et Fragmenta*, Teubner, Leipzig, 1985.

Hippocrate, *Airs, eaux, lieux*, traduction Jouanna, J., Les Belles Lettres, Paris, 1996.

Homère, *Hymnes*, traduction Humber, J., Les Belles Lettres, Paris, 1936.

Homère, *Iliade,* traduction Mazon, P., *et al.*, Les Belles Lettres, Paris, 1943.

Humbert, J., et Berguin, H., *Histoire illustrée de la littérature grecque*, éditions Didier, Paris, 1947.

Inscriptiones Graecae (IG), Berlin, Berlin-Brandenburgische Akademie der Wissenschaften, 1906-…

Isocrate, *Discours*, traduction Mathieu, G., Les Belles Lettres, Paris, t. 1, 4e tirage, 1972 ; t. 2, 6e tirage, 1987 ; t. 3, 6e tirage, 1998 ; t. 4, 2e tirage, 1972.

Jacquemin, A., *Commentaire à Pausanias* (t. 5, livre V), Collection des universités de France, Paris, 1999.

Jost, M., *Aspects de la vie religieuse en Grèce, début du Ve siècle à la fin du IIIe siècle av. J.-C.*, SEDES, Paris, 1992.

Jouanna, J., *Hippocrate,* Fayard, Paris, 1992.

Juvenal, *Satires*, texte établi et traduit par de Labriolle, P., et Villeneuve, F., Les Belles Lettres, Paris, 1971.

Knab, R., *Die Periodoniken, Ein Beitrag zur Geschichte der gymnischen Agone an den 4 griechischen Hauptfesten* (thèse), Giessen, 1934.

Lambin, G., *La chanson grecque dans l'Antiquité,* CNRS Littérature, Paris, 1992.

Lhote, A., *Les chefs-d'œuvre de la peinture égyptienne*, Hachette, Paris, 1954.

Losfeld, G., *Essai sur le costume grec*, préface de Chamoux, Fr., De Boccard, Paris, 1991.

Lucien, *Œuvres*, traduction Bompaire, J., Les Belles Lettres, Budé, t. 1, 1993, t. 2, 1998.

Lysias, *Discours*, traduction Gernet, L., et Bizos, M., Les Belles Lettres, Paris, 1926.

Mertens, J. R., *Metropolitan Museum of Art: Greece and Rome*, Metropolitan Museum of Art, New York, 1987.

Metzger, A., Metzger, H., Sicre, J., *La Beauté nue, quinze siècles de peinture grecque*, Phébus, Paris, 1984.

Moreno, P., *Vita e Arte di Lisippo*, Milano, 1987.

Newberry, P., *Beni Hassan (Part 1) Archaeological Survey of Egypt*, Egypt Exploration Fund, Londres, 1893.

Parlavecchia, P., *Les Etrusques et l'Europe*, Réunion des musées nationaux, Paris, 1992.

Pausanias, *Description of Greece*, Loeb Classical Library, traduction anglaise de Jones, W. H. S., Heinemann, Londres, 1988.

Philostrate, *Sur la gymnastique*, traduction Daremberg, Ch., Firmin Didot, Paris, 1858.

Picard, C., *Manuel d'archéologie grecque*, A. et J. Picard, Paris, 1973.

Pindare, *Isthmiques et Fragments*, t. 4, texte établi et traduit par Puech, A., Les Belles Lettres, Paris, 1961.

Pindare, *Néméennes*, t. 3, texte établi et traduit par Puech, A., Les Belles Lettres, Paris, 1967.

Pindare, *Olympiques*, t. 1, traduction Puech, A., Les Belles Lettres, Paris, 1970.

Pindare, *Pythiques*, t. 2, texte établi et traduit par Puech, A., Les Belles Lettres, Paris, 1966.

Platon, *Charmide* et *Lachès,* dans *Œuvres complètes,* t. 2, traduction Croiset, A., Les Belles Lettres, Paris, 1921.

Platon, *Hippias Mineur*, dans *Œuvres complètes*, t. 1, traduction Croiset, A., Les Belles Lettres, Paris, 1920.

Platon, *Les Lois*, dans *Œuvres complètes*, t. 11 et 12, traduction Diès, A., et des Places, E., Les Belles Lettres, Paris, 1968.

Platon, *Phèdre*, dans *Œuvres complètes*, t. 4, traduction Vicaire, P., Les Belles Lettres, Paris, 1985.

Platon, *Protagoras*, dans *Œuvres complètes*, t. 3, traduction Croiset, A., Les Belles Lettres, Paris, 1923.

Platon, *République*, dans *Œuvres complètes*, t. 6, 7 et 8, traduction Diès, A., et Chambry, E., Les Belles Lettres, Paris, 1931-34.

Plotin, *Ennéades*, traduction Bréhier, E., Les Belles Lettres, Paris, 1924-38.

Plutarque, *Préceptes politiques*, traduction par Carrière, J.-C., et Cuvigny, M., Les Belles Lettres, Paris, 1984.

Plutarque, *Vies*, traduction Flacelière, R., et Chambry, E., Les Belles Lettres, Paris, 1958-83.

Porphyre, *De l'abstinence*, traduction Bouffartigue, J., et Patillon, M., Les Belles Lettres, Paris, 1977-95.

Porphyre, *Vie de Pythagore*, traduction des Places, E., Les Belles Lettres, Paris, 1982.

Pouilloux, J., *Choix d'inscriptions grecques*, Les Belles Lettres, Paris, 1960.

Pouilloux, J., « Les inscriptions de la terrasse du temple et de la région. La terrasse du temple et la zone nord du sanctuaire », *Fouilles de Delphes*, t. 3, Epigraphie, fasc. IV, Paris, 1930-70.

Pouilloux, J., *Recherches sur l'histoire et les cultes de Thasos*, De Boccard, Paris, 1954.

Quignard, P., *Le sexe et l'effroi*, Gallimard, Paris, 1994.

Robert, J., et Robert, L., *Bulletin épigraphique*, Revue des études grecques, 1938-84.

Robert, L., *Études épigraphiques et philologiques*, Champion, Paris, 1938.

Roux, G., *Delphes, son oracle et ses dieux*, Les Belles Lettres, Paris, 1976.

Roux, G., *Pausanias en Corinthie*, Les Belles Lettres, Paris, 1958.

Scanlon, T. F., *Greek and Roman Athletics, a bibliography,* Ares Publishers, Chicago, 1984.

Sophocle, *Antigone*, in *Tragédies*, t. 1, revisé par Irigouin, J., Les Belles Lettres, Paris, 1955.

Sophocle, *Electre*, traduction Irigouin, J., Les Belles Lettres, Paris, 1958.

Strabon, *Géographie*, Les Belles Lettres, Paris, 1966-89.

Théognis, *Poèmes élégiaques,* traduction Carrière, J-C., Les Belles Lettres, Paris, 1948.

Tyrtée, *Fragments*, dans *Poetae Elegiaci Testimonia Et Fragmenta I*, édité par Gentili, B., et Prato, C., Teubner, Leipzig, 1985.

Vanoyeke, V., *La naissance des jeux olympiques et le sport dans l'Antiquité*, Les Belles Lettres, Paris, 1992.

Visa-Ondarçuhu, V., *L'image de l'athlète d'Homère à la fin du* V^e *siècle avant J.-C.*, Les Belles Lettres, Paris, 1999.

Vitruve, *De L'Architecture*, Éditions Eyrolles, Bibliothèque de l'image, Paris, 1995.

Wilhelm, A., *Aigyptiaka*, Akademie der Wissenschaften, Vienne, 1946.

Wilkinson, J., G., *The Manners and Customs of the Ancient Egyptians*, Scribner and Welford, New York, 1879.

Xénophon, *Anabase*, traduction Masqueray, P., Les Belles Lettres, Paris, 1930.

Xénophon, *Le Banquet*, traduction Olier, F., Les Belles Lettres, Paris, 1961.

Xénophon, *Helléniques*, traduction Hatzfeld, J., Les Belles Lettres, Paris, 1936.

Xénophon, *Mémorables*, traduction Dorion, L-A., Les Belles Lettres, Paris, 2000.

Zaidman, L. B., et Schmitt, P., *La religion grecque dans les cités à l'époque classique*, Armand Colin, coll. Cursus, Paris, 1989.

Index des textes cités

Du même auteur

Les Inscriptions grecques et latines du colosse de Memnon, en collaboration avec Étienne Bernand, t. 31, coll. « Bibliothèque d'Etude », Institut français d'archéologie orientale, Le Caire, 1960.

Les Inscriptions grecques de Philae, t. 1 : *Époque ptolémaïque*, Éditions du CNRS, Paris, 1969.

Les confins libyques (t. 1, *Le Delta égyptien d'après les textes grecs* en trois volumes à pagination suivie), *Mémoires publiés par les membres de l'Institut français d'archéologie orientale*, 91, Le Caire, 1970.

Atlas du delta occidental, Imprimerie nationale, Paris, 1970.

De Koptos à Kosseir, Brill, Leyde, 1972.

Le Paneion d'El-Kanaïs : les inscriptions grecques, Brill, Leyde, 1972.

Pan du désert, Brill, Leyde, 1977.

Les portes du désert. Recueil des inscriptions grecques d'Antinoopolis, Tentyris, Koptos, Apollonopolis Parva et Apollonopolis Magna, Éditions du CNRS, Paris, 1984.

La Carte du tragique. La géographie dans la tragédie grecque, Éditions du CNRS, Paris, 1985.

De Thèbes à Syrène, Éditions du CNRS, Paris, 1989.

La prose sur pierre dans l'Égypte hellénistique et romaine, t. 1 : *Textes et traductions*, t 2 : *Commentaires*, Fayard, Paris, 1994.

Sorciers grecs, Paris, Fayard, 1991 ; réédition Paris, Hachette Littératures, coll « Pluriel », 1995. Traduction en grec moderne, *Bibliopoleion tês « Estias »*, I. D. Kollarou et Sias, Athènes, 1997.

Alexandrie des Ptolomées, Éditions du CNRS, Paris, 1995. Traduit en grec moderne, *ibid.*

Alexandrie la Grande, édition révisée et complétée, Hachette Littératures, Paris, 1998 [De nombreux articles d'André Bernand sont cités dans cet ouvrage].

« *Testimonia selecta de Portu Magno et Palatiis Alexandriæ ad Ægyptum e scriptoribus antiquis excerpta* » (Témoignages choisis sur le Grand Port et les Palais d'Alexandrie près de l'Égypte), dans l'ouvrage collectif, *Alexandrie : les Quartiers royaux submergés* (F. Goddio avec la collaboration d'A. Bernand, É. Bernand, I. Darwish, F. Dunand, A. de Graauw, Z. Kiss, J. Yoyotte et édité par D. Juncqua-Naveau et L. Harrow), Periplus Publishing London, Londres, 1998, pp. 59-140.

Guerre et violence dans la Grèce antique, Hachette Littératures, Paris, 1999.

Carte du delta égyptien, dans *Barrington Atlas of the Greek and Roman World*, édité par J.-A. Talbert, Princeton University Press, University of North Carolina, Chapel Hill, États-Unis, 2000.

L'Égypte engloutie : Alexandrie, en collaboration avec Franck Goddio, Arcperiplus, Londres, 2002.